I0479020

国家主权与国际刑法

莫滕·伯格斯默　　凌岩　　主编

2012
Torkel Opsahl Academic EPublisher
北京

FICHL: 国 际 刑 法 和 人 道 法 论 坛 （ Forum for International Criminal and Humanitarian Law）的系列出版物可通过论坛的网站（www.fichl.org）公开获得和下载。在这个网站上所有可用的出版物都使用稳定不变的 URLs。纸质版出版物可以通过 www.amazon.co.uk 网订购。2012 年 11 月 19 日本书第一次出版印刷。

© Torkel Opsahl Academic EPublisher, 2012

版权所有 • 侵权必究
保留所有权利。允许为个人使用之目的从 www.fichl.org 网站阅读、打印或下载本书或本书之任何部分。若无版权所有人事先的书面许可，不得以任何方式向其他使用者收费，包括直接使用或复制、在检索系统中保存、传播、或以任何形式或通过任何方式使用本书之整体或部分，如电子、机械、复印、录制或其他方式。对超出上述范围复制行为之有关问询应提交版权所有人。严禁以任何其他封面传播本书，对本书的任何取得者必须施加同样的条件。严禁在互联网上除 www.fichl.org 外的任何其他网址公布本书或本书之任何部分。

ISBN 978-82-93081-58-6

谨以此书纪念李浩培教授和他对国际法的贡献。

系列出版物前言

TOAEP：奥普萨尔学术电子出版社（Torkel Opsahl Academic EPublisher）欣然出版《国家主权与国际刑法》一书，作为其系列出版物之一。本书论及的主题是：国际刑事司法运动的拥护者也应该努力从那些对现代战争犯罪广泛进行审判持保留态度的国家的视角去审视该运动。本书各章节原为国际刑法和人道法论坛之李浩培系列讲座而准备。本书分别以中文和英文出版。弗雷泽·洛厄尔（R. Frazier Lowell）、聂晶晶、宋天英和薛茹协助翻译。范宇文为本书中文版提供了宝贵的协助。感谢易平博士、张欣和张月尧的协助。

莫滕·伯格斯默

（Morten Bergsmo）

主编

叶记枝

（Kiki A. Japutra）

执行编辑

序

从多个方面来看，本文集都具有重要意义。首先，本文集所收集的文章从不同角度对当前不少复杂问题进行了有价值的探索，例如对严重国际罪行进行普遍刑事管辖的范围，关于这些罪行的国家官员豁免，以及《国际刑事法院罗马规约》将侵略行为入罪的后果。这三类问题在国际性法庭、政府之间以及学术界引起了激烈的争论，本书亦对这些问题提出了有益的见解。

其次，本文集的主题是"国家主权与国际刑法"，创设这一主题的目的，并非是向那些已被说服的人们解释国际刑事司法的价值，而是向那些对国际刑事司法持保留态度的国家和工作者展示国际刑事司法的发展。本文集以"国家主权"这个重要概念为挈，欢迎所有对国际刑法感兴趣的人们就"需要平衡国际刑法的发展与合法的国家利益"这个问题进行广泛并负责任的对话。编者认为，当前是"巩固1993年以来国际刑法的发展所取得的意义重大的收获"的时候，而不是"冒着过度扩张的风险继续发展"的时候。这一观点由两位分别来自中国和欧洲的国际刑法教授提出，他们自从1993年起一直从事这一领域的研究。同时国际刑事司法的发展也表明，有必要对这一观点是进行更深入的思考。的确，在前南国际刑事法庭建立20年之后，在《国际刑事法院罗马规约》生效10年之后，现在到了检查和评估所取得的成绩的时候。作为国际社会中一个新的分支，我们不应当被国际社会对国际刑事司法制度化的普遍满意态度蒙蔽双眼，而要意识到思考这一制度的优点和不足的必要性。

本书各章是为国际刑法和人道法论坛之李浩培系列讲座而准备的论文和讲稿，这一系列讲座旨在促进中国、欧洲和世界其它地区国际法学者之间的对话。文集的品质及话题的时事性表明系列讲座是成功的，其重要价值在于，中国学者的观点可以以此为机，为世界其它地区的法律人所知晓。中国作为世界上人口最多的国家，其观点和主张在制定普遍的行为准则时是不可或缺的；但遗憾的是，事实上在几十年以来，在讨论对人类具有极其重要意义的话题过程中，中国一直被排除在外。我们或许可以期待，论坛在这一系列讲座框架下所建立起来的中外联系会继续保持下去，并且不断扩展联系范围，这将有助于在中国和欧洲，以至更广泛的范围内的国际法学者之间进行对话与合作。

克里斯蒂安·托穆沙特

（Christian Tomuschat）

洪堡大学荣誉教授

国际法委员会前任委员

目　录

1

论国家主权与国际法中核心国际罪行的个人刑事责任

莫滕·伯格斯默[*]   凌岩[**]

亨利·A·基辛格（Henry A. Kissinger）博士在 2011 年出版的专著《论中国》一书中写到，苏联解体之后，自 1990 年始"一种新的政治体制在西方"出现了，"一个新的概念认为世界正在进入'后主权'时代"，[1]在当时来看，"后主权时代"的特征是，国际法的某些方面在适用和效力上优先于传统的国家主权。基辛格目睹了 1990–1991 年间，随着在前苏联和东欧发生的政治剧变，华盛顿如何开始积聚"必胜的情

---

[*]   **莫滕·伯格斯默（Morten Bergsmo）**是北京大学法学院客座教授；奥斯陆大学高级研究员；斯坦福大学访问学者；国际刑事法院法律工具项目顾问和协调员。他曾任乔治敦大学客座教授（2010–2012）；欧洲大学学院费尔南·布罗代尔高级研究员（2011 年春）；加利福尼亚大学伯克利分校访问学者（2010 年春）；奥斯陆国际和平研究所高级研究员（2006–2009）；挪威公诉负责人办公室特别顾问（2007–2008）；国际刑事法院检察官办公室高级法律顾问和法律顾问处处长（2002–2005）；建立国际刑事法院检察官办公室协调员（2002–2003）；前南国际刑庭法律顾问（1994–2002）；根据安理会 780（1992）号决议建立的前南斯拉夫联合国专家委员会法律顾问（1993–1994）。他曾在建立国际刑事法院的联合国协商程序（1996–2002）中代表前南刑庭。

[**] **凌岩**是中国政法大学国际法学院教授（2004–），中国政法大学国际刑法和国际人道法研究中心主任，航空与空间法研究中心副主任，曾任卢旺达国际刑庭法律官员（1998–2004）。凌岩教授是国际刑法和国际人道法论坛之李浩培系列讲座的联合主任。

[1]   Henry Kissinger, *On China*, Allen Lane, London, 2011, pp. 454–455.

绪"。[2]就是在那样的政治环境下，民间团体和其他国际行为主体呼吁建立前南国际刑事法庭（ICTY）来审判那些在前南斯拉夫发生的严重违反国际人道法的行为。在这个欧洲小国里，政治上的紧张局势和暴力冲突演变成了 20 世纪 90 年代初的武装冲突。顺应当时的主流观念，联合国安理会在 1993 年 5 月经协商一致建立了前南国际刑事法庭。法庭的建立虽然没有得到安理会一些成员（例如法国和英国）的热情支持，但却博得了世界上致力于人权的民间团体和国际法学家的喝彩。

当代国际刑事司法的复兴与所处的历史阶段不无关系，这一历史阶段的特点在某种程度上可以用"后主权"一词来描述。虽然 1993 年联合国安理会关于建立前南国际刑事法庭的第 827 号决议[3]以 15 票对 0 票得以通过，但这些国家是基于其它多种利益关系的考量而同意赋予前南国际刑事法庭以及之后的卢旺达刑事法庭法律基础的。对大多数欧洲国家而言，支持建立刑事法庭几乎就是一个在纽伦堡审判框架下平等对待犯罪国家的问题：正如二战后的德国要经受纽伦堡国际军事法庭的审判一样，前南斯拉夫共和国也要经受前南国际刑事法庭的审判。另一些国家或许也仅仅是出于对传统方法无法防止和追究暴行的事实感到恼怒而同意建立国际刑事法庭，来尝试看一看国际法庭是否会比之前的方法运作得更好。还有一些国家只是在得到要加速建立一个常设国际法庭的承诺之后才接受了设立建立前南国际刑事法庭的建议。建立一个常设的国际法庭是对已故的斯洛博丹·米洛舍维奇（Slobodan Milošević）提出的"前南国际刑事法庭是以塞族为目标进行选择性执法"观点的回应。[4]而且，分析 1993 年第 827 号决议通过之后各国对投票所做的声明可以发现，一些安理会成员国虽然投了赞成票，但实际上却对同意做出了相

---

2   *Ibid.*, p. 436.

3   全文的永久网址，见 http://www.legal-tools.org/doc/0bff83/.

4   托瓦尔德·斯托尔滕伯格（Thorvald Stoltenberg）先生（时任前南斯拉夫国际会议指导委员会联合主席，驻前南斯拉夫美国国务卿特别代表）向作者莫滕·伯格斯默先生说明了当时各国出现的这一问题。

当程度的保留。这一情况说明,这些国家在投票之前,都对建立国际刑事法庭都进行了非常深切的外交考量。

如果不考虑在投票时各国的利益动机,而仅就安理会依据《联合国宪章》第七章进行国际司法介入这种形式而言,国家对这一介入的意见莫衷一是。在庆祝胜利的华盛顿,许多人将前南国际刑庭和卢旺达国际刑庭的建立视为对那些"必将影响美国人如何看待并回应其他国家事务原则"的确认,反映了"对这些原则的永久价值和普遍适用性的单纯信念"。[5]当然,这种理解也可能源于当时的政治环境,涉嫌实施了最严重犯罪的前南斯拉夫冲突各方是俄罗斯的盟国,是美国以前的或是当时潜在的敌人。这一介入在本质上必然是一种成本相对较小的"后主权"干涉,安理会及其常任理事国在这种情形下,既可以控制法庭工作的总体范围,又可以控制法庭存在的时间。

另一方面,对许多欧洲国家而言,安理会的司法介入再次确证了纽伦堡原则的拘束力。欧洲二战后的秩序正是建立在纽伦堡原则之上。安理会的介入同时证实,具有拘束力的国际法的确是重建和维持国际和平与安全的基础,并重申了当代欧洲国家的一个信念,即只有将民族国家用国际法的密网限制起来,才能防止欧洲国家在两次世界大战期间制造的那种不可预期的罪恶行为再次发生。两个国际刑事法庭的建立,以及后来的国际刑事法院(ICC)的建立,折射出二战后欧洲国家信奉的一种世俗的拯救方法,即用法庭来防止国家干坏事的内在能力。

对许多非洲国家来说,卢旺达国际刑庭的建立表明,联合国愿意用与在欧洲处理前南问题时同样的司法方式处理那些对非洲人民犯下的大规模暴行。1994 年在卢旺达被害的人数比在前南斯拉夫武装冲突中牺牲的人数更多。卢旺达国际刑庭是在建立前南国际刑庭之后对大规模人道主义灾难实行同等对待的积极举措。

非洲和西方国家以外的一些国家,则是从完全不同的角度来理解卢旺达和前南国际刑庭的建立的。例如在世界上人口最多的国家——中国,1839 年鸦片战争和一百多年的干涉和动荡带来的灾难性后果几乎

---

5   前美国总统乔治·H. W. 布什,转引自 Kissinger, 2011, p. 417, *supra* note 1.

完全是与外国在其领土上行使管辖权联系在一起的。用基辛格博士的话来说，"19世纪中国中央权力的崩溃是中国历史上的一大创伤，这一崩溃诱使外部世界对中国进行侵略和准殖民主义、殖民主义竞赛，致使中国在诸如太平天国运动这样的内战中造成了近乎种族灭绝程度的伤亡。"[6]因此希望中国人能因为与其国家利益一致，就对外界施加的刑事司法表示欢迎，那将是不了解历史的表现。

重要的是，中国和欧洲国家的公民和官员会因为同等正当和惨烈的历史原因，而对当前的国际司法介入持有偏见并分别持否定和肯定的态度。借用基辛格博士的说法，"后主权"对一些人意味着和平和秩序，而对另一些人意味着战争和苦难。对于无论处于哪种模式中的人们来说，意识到方法和各自背景的不同都是不容易的。站在自己的立场去尝试理解另一方，将很容易导致误解和不必要的异议。

本文集试图在中国、欧洲和其他法域的国际法学者之间促成对国家主权和国际刑法之间的关系这一问题的相互理解。国家主权和国际刑法相辅相成，共同存在：刑事司法以主权国家为前提，刑罚是社会通过国家施加的一种不幸以防止另一种不幸——犯罪——以此来保护社会。刑罚的建立需要国家的存在并建立刑法和刑事司法机构，通过这些机构来进行侦查、起诉、审判和处以刑罚。国际刑事司法同样依赖国家去创建和接受管辖权，资助刑事机构，提供刑事立案所需的信息，逮捕和移交嫌疑人和执行刑罚。

用另一句话来说，国家主权和国际刑事司法是一枚硬币的两面。但是它们以不同的方式被表达，并各自吸引了观点迥异的支持者。这便造成了两个概念之间的紧张关系。本书各章从学术和现实角度阐述了这种紧张状态。本文集强调了三种主要的紧张关系：（1）本文集详细论述了被证明犯有暴行的国家官员在外国或国际刑事司法管辖中的豁免问题。国家在多大程度上可以援引豁免权使涉嫌犯有核心国际罪行的国家官员不承担刑事责任？（2）特别国际刑事法庭完成了他们的工作即将落幕，国家对核心国际罪行行使管辖权问题不可避免地引起了关注，其

---

[6]   *Ibid.*, p. 423.

中包括那些没有直接受到相应犯罪影响的国家。对这些犯罪实施的所谓普遍管辖权的范围同对国家主权的理解密切相关。（3）在国际刑事法院 2010 年审查会议上通过的关于侵略罪的《罗马规约》修正案的通过为国际刑事法院对侵略罪实施调查、起诉和审判做好了准备。这一修正案的通过是否会加剧国家主权利益和责任之间的紧张关系？

本书成功收录了关于这些问题的各种观点，作者群包括政府法律工作者、国际司法机构的法官、来自不同法域背景的法学教授和来自非国家主体的人士。

在第三章"当代国际刑法中的若干热点问题浅析"中，周露露博士认为，随着国际刑事法院的建立，国际刑法进入到了一个新的发展阶段。十年来，伴随日渐丰富的国际刑事审判实践和国际形势的发展，一些重要的国际刑法理论重新受到关注。这一章讨论了当代国际刑法中的三个热点问题，即侵略罪、普遍管辖权和国家官员在外国的刑事豁免问题。经过分析，周露露博士得出的结论是：（1）《罗马规约》审查会议通过的侵略罪条款对战后国际法律和安全秩序带来了挑战；（2）在普遍管辖权方面，绝对的普遍管辖权仅存在于海盗罪，毫无限制的普遍管辖权对于保持国际关系稳定不利；（3）国家官员在外国的刑事豁免不同于其在国际刑事法庭的刑事豁免，在当前国际法框架下，国家官员在外国仍享有刑事豁免。

在第四章"国家元首不享有主权豁免是否已成为习惯国际法的规则？"中，刘大群法官讨论了习惯国际法中国家元首的主权豁免问题。他认为主权豁免是国际法上一项久已确立的规则，而"国家元首不享有豁免"的主张在国家实践与法律确信方面还存在着显著的不确定性，因此尚不能主张"国家元首的不享有豁免"已成为了习惯国际法的规则。国家元首的豁免问题很复杂，涉及到国际刑事审判机构和国内法院、《罗马规约》的缔约国与非缔约国、被指控所犯罪行的性质、国际司法合作以及联合国安理会的作用等诸多问题。刘大群法官认为，"安理会提交情势"是国际刑事法院对非缔约国行使管辖的最有效的方式，因为安理会根据《联合国宪章》第 7 章所作出的决议，能够剥夺非缔约国国家元首的豁免权。联合国安理会是否能够或愿意通过一项决议要求所有国家与国际刑事法院合作逮捕并移交犯罪嫌疑人，完全取决于安理会的政治意愿。

在第五章"国家官员在外国受到国际罪行指控时的管辖豁免权问题"中，贾兵兵教授认为，政府官员豁免权是国家豁免权的一个方面，当今实践与理论中存在着在涉及国际罪行的情况下是否仍然要承认此种豁免权的争议。他分析，当前的实践仍然视国家豁免权高于其他赋予各国管辖权（而非国际管辖权）的国际法规则。他还大胆地论述，这种状况的根源可能在于稳定不变的、建立在《联合国宪章》之上的的国际秩序基础。他写道，任何国家的法院否认外国政府官员豁免权的做法在缺乏国际法基础的前提下，"都可能形成对这些基本原则的挑战，而因此无法促成新的习惯法规则的出现。"

在第六章"国际刑事法院：国际和平与安全的司法保障？"中，郭阳讨论了《国际刑事法院规约》中侵略罪的法律框架的发展。国际社会自二战后，经过近六十年的努力，终于在国际刑事法院的框架内，就侵略罪的有关问题达成了一致。郭阳描述了《国际刑事法院规约》修正案被部分学者和国家乐观地视为国际刑法发展的里程碑的现实，他认为这是向国际社会里穷兵黩武国家的警示，这一态度"有利于国际和平与安全"。但是他进一步分析道，还有一部分学者认为，《规约》通过的定义难以符合刑法的确定性和罪刑法定等刑事司法的基本原则，起不到预防和惩罚犯罪的效果。郭阳认为，修正案规定的条件更是对现存的国际安全体系的挑战。通过分析法院对其行使管辖权的条件及其影响，他认为侵略的定义实质上没有超出传统的国家间的战争，从而谨慎地强化了联合国体系中的现行国际和平与安全制度。他由此得出结论，赋予法院审查国家使用武力是否合法的权力并不会使得国际社会更不安全。

在第七章"对核心国际罪行的普遍管辖权"中，厄基·考鲁拉（Erkki Kourula）法官开篇即清楚地论述"普遍管辖权是对抗有罪不罚的一个有价值的工具"，同时他也承认"对于普遍管辖的用途、定义、有效性以及在实践中的运用仍旧存在不同的观点"。他进而从国家司法、欧盟和非盟的不同视角，不同的政治视角，以及国际法院和国际法庭在全面制止对核心国际罪行有罪不罚方面所起的作用，探讨了近些年出现的在起诉核心国际罪行过程中适用普遍管辖权问题的一些问题。他提出了许多问题，例如在国家间普遍缺乏对于普遍管辖权的统一立场，管辖权和补充性相融合，国家官员的豁免，以及依据普遍管辖权起诉的总体可行性等。他认为，由于普遍管辖权的实施仍然充满争议，因此为确保对核心国际罪行有效适用普遍管辖权原则而做出的努力"将会受到欢迎"。考鲁拉法官写道，目前，"由于普遍性原则、国际刑事法院和其他国际刑事司法机构的存在，国际社会将继续以纯粹的人道精神去反对有罪不罚的现象"。

在第八章"论普遍管辖权的意义及其在中国刑法中的适用"中，马呈元教授详细描述了普遍管辖权在中国法律体系中的地位。他认为，作为属地管辖权和属人管辖权的补充，普遍管辖权通常指国家对外国人在外国的犯罪所行使的刑事管辖权。同前一位作者一样，他承认虽然普遍管辖权在理论和实践两个方面已经得到充分的确立，但是，各国学者对普遍管辖权的意义及其类型依然存在很大的争议。他认为，普遍管辖权是国家根据国际法或国内刑法,对外国人在本国领土以外实施的，并且不是针对本国国家或国民所实施的犯罪行使的一种刑事管辖权。他根据不同的法律渊源，将普遍管辖权分为三种类型：（1）基于习惯国际法的普遍管辖权，（2）基于国际条约的普遍管辖权，（3）基于国内法的普遍管辖权。它们各具特征。《中华人民共和国刑法》第9条规定的普遍管辖权是基于国际条约的普遍管辖权。因此他认为它既不适用于习惯国际法上的罪行，也不适用于外国人在外国所犯的未被国际刑法公约规定的罪行。他认为由于在大多数情况下，中国没有按照国际刑法公约的要求把有关国际罪行规定为中国刑法上的罪行，因此，中国违反了条约必须遵守原则和中国所承担的条约义务。同时，在中国刑法没有对有关罪行作出规定的情况下，依据国际刑法公约规定的罪名对犯罪进行追诉，既违反"法无明文规定不为罪"和"法无明文规定不处罚"的原则，也违反禁止类推的原则。

在第九章"联大讨论普遍管辖权：寻求国际法中的共同理解"中，朱利江教授详细分析了近几年来联合国大会上对普遍管辖权的讨论，这一讨论主要是由非洲国家推动的。截至 2011 年年底，已有 74 个国家的代表在联大第六委员会发言，陈述该国对普遍管辖权的看法，有 61 个国家向联合国秘书长提交了其关于普遍管辖权的立法和司法实践的报告。朱教授认为，它们分别体现了关于普遍管辖权的习惯国际法的法律确信和国家实践。从这些国家代表的发言来看，问题主要集中在普遍管辖权的定义（包括讨论民事普遍管辖权的必要性、国际刑事法庭的管辖权、以及普遍管辖权与"或引渡或起诉"之间的关系）、普遍管辖权在国际法中的合理性、其所针对的犯罪类型、行使的条件（包括是否应当要求犯罪嫌疑人出现在法院地国领土之上、是否应当是对犯罪地国管辖、犯罪嫌疑人或被害人国籍国管辖、以及国际刑事法院管辖权的补充、是否应尊重《联合国宪章》第 2 条规定的基本原则以及外国官员在一国国内法院的刑事管辖豁免权）、建立国际规制机制的必要性、以及在第六委员会讨论该问题的必要性等事项上。朱教授认为在习惯国际法中，在现阶段，普遍管辖权本身已经是牢固确立的一项国家的权利，而且也有存在的合理性。但是，他认为普遍管辖权的定义，以及其所针对的犯罪类型和行使的条件"在习惯法中仍然是不清楚的"。他的分析表明，上述结论或许就是现阶段 74 个国家在联大就普遍管辖权取得的共同理解。他认为应当谨慎的对待普遍管辖权，"不能把实然法与应然法混为一谈"。在这样的背景下，他希望有更多的国家能够向联大六委发表看法，并汇报它们的立法和司法实践。

在最后一章即第十章"国际刑事法院与罗马规约非缔约国在国际法中的豁免"中，克劳斯·克雷斯（Claus Kreß）教授阐述了关于豁免的国际法如何成为了国际法的热点：关于豁免的国际法时国际法院两个新近判决的核心内容，也是最近国际法学会所采纳的两个决议的主题，同时还是国际法委员会目前关心的议题之一，因此关于豁免的国际法必然会激起大量的学术著述对此问题进行研究。克雷斯教授讨论了两个在国际刑事法院的程序中联系密切的问题。第一个问题是"《国际刑事法院规约》非缔约国在国际法中的豁免权，是否使得国际刑事法院不能对该国在任国家元首、政府首脑、外交部长和其他特定的高级职务的在任官员行使管辖权。只有当对第一个问题给予了否定回答之后，才会出现第二个问题，即这种国际豁免法是否使得国际刑事法院不能要求一个缔约国逮捕和移交一名上文列举范围内的嫌疑人，以及法庭的逮捕令中要求逮捕的嫌疑人。"克雷斯教授指出，这两个问题有着密切的联系。2009年3月4日，国际刑事法院第一预审分庭裁定，苏丹在国际法中的豁免不能妨碍法庭对这个非缔约国的在任总统巴希尔行使管辖权。超过两年的时间之后，在2011年12月12日和13日，由不同成员组成的第一预审分庭在两份裁定中明确指出，苏丹的国家豁免权不能排除法院请求乍得和马拉维两个缔约国在巴希尔访问这两个国家期间将其逮捕并移交至法庭的权利。此后不久，2012年1月9日，非盟委员会对分庭的裁定表达了严重的关切和异议。克雷斯教授承认：

> 有时，维持国际法律秩序和维持国家间关系的稳定会成为两个相互冲突的目标。显然，对巴希尔提起的国际刑事诉讼，影响了苏丹与所有那些在巴希尔仍旧掌握权力的时候支持诉讼的国家之间国际关系的稳定性。但是同时，这些刑事诉讼的目的是维持以及加强国际法律秩序核心。

他最后得出结论，承认"严格意义上的国际刑法会为国家间关系的稳定付出代价"，但是"只要严格意义上的实体国际刑法的适用范围不被削弱，而是限制在不对国际法律秩序的核心构成根本性侵犯的行为之内，那么这样的代价就值得付出"。

上述这九章是为国际刑法和人道法论坛李浩培系列讲座而准备的。[7]在第二章"李浩培教授的生平与贡献"中，王厚立大使介绍了已故李浩培先生（1906–1997）为国际法作出贡献的一生，李先生是中国杰出的国际法学者，在他漫长的职业生涯中所担任的最后一个职务是海牙前南国际刑事法庭的法官。李浩培先生先后在政府、教育、研究与翻译、

---

[7]　相关信息，见 http://www.fichl.org/li-haopei-lecture-series/，其中包括系列讲座的作用和组织，以及已故李浩培教授的生平和对国际法所作出的贡献。

外交和国际司法机构等岗位上工作，毕生致力于国际法事业。对李浩培先生而言，国家主权和国际刑事司法同样重要。1993 年李教授在海牙出任前南国际刑事法庭法官，我们想要继承他的遗志，就要巩固自 1993 年以来国际刑法发展过程中取得的重要成果，努力缓解这种紧张关系。呼吁要做的正是这种巩固——而不是冒着过度扩张的危险继续发展。用他可能欣赏的一个比喻来说：曲阜孔庙院中古松不仅拥有吸引了一代又一代人热情向往的美丽树冠，更因为有着比树冠还要宽广数倍的交错延伸的根系而能经历风雨而屹立不倒。同样，国际刑法与正义的枝干与根基也从国家主权的土壤中吸取营养。国际刑事司法运动的拥护者在努力扩展对于核心国际罪行的实体法以及个人管辖权的范围时，也不应当忽视国家主权与国际刑法之间的密切关系。

2

李浩培教授的生平与贡献

王厚立[*]

我非常高兴能被邀请为纪念已故的李浩培教授对国际法的贡献而出版的《国家主权与国际刑法》一书写一篇文章，这对我说来既是荣誉也是义务。

我和李浩培教授的关系是多重的，非常亲密的。首先，李教授是我在上海东吴大学法学院的老师。其次，他是我在外交部条约法律司的同事。第三，他是我在外交部光华里宿舍的邻居。最后，他还是我在外交部五七干校的战友。我不仅和李教授，而且和他的夫人，他的家人，都很熟悉。李教授于我印象深刻，他的教诲使我受益甚多。

李教授 1928 年毕业于上海东吴大学法学院，后留学英国，1939 年回国后任武汉大学法律系主任和教授，随后，受聘于浙江大学，创办了浙江大学法学院，任教授和院长。1949 年中华人民共和国成立后，先后被聘为国务院法制委员会委员、国际关系研究所研究员、外交学院教授，为中国培养了大批法律人才，为法制建设作出了自己的贡献。

外交部为了加强条约法律司的工作，1963 年从外交学院调李教授到外交部担任法律顾问，具体工作就在条约法律司。那时条法司有一个法律顾问室，任职的都是全国著名的法学家和外交官。法律顾问的职责是就重大、疑难的外交法律案件提供咨询意见和参加讨论，对重大现实

---

* **王厚立**大使曾任中国外交部法律顾问；中国国际法学会会长；外交学院、中国人民大学和南京大学兼职教授；驻利比亚大使和驻前苏联中国使馆一秘；外交部条法司司长。他曾带领中国代表团参加过多种国际会议，与外国政府就双边条约进行协商。

的外交法律问题进行研究和写作。我和李教授相处最多的一段时间就是在外交部条约法律司工作的这一段时间。

李教授是中国法学界的大家，在国际上也负有盛名。他法学功底深厚，知识渊博，学贯中外，视野宽广。他深通民法、刑法、国际公法、国际私法、比较法等，他的研究之广之深，几乎涵盖了法律的大部分领域。他不仅精通中外法律，而且掌握多种外语：英文、法文、德文、俄文和拉丁文，可能还有日文。

他著作丰厚，所著的有关国际私法和国籍法、条约法等著作，都被列为大学法律系教材或重要参考书。他的译作也很可观，例如：《拿破仑法典》、《德国刑法典》、《沃尔夫国际私法》、《菲德罗斯国际公法》、《苏联证据法》、纽伦堡军事法庭判决书等，通过这些译作把外国的法律和学说介绍到中国来。

李教授在外交部条法司工作期间，对一些重大和疑难的外交法律案件都提出了宝贵的意见和看法，这些意见和看法对案件的正确处理起到了重要作用。在对于中国是否参加一些国际公约的问题上，李教授都是在做过充分细致的研究后，积极主动地提出自己的建议。他有时作为中国政府代表团的成员参加有关外交法律的国际会议，也都能对会议提出有益的、法理充分的意见。

李教授在生平各个时期，都写有并发表大量高水平的、有独到见解的论文。

1985 年我请他为全司干部系统讲授条约法 4 个月，他的专著《条约法概论》不仅对外交部条约法律司有指导作用，也是被公认的中国国际法经典之作，获得国家图书一等奖，并被推荐为法学研究生的精读书之一。

李教授曾被聘为《中国大百科全书·法学》编委会委员兼国际私法分支主编。

1985 年李浩培教授被选为国际法研究院院士。

李教授好学不倦。他的办公室里的大书架中，书桌两边，都放满了大部头的书。他是在外交部图书馆和条法司资料室借书最多的读者，我们经常看到他吃力地捧着一摞摞书回办公室。

李教授治学严谨，一丝不苟，言必有据，法理充足。我去他办公室就法律案件咨询或就学术问题求教时，他总是立即放下手头的工作，客气地请我坐下，热情谦逊，慢慢地，耐心地逐一回答我的问题，并作详细解说。有时，他主动到我的办公室，就我咨询过的某一案件或问题，补充写出他的书面意见，或对他所提意见写出法理依据或引文出处。这种认真负责的精神和严谨学风，常使我感动不已。我认为凡是从事法律工作的人，尤其要学习和遵循李教授严谨的治学精神。

我想特别指出的是李教授在工作中体现出的个人品格：正直、良知和信念。我们条约法律司办案的传统做法是，凡遇有重大疑难的外交法律案件，司领导都会请全体法律顾问出席讨论。与会者都力图领会政策精神，结合案件实际，从政治、外交、法律各个方面阐述自己的意见。一般情况下，大家的意见，包括李教授的意见，往往基本一致，或只是从不同角度论述。但有时李教授也会发表与众不同的意见，论据充分，而且执著坚持。尽管他的意见可能最终未被采纳，但是我非常重视他的意见，更敬佩他的人品。他完全从自己对案件的理解和严格的法律要求出发，即使与众人，以至与行政领导的意见不同，也不附和。我认为，不论他的意见是否被采纳，这种精神、品格、作风，是应当肯定和提倡的。顾问的作用或职责，就是要提出自己言之有理的看法。不同的看法，即使是少数人的意见，有时对案件的正确处理，更重要，更可贵。

李教授在外交部条约法司工作自 1963 年至 1993 年，整整 30 年的时间，我先于他到条法司，直到 1989 年离开条法司出国工作，与教授同事共 26 年，他使我受益颇多，印象深刻，是我非常敬佩的一位长者，一位高风亮节、慈祥善良的杰出法学家。

李教授工作认真负责，一丝不苟的精神，即使在下放干校劳动，坚持运动锻炼中也贯彻始终。1969 年 11 月，文化大革命期间，外交部和在北京的其它中央国家机关一样，大批干部被下放农村劳动。当时条法司属撤销单位，全体下放劳动，不论老少，包括老年专家顾问。我和李教授同时下放，先去湖南省、后转往江西省上高县外交部五七干校。在江西干校，我和李教授都被编在菜班，主要任务是种菜和田间管理。李教授因年逾花甲，做些轻微劳动，到菜地拔草锄草，在大白菜成长期间在菜叶和菜心里捉虫子。虽然是轻微劳动，但也是在烈日下弯着腰干活，李教授又是近视眼，带着深度眼镜，艰难情况可见。但他捉虫照样一丝不苟，细心地拿着小夹子把一条条毛毛虫拣出来放到小水瓶中。凡是他拣过的菜地，菜虫很少能幸免逃生。

李浩培教授认准了的事情，认为对自己合适的事情，他总能认真执行，坚持贯彻始终。他每天除读书写作外，就是坚持锻炼身体。1986年，他在苏州母校给法学院的同学讲话中，特别强调，"要一面锻炼身体，使有更强的体质；一面抓住每一分钟，从事学问。"这也是他的生活信条。我在外交部条法司与他共事时，一到工间操时间，人们就看到在办公室走廊外的屋顶大阳台上，有一位白发老人在聚精会神地打太极拳，那就是李教授。

他坚持走路上下班。从光华里的家里走到东四外交部，快速步行大约 45 分钟，春夏秋冬，风雨无阻。考虑到他的高龄，我和行政司联系，请司机班派车接送老教授和原司长邵天任上下班。李教授坐车上班了，但一走进办公楼不乘电梯，而从旁边楼道扶着楼梯把手，一口气走上 6 层他的办公室，有时另一手还提着一个大皮包，里面装着重重的书。

1993 年李教授当选为联合国前南斯拉夫问题特设国际刑事法庭法官，时年八十有七，也许他是各种国际法庭历史上新任法官中的最年长者。尽管高龄，他除了稍有耳背外，身体条件，处事精力，思维能力，都不逊于比他年轻的人。他渊博的法学知识，丰富的工作经验，认真的办事精神，精深的外语水平，以及他的谦逊正直的品格，博得了法庭同事们的尊敬和赞赏。

我们要感谢挪威学者莫滕·伯格斯默教授设立了这个以李浩培命名的系列讲座和研讨会来纪念李教授对国际法和国际刑事审判所做出的贡

献，并且希望通过这个系列讲座，能够在全球范围内促进国际法的发展与传播。我们希望年轻的法律学子继承和发扬李浩培教授严谨的治学精神和正直的品格，成为国家乃至国际的优秀法律人才。

3

当代国际刑法中的若干热点问题浅析

周露露[*]

十年前，以国际刑事法院的建立为标志，国际刑法进入了一个新的发展阶段。十年来，伴随日渐丰富的国际刑事审判实践和国际形势的发展，一些重要的国际刑法理论重新受到关注。本文将着重讨论当代国际刑法中的三个热点问题，即侵略罪、普遍管辖权和国家官员在外国的刑事豁免问题。

一、 侵略罪

2010 年 6 月 11 日，出席《国际刑事法院罗马规约》（以下简称《罗马规约》）审查大会的《罗马规约》的缔约国以协商一致[1]方式通过了关于侵略罪修正案的第 6 号决议。该修正案确定了侵略罪的定义、管辖条件、犯罪要件，以及对该修正案的理解。

---

[*] 周露露是中国外交部条法司条约处处长。她于 1997 年毕业于中国政法大学。2004 年获得香港大学硕士学位，2007 年获得中国人民大学博士学位。她曾代表中国政府或作为中国代表团一员参加过许多双边和多边活动，例如中国和秘鲁关于《刑事司法互助条约》的谈判，联合国体系下《保护所有人免受强迫失踪公约》的磋商。她曾撰写、合作撰写、编辑或合作翻译了多部书籍（包括《当代国际刑法基本原则研究》、《国际刑事法院：罗马规约评论》和《国际刑事法院》），她还发表了多篇论文（包括《欧盟引渡制度新发展的启示》、《国际刑事法院与联合国安理会关系条款研究》、《各国对国际社会承担的责任及其对国际刑法的影响》和《侵略罪修正案的法律影响——从国际刑事法院行使管辖权的条件的角度》）。本文仅代表作者本人观点，与所供职单位立场无关。

[1] 法国并未参加协商一致，同时亦未反对修正案的通过。

侵略罪修正案通过后，一些学者为之鼓舞，认为其不仅完成了国际社会多年来制定侵略罪定义的夙愿，同时捍卫了国际刑事法院的独立性，为法院未来审理侵略罪奠定了基础。事实上，侵略罪谈判过程中的争议问题并不能因条款的通过而尘埃落定，该修正案是否提供了真正合理有效的审判依据，是否能够发挥追究侵略者个人刑事责任的作用，从而维护世界和平，仍需仔细分析。该修正案对当代国际政治和法律体系带来的潜在影响也不容忽视。

侵略罪的制定历史，可以追溯至 1919 年的《凡尔赛和约》。第一次世界大战结束后，五个战胜国的代表在巴黎凡尔赛宫举行和平会议，起草对德和约的条款——《凡尔赛和约》，试图在构建战后秩序的同时实现对战争发动者责任的某种追究。[2]但是由于种种原因，[3]第一次世界大战后并未真正实现对相关罪犯的国际刑事责任的追诉。

第二次世界大战结束后，为追诉德国和日本战犯而建立的纽伦堡法庭和远东军事法庭都将"反和平罪"纳入法庭所管辖的罪行的范围。这成为侵略罪的雏形。但是，建立该两法庭的《纽伦堡宪章》和《远东军事法庭宪章》只是简单地规定策划、发动和实施侵略战争的行为构成反和平罪，至于何为侵略战争、具体的犯罪构成要件是什么都没有详述。[4]即便如此，纽伦堡法庭仍判处卡尔·邓尼茨（Karl Dönitz）犯有反和平罪，[5]而远东法庭判处 25 人犯有反和平罪。[6]

---

[2] 由五国组成的起草《凡尔赛和约》10 人理事会下属的调查战争发动者责任和执行惩办元凶委员会在其报告中提出：所有敌对国家的人，不论级别高低，包括国家首脑在内，只要违反了战争法规和习惯法规或违反人类法，均应承担刑事责任。委员会将各种犯罪分为两大类：（1）煽动世界大战并协同发动战争的行为；（2）违反战争法规和惯例以及违反人类法的行为。见巴西奥尼：《国际刑法》第二版，第 316 页。跨国出版社，1999 年版。

[3] 这其中也包括德国皇帝逃至荷兰并获得荷兰庇护。

[4] 1945 年，美、英、法苏等国缔结《关于控诉及惩处欧洲各轴心国主要战犯协定》（即《伦敦协定》）及其附件《欧洲国际军事法庭宪章》（又称纽伦堡宪章），建立了纽伦堡国际军事法庭，对犯有反和平罪、战争罪、危害人类罪的个人追究国际刑事责任。其中，反和平罪是指"计划、准备、发动和实施侵略

联合国自成立后，一直致力于制止各种形式的侵略行为。联合国大会于 1946 年通过了第 95（1）号决议，一致确认了《纽伦堡宪章》中所包括的国际法原则。1950 年，国际法委员会根据联大决议编纂《纽伦堡国际法原则》，其中第六项规定"反和平罪是依国际法可以处罚的犯罪"，并采用了与《纽伦堡宪章》几乎完全相同的定义。此后，国际社会继续为制订一个明确的侵略罪定义而不断努力。但由于当时处于冷战时期，有关进展不顺利。经过多年的努力，联合国大会于 1974 年 12 月 14 日通过了第 3314 号决议，其中包含了"侵略"的定义，并列举了构成侵略的一些表现形态。但是联大决议并不具法律约束力，因而不能成为侵略罪的定义。此后，包括国际法委员会在内的国际法学界以联大决议为基础，继续探讨制定侵略罪条款，但一直没有进展。

1998 年，谈判建立《国际刑事法院规约》的外交大会在罗马举行，侵略罪与战争罪、灭绝种族罪、危害人类罪等一起被列入《罗马规约》的管辖范围。然而，因各方在侵略罪定义及法院管辖侵略罪的条件方面存在着无法调和的矛盾，会议不得不将侵略罪条款作为遗留问题，仅原则地规定，在相关条款制定完成后，法院方能对侵略罪行行使管辖。[7]

2002 年《罗马规约》生效后，成立了侵略罪特别工作组，并以此为主要机制，开始新一轮关于侵略罪的谈判工作。谈判各方围绕侵略罪

战争或违反国际条约、协定、承诺的战争，或参与前述行动的共同计划或密谋"。见《纽伦堡宪章》第 6 条第 8 款。1946 年，中、美、苏等为惩治日本战犯而公布的《远东军事法庭宪章》同样规定了反和平罪，并在第 5 条第 1 款照搬了前述《纽伦堡宪章》的相关表述。

[5]　参见卡尔·邓尼茨的无罪申诉节选，　http://warstudy.com/history/world_war/german_navy_strategy/034.xml，最后访问于 2012 年 10 月 15 日。

[6]　1948 年 11 月 12 日，远东法庭对 25 名甲级战犯进行宣判，认定其犯有反和平罪、战争罪和反人类罪，并分别判处 7 人绞刑、16 人无期徒刑、2 人有期徒刑。见"战犯永远是战犯，翻案者必败"，http://www.china.com，最后访问于 2012 年 10 月 15 日。

[7]　见《罗马规约》第 5 条 2 款。

定义、构成要件、管辖条件、生效条款等交锋激烈。终于在 2010 乌干达审查会议上通过了侵略罪相关条款。

（一）关于侵略罪定义

在侵略罪特别工作组的讨论中，关于如何定义侵略罪主要有两种意见。第一种意见是对侵略罪进行具体描述式（*specific definition*）定义，列举具体侵略行为。这主要是沿用了联大第 3314 号决议所附的《关于侵略的定义》。第二种意见是根据《纽伦堡宪章》第 6 条第 1 款有关反和平罪的规定确定"侵略罪"的概括定义（*generic definition*），具体措词是："为实现本规约的目的并根据联合国安理会对有关国家侵略行为的事先认定，侵略罪系指下列行为：计划、准备，发动或进行侵略战争。"[8]通过几年的谈判，各方基本达成共识，将两种定义方法结合考虑，并在确定个人从事侵略罪的刑事责任以前，首先要确认该人所属国家的侵略行为。

当前侵略罪修正案中的定义，反映了侵略罪的三方面特点，即需要特定背景要件、属于领导人犯罪、需要达到门槛要求。

1. 背景要件：侵略行为并非个人所能实施的，必须有国家或团体的侵略行动为背景。换言之个人侵略罪需要以国家实施侵略行为为前提，这也是侵略罪区别于其他核心罪行的重要特点。事实上，侵略罪之所以如此难产，主要原因在于该罪本身与战争正义性，以及国际维和行动问题密切相关。[9]维护和平和认定侵略行为是政治性极强的任务。不同国家、族群基于不同的历史文化背景和价值观，对同一行为或情势可能出现不同的认识和理解，对有关行为的性质判断也可能得出相反结论。例如，被某一国家认为是分裂国家的行为在另一国看来可能是争取

---

[8]　参见侵略罪特别工作组 2005 普林斯顿会议讨论文件 3（Discussion paper 3 of June 2005 Princeton Meeting）。

[9]　Carsten Stahn, "The „end", the „Beginning of the End" or the „End of the Beginning"? Introducing Debates and Voices on the Definition of „Aggression"', in *Leiden Journal of International Law*, 2010, vol. 23, pp. 875–876.

人权的行为；[10]而一个反对外国压迫、争取民族解放斗争的行为可能被另一国解读为恐怖行为而予以镇压。[11]在侵略罪讨论历程中，部分国家曾提出经济侵略、文化侵略等建议，[12]但最终因分歧过大而未被采纳。尽管侵略行为的形态难以穷尽，但确定存在侵略行为却必不可少，因而确认那些有权认定侵略行为的主体尤其重要。掌握认定侵略行为的权力如同掌握开启侵略罪审判的钥匙。这也是引出国际刑事法院管辖侵略罪条件的根源。

2. 领导人犯罪。无论是侵略行为或是侵略战争都是一种国家行为，需要依靠国家武装力量和国家装备来支持完成。这意味着有机会计划、准备、发动、实施或参与上述活动的个人不会是普通人员，而是具有一定级别，有能力、有资格、有机会操纵、指挥或影响国家决策或军队行动的领导人，即侵略罪修正案中所说的"能有效控制或指挥一国政治或军事行动的人"。强调侵略罪是领导人犯罪这一特点的目的在于区别对待实际参与侵略行为和对侵略行为起主导作用的人，实践中很多低级别的士兵出于服从军令的要求，会参与到侵略行为的具体行动之中，但他对整个侵略行为的意图、规模、目标可能一无所知。因此，把参与侵略活动的具体个人与那些发动这一侵略行为的负责人区别开，不单纯是一个法律技术问题，而是涉及如何发挥侵略罪这一罪名的惩戒和预防作用的司法政策问题。

3. 门槛要求。侵略罪定义中包括了一定的门槛要求，即只有"（侵略行为）依其特点、严重程度和规模，须构成对《联合国宪章》的明显违反"时，方可能构成侵略罪。这一门槛源于习惯国际法只将"侵略战争"这种严重的侵略行为认定为追究个人侵略罪（反和平罪）责任的依据。这一点可以从《纽伦堡宪章》、《远东军事法庭宪章》、联大第 95（I）号决议、《纽伦堡国际法原则》以及 1970 年的友好关系

---

[10] 例如，车臣民族分子的所谓争取独立的行动，在其所属主权国家俄罗斯看来，则是分裂国家的行径。

[11] 巴以冲突就是典型的例子。

[12] 马呈元著：《国际刑法论》，中国政法大学出版社 2008 年版，第 285 页。

宣言第 1 项原则[13]等文件得到验证。它们都明确指出"侵略战争是反和平罪"。联大第 3314 号决议的第 5 条第 2 款也确认了这一立场，将"侵略战争"与"侵略行为"相区分，规定"侵略战争是破坏国际和平的罪行。侵略行为引起国际责任"。至于如何确定侵略战争，从现有的国际法中并不能找到明确的判断标准，实践中只能参考习惯国际法中判断战争合法性的少许依据来辨别，即只有自卫和依《联合国宪章》采取的集体安全行动的战争是合法的战争。[14]这种试图将"侵略战争"和"侵略行为"区分，并依前者确定侵略罪的方法在《危害人类和平与安全治罪法草案》[15]起草过程中受到一定调整。国际法委员会在《治罪法草案》一读评注中对其试图取消侵略战争和侵略行为之间区别的做法做了解释。[16]国际法委员会的观点在此后的侵略罪特别工作组讨论过程中被部分接受，同时又有所调整。工作组并未对侵略战争和侵略行为做出区分，但却对侵略行为加以分类，为构成侵略罪的侵略行为设定了一个门槛，即当前修正案中所说的"依据其特点、严重程度和规模，须构成对《联合国宪章》的明显违反"。工作组的这一工作思路似可以看作是对习惯国际法的某种认同。

　　笔者认为，侵略罪修正案规定的门槛一方面有一定合理性，那就是符合国际法对"一般不法行为"和"国际犯罪"的区分，也符合国际刑事审判机构缺少执法机关、资源稀缺，应集中力量惩罚严重罪行的现实。但另一方面，该门槛赋予检控和审判机构较大的裁量权，容易被滥

---

[13]　Principles 1(2) of Friendly Relations Declaration of 1970.

[14]　依自卫和集体安全行动使用武力是《联合国宪章》确认的两个合法使用武力的理由。参见《联合国宪章》第51条。

[15]　国际法委员会 1991 年起草。见其中第 15–16 条。

[16]　国际法委员会指出，"尽管个别人建议对侵略战争和侵略行为做出区分，但大多数人反对这一观点，原因是战争是个相对的概念，侵略战争不可避免的会包含侵略行为；对于两者严重性和法律后果的区分将会在实践中造成误导；由于二战后已经不会存在宣战的情形，因此使用'侵略战争'将是误用。" "Report of the International Law Commission on the work of its forth seventh session" (2 May – 12 July).

用，同时也不符合国际法关于和平解决国际争端的要求，即要求国家尽一切可能对使用武力——无论多小——的限制和控制的精神。

（二）法院管辖侵略罪的先决条件

该问题在本质上与侵略行为的认定主体、法院与安理会关系问题如出一辙。这是在制订侵略罪条款制定过程中谈判最艰苦的一个问题。

根据《规约》，有三种启动机制可以启动法院的管辖权，即缔约国主动提交、安理会提交和检察官自行启动。在工作组及审查会议谈判过程中，先决条件这一问题（在后期，为与当事国基于是否接受修正案本身带来的法院管辖权条件问题相区别，该问题被称为"过滤机制"）主要体现在对检察官自行启动调查案件的处理上。围绕侵略罪管辖条件问题，国际社会一直存在着两种截然对立的观点。一种观点认为，《联合国宪章》第 39 条明确赋予联合国安理会断定是否存在着侵略和侵略行为的权利。安理会负有维护国际和平与安全的专属责任，是认定存在侵略行为的*唯一*机构。维护国际刑事法院的独立性不能超越集体安全体系，不能影响安理会执行维护和平与安全的职能。为此，只有在安理会认定存在国家侵略的前提下，法院才能管辖个人的侵略罪，否则法院则不能启动对个人侵略罪的管辖。持此种观点的主要是安理会五常任理事国。另一种观点认为，安理会是一个政治机构，如果仅仅根据安理会的认定作为法院管辖侵略罪的前提，将导致法院工作受政治影响，无法保持司法机构的独立性。持此观点者还表示，《宪章》虽赋予安理会维护和平与安全的职责，但并未说明其为唯一认定侵略行为的机构，国际法院、联合国大会等机构同样可以讨论侵略问题。持这一观点的主要是拉美和非洲等国家。

在审查会议最后关头，由于各方僵持不下，英、法作为五常任理事国和《规约》缔约国，提出了妥协方案。英、法提出了所谓的"绿灯方案"，[17]即对于缔约国提交或检察官自行启动调查的案件，[18]如安理会

---

[17] "Green light proposal"，该方案的核心思想可以追溯至 2007 年《罗马规约》第六届缔约国大会。见 ICC-ASP/3/SWEGCA1。

未认定侵略行为，在安理会通过决议授权的情况下（类似"开绿灯"），检察官可继续调查侵略罪。但英、法的建议并未获其他国家的广泛认可。与此同时，以阿根廷、瑞士等为代表的另一方提出反建议，将"绿灯方案"修改为"红灯方案"，即在上述案件（指由缔约国提交或检察官自行启动调查的案件）中，如安理会未在 6 个月内认定存在侵略行为时，如预审分庭授权且安理会未根据（《罗马规约》）第 16 条决定中止（类似"亮红灯"），法院的检察官可以继续调查。

最终，审查会议在"红灯方案"的基础上通过了现有的侵略罪管辖条件案文，即将管辖条件具体分为两种情况：一是对于由安理会向法院提交的案件（情势），无论有关国家是否为法院缔约国、是否接受法院管辖，法院都可以对其中涉及的侵略罪实行管辖。二是由缔约国提交或检察官自行启动的案件，要求检察官先查明安理会是否认定存在侵略行为。如安理会认定存在，检察官可以继续调查；如安理会在 6 个月内未认定存在侵略行为，则在法院预审分庭授权且安理会未决定"中止"的情况下，检察官也可继续调查侵略罪。[19]

正是由于上述关于管辖先决条件（过滤机制）的规定，修正案通过时，法国没有参加协商一致，中、美、俄罗斯则发表了立场声明，在不同程度对修正案表示异议。在笔者看来，关于先决条件的规定看似维护了法院独立性，但却对当前国际法律和政治体系带来较大冲击，给国际和平与稳定增添更多不稳定因素。具体理由包括以下方面：

首先，先决条件问题涉及对《宪章》第 39 条的理解。笔者认为，既然《宪章》赋予安理会，而不是其他机构，维护和平与安全的责任，自然也就将认定侵略行为——这项与和平安全紧密相关的任务交给安理会。安理会难以做出决定的情势都是国际上相当复杂的政治问题，或是涉及对国际或地区安全具有举足轻重作用的国家。《联合国宪章》的基

---

[18]　根据《罗马规约》，启动法院调查案件有三种方式，分别是缔约国提交、检察官自行启动和安理会提交。英法建议的"绿灯方案"仅适用于前两种启动调查的情形。

[19]　参见 2010 年 6 月 11 日审查会议上通过的第 6 号决议，RC/Res.6，附件一。

石是集体安全体制，而安理会常任理事国的否决权则是集体安全体制不可缺少的组成部分。应当说，联合国虽然不可能防止所有的战争，但是在防范发生危及世界和平与安全的世界大战方面还是发挥了作用。[20]在安理会未做决定的情况下，国际刑事法院就有权认定某国从事了侵略行为并追究个人的刑事责任，这将对第二次世界大战后以《联合国宪章》为基础的国际安全体系造成极大的冲击，由此将令人对侵略罪修正案能否通过惩治侵略罪达到预防犯罪、维护和平的目的充满疑问。

其次，尽管安理会是政治性机构，但这并不必然得出安理会的决定就一定不公正的结论。对于侵略问题联合国安理会曾做出过多次决议。20 世纪 70 年代，安理会做出决议谴责南罗得西亚对安哥拉、博茨瓦纳、莫桑比克和赞比亚"采取了侵略行动"。[21]从 1976 年到 1987 年，安理会通过决议谴责南非政权及纳米比亚对周围国家采取的行动为"侵略行为"。[22]1977 年 4 月 14 日，安理会通过 405 号决议，指出入侵部队对贝宁首都科托努的进攻"构成了侵略"。[23]1985 年，安理会通过 573 号决议，认为以色列对突尼斯的武装攻击是"非法的侵略行为"。[24]1990 年 8 月 2 日，伊拉克入侵了科威特，联合国安理会通过一系列的决议，谴责伊拉克的行为，但没有使用"侵略者"或"侵略行为"的措词。当伊拉克下令所有驻伊外国使馆必须关闭时，安理会指责这种行动

---

[20] 由于五常任理事国否决权的存在，在大国力量之间形成了一定的博弈和平衡。二战后并未发生世界大战或多国卷入的大规模地区战争。

[21] 联合国安理会决议：1973 年第 326 号决议，1977 年 411 号决议，1978 年 424 号决议，1979 年 445 号决议。

[22] 联合国安理会决议：1976 年第 387 号决议，1984 年 546 号决议，1985 年 571 号决议，1985 年 568 号决议，1985 年 572 号决议，1982 年 527 号决议，1985 年 520 号决议。

[23] 联合国安理会决议：1977 年第 405 号决议。

[24] 联合国安理会决议：1985 年 573 号决议和 1988 年第 611 号决议。

为"侵略行为"。[25]由此可见,安理会在适用侵略标准时,采取了较为严格的方式,并不是轻易谴责一国的行为是"侵略行为"。[26]

第三,一些国家和学者提出,尽管不否认安理会认定侵略行为的权利,但该权利不专属于安理会,法院和联大都可以认定侵略行为,具有竞合认定权。需要指出的是,国际法院与联大均不同于国际刑事法院。国际法院是联合国体系内的司法机构,而且以国家接受为其管辖的前提。但 ICC 却是"游离"于联合国体系之外,以追究个人责任为目的,其管辖权还及于非缔约国。[27]此外,ICC 的检察官制度设计是东京法庭模式,非纽伦堡模式,存在更多被滥用的风险。[28]加之目前,对维护和平与安全肩负重大使命的多个国际或地区性大国均未参加《罗马规约》,[29]ICC 自成立 10 年来仅完成了一起案件的审理,因而其有效性和效率不禁令人怀疑。联合国大会尽管也做出过对侵略行为的谴责,[30]但其结论的形成是经过联合国 193 个国家的评判得来的。这与缺少对国际安全有重要影响的若干大国参与的 ICC,仅由数名法官做出的某国是否做出侵略行为的判定有着巨大区别。而且联大对侵略行为认定的能力是非常有限的,是受制于安理会的,一旦安理会介入,联大的认定行动就

---

[25] 联合国安理会决议:1990 年 660 号决议和 1990 年 667 号决议。

[26] 杨力军:"论《国际刑事法院规约》中的侵略罪",载于《中国国际法年刊(2010 年)》,世界知识出版社 2011 年版。

[27] 根据《罗马规约》第 12 条,如果犯罪发生地国或被嫌疑人的国籍国是《规约》缔约国,法院即对相关案件具有管辖权。此规定意味着在某些情况下,法院可以对非缔约国行使管辖权。这一点在《规约》通过时受到了包括中国等在内的批评,认为此规定违反了"条约不得为第三国施加义务"的规定。

[28] 纽伦堡法庭实行的是"合议制"检察官制度,即每个《纽伦堡宪章》签字国各派一个检察官组成检察委员会,对于应决定事项以检察委员会多数同意的方式。但远东军事法庭实行的是"首长制/独裁制"检察官制度,由盟军最高统帅指派检察长,负责调查起诉。相比之下,后者易产生权力滥用。见简松基:"论 ICC 管辖侵略罪的上游权力——对国家侵略行为的断定权",载于《法学》2008 年第 9 期,第 70 页。

[29] 美国、俄罗斯、中国、印度、以色列、埃及、埃塞俄比亚等都未参加。

[30] 如第 35 届联大通过的 207 号决议谴责以色列对巴勒斯坦和黎巴嫩的侵略行为。

必须终止。[31]联大的认定更多是政治和道义的效力，不会对相关国家或个人带来法律责任。这也与 ICC 可能被赋予的认定权力有本质区别。

第四，允许国际刑事法院认定侵略行为，将制造新的制度性缺陷。当前的侵略罪条款赋予法院认定侵略行为的权力，看似照顾了法院独立性，具有积极意义；但要指出的是，在法院和安理会都可以断定侵略行为的情况下，不排除二者得出不同结论的情况。在此情况下，侵略罪条款显然无力协调法院与安理会之间的矛盾立场。如果安理会断定一国存在侵略行为并决定采取制裁行动，而法院作为独立司法机构，理论上存在着认定未发生侵略行为的可能性（尽管此种可能性较小），如此将引起相关国家对安理会行动产生非议；而且根据《联合国宪章》103 条规定，《宪章》义务优先，意味着规约缔约国仍需执行安理会的决议，这将与该国作为《罗马规约》缔约国并因此尊重法院裁定的态度产生矛盾。相反，如法院认为一国存在侵略行为，而安理会未做出类似断定，或者安理会干脆根据《罗马规约》要求法院中止侵略罪调查，则不仅会减损法院权威，还可能导致对法院认定的侵略国无法采取惩戒措施。届时不仅国际社会将面临着是非标准错乱，而且还会进一步加剧了国际法的"支离破碎性"，导致当事国各行其是和政治投机。长远看，对防范侵略行为、建立稳定的国际法律秩序不利。

二、 普遍管辖权

（一）问题的提出

近年来，国际社会对普遍管辖权的讨论日益激烈。自上世纪末英国根据西班牙引渡请求逮捕智利前总统奥古斯托·皮诺切特（Augusto Pinochet）案[32]以来，西方国家和人权组织大力主张对"人权案件"行使

---

[31] 《联合国宪章》第 12 条规定。

[32] 皮诺切特原是智利陆军参谋长，1973 年发动军事政变上台，当选总统。1990 年，他将政权制度和平移交 1989 年总统选举中胜出的艾尔文，并被任命为终身参议员。1998 年，皮氏持外交护照到英国医院接受手术，一名西班牙法官对其签发国际逮捕令，指控其在执政期间犯有谋杀罪及侵犯西班牙人权。英方据此拘禁了皮氏。智利方面提出抗议。英法院此后围绕皮氏是否具有豁免权问题并

普遍管辖权，声称严重侵犯人权行为是"危害国际社会"的罪行，侵权者是"人民公敌"，每个国家都有权作为"国际社会的代表"予以追诉和审判，并据此否定传统的主权豁免原则。实践中，部分国家对发展中国家官员歧视性行使"普遍管辖权"，受到被诉国家强烈反对，频频引发外交纠纷。另一方面，这些行使普遍管辖权的国家内部也因行使"普遍管辖权"而龃龉不断。美国前总统布什（George W. Bush）、英国前首相布莱尔（Tony Blair）、以色列前总理沙龙（Ariel Sharon）等官员被人权组织告上欧洲国家的法院，在美国的压力下，[33]欧洲国家纷纷采取措施，或废除"普遍管辖权"，[34]或不允许针对盟国的起诉，这进一步暴露了"普遍管辖"易被以"双重标准"方式滥用的问题，值得反思。

2009 年 10 月，经卢旺达代表非盟提议，第 64 届联大六委首次就普遍管辖权原则的范围和适用问题进行了辩论，[35]但因为分歧太大未能达成共识，反映出各国对普遍管辖权的法律地位、适用范围和条件等存在不同的理解和实践；不仅如此，一些国家在某些争议情形下主张和行使普遍管辖权的实践已引起了其他国家的严重关切。

第 64 届联合国大会通过决议，要求联合国秘书长邀请各成员国提交有关普遍管辖权原则的范围和适用的信息和评论，包括有关可适用的

应否被引渡至西班牙进行数轮审判。最终英上议院上诉庭裁定，皮氏不享有外交豁免权，其所犯罪行为可引渡的罪行。英内政部则以皮氏健康不佳，拒绝了西班牙的引渡请求，允皮氏返回智利。

[33] 美国前国防部长拉姆斯菲尔德曾表示，比利时若不废除其含有"普遍管辖权"条款的法令，北约总部将从布鲁塞尔搬出。http://china.findlaw.cn/bianhu/xingfazhishi/xsgxq/pubianguanxiaquan/1028.html，最后访问于 2012 年 10 月 15 日。

[34] 2003 年 3 月，比利时对其 1993 年法令进行修改，允许检察机构以犯罪地点不在比利时境内、犯罪嫌疑人非比利时公民或不在比境内等理由，拒绝审理某些被指控为战争罪、危害人类罪、种族灭绝罪的案件，从而修改了号称具有"普遍管辖权"的 1993 年法令。

[35] A/64/452，"普遍管辖权原则的范围和适用"。

国际条约、国内法规则及司法实践的信息，以便通过进一步交换意见和信息，促进共识，从而在促进国际法治和维护国际关系的稳定和秩序方面实现必要的平衡。

2010 年联合国秘书长向各国发邀请，呼吁各国提交对普遍管辖权问题的评论，并于 7 月公布了相关汇总报告。共有 44 国提交了相关信息和评论，反映出各国对普遍管辖权的分歧依旧存在。从联大历次的讨论情况看，英国、法国明确支持普遍管辖权，但采取一些自限措施，例如，在英国须由检察官提起诉讼；法国以犯罪嫌疑人在境内为前提；而美国虽有立法对种族灭绝、酷刑及反恐公约规定的罪行可行使普遍管辖权，但值得注意的是，美国在其发言中并未明确支持普遍管辖权，只表示交流各国实践是当前各国重点；俄罗斯则反对滥用普遍管辖权。非洲、拉丁美洲国家表示认可普遍管辖权，但要求加以限制。

普遍管辖权也是国际法院所面临的重要未决问题。在 2002 年国际法院在"刚果（金）诉比利时逮捕令案"判决中有意回避对普遍管辖权问题做出评论，但一些法官仍专门对普遍管辖权是否符合国际法及其适用范围和条件等问题阐述了看法。在法院正在审理的"刚果（布）诉法国"案中，普遍管辖权是争议焦点之一，"比利时诉塞内加尔案"、"德国诉意大利案"也与普遍管辖权及豁免密切相关。国际法委员会（ILC）正在研究的"或引渡或起诉"议题涉及普遍管辖权问题。总的来看，各机构都比较谨慎。

（二）回顾与分析

关于普遍管辖权的产生，一般认为，普遍管辖权起源于国际法上对海盗罪的管辖。[36]二战后，随着出现一些严重的国际罪行，部分国家和学者将普遍管辖权适用范围推广至其他严重罪行，如战争罪、危害人类

---

[36] 习惯国际法认为海盗可以行使普遍管辖权的依据在于：（1）海盗从事的行为意味着放弃了原有国籍，成为无国籍之人；（2）海盗活动具有流动性，只有联合起来处罚海盗。（3）历史上各国要求对海盗的全面参与打击。见郑雷："论海盗罪普遍管辖权机制的局限性与变革"，载于《中国海商法年刊》第 20 卷第 1–2 期，2009 年 6 月。

罪等。而"艾希曼案"、[37]皮诺切特案视为普遍管辖权的实例。[38]2001年普林斯顿大学提出普遍管辖权原则的意见,认为普遍管辖权适用于"海盗、奴隶罪、战争罪、危害和平罪、危害人类罪、灭绝种族罪、酷刑罪"。[39]

主张存在普遍管辖权的国家和学者、非政府组织主要依赖于以下理据:一是主权原则。常设国际法院在"荷花号"案中所提出的"在一般国际法不禁止的情况下,国家可以裁量对其领土以外的个人、财物行使管辖,除非有禁止性规则限制。"[40]二是存在着"对一切的义务"或"全人类共同利益",[41]因而有必要对侵犯国际社会共同利益的行为进行管辖。三是打击犯罪的需要,消除"有罪不罚",避免让犯罪分子逍遥法外。

关于普遍管辖权的含义,多数认为是指国家仅仅根据犯罪行为本身及其严重性,在缺乏上述属地、属人或本国安全与利益等*任何联系因素（连结点）*的情形下而主张的管辖权。但纵观相关理论与实践,可以发现,国际社会实际上并未就"普遍管辖权"形成共同的理解,最明显的区别是存在着"相对的普遍管辖权"和"绝对的普遍管辖权"。前者是以被嫌疑人出现在本国领土上为管辖前提条件的管辖,即仍然存在着"出现地点"这一连结点。而后者则不存在任何"连结点"。显然,这

---

[37] 艾希曼是二战时的德国纳粹军官,1942 年被任命负责屠杀犹太人的最终方案。二战后,其被美军俘虏后逃往阿根廷。1961 年,以色列情报部门获其下落,将其逮捕,秘密运至以色列。

[38] 《普遍管辖权与国家主权的关系（4）》,http://china.findlaw.cn/bianhu/zhuanti/pubianguanxiaquan/55609_4.html,最后访问于 2012 年 10 月 15 日。

[39] 参见加拿大和荷兰于 2001 年向联大提交的照会后附件相关普林斯顿原则,A/56/667。

[40] 柳叶:"国际法上的'荷花号'原则",http://bjgy.chinacourt.org/public/detail.php?id=94739,最后访问于 2012 年 10 月 15 日。

[41] "全人类共同利益"源自"对一切的义务"（*obligation erga omnes*）,国际法院在 1970 年"西班牙巴塞罗纳牵引机车案"指出,一国对国际社会承担的义务与一国对另一国承担的义务不同,前者是因为存在重要的国际共同利益。

两种"普遍管辖权"在可行使管辖权的对象和条件上还是有很大区别的。

究竟是否存在不受限制的"普遍管辖权"？在笔者看来，不加限制的、不以存在任何连结点为前提的、纯粹的普遍管辖权（即"绝对普遍管辖权"）在国际法上仅存在于海盗罪。普遍管辖权的确立，应以国际法明确许可的情形为限，并且其行使应受国际法的约束。也就是说，国际法仅承认对海盗罪的普遍管辖权，不存在对其他犯罪的普遍管辖权。不受限制地实施普遍管辖权将导致强国对管辖权的滥用，刺激政治滥诉，造成国际关系不稳定。即便是前面提到的所谓普遍管辖权的三种理据，在研究"（绝对的）普遍管辖权"问题时也都存在着理论或实践方面的缺陷：

1. 关于以"主权原理"作为普遍管辖权的理据。根据国际法上的主权原则，一国对于在其领土上的犯罪具有管辖权，即"属地原则"。除此之外，在一定情形下，一国还有权基于嫌疑人的国籍（积极属人原则）、受害人的国籍（消极属人原则）以及相关行为损害本国安全和重大利益（保护性原则）确立和行使管辖权。考虑到各国的主权平等，每个国家都有选择根据属地、属人（积极／被动属人）原则进行管辖的权力，因此在涉及对被嫌疑人管辖时，不可避免地会存在管辖权冲突。在此情况下，罔顾其他有管辖权国家的意愿或主张任意行动，无疑会侵犯他国的主权，有违主权平等原则，也会引发国家间的冲突。

事实上，国际法院在"荷花号"案所确立的"国际法不加禁止即可进行管辖"的原则已经被修改和调整。在"逮捕令案"中，法院在分析荷兰、德国和法国等国的国内法后认为，这些国家都没有赋予一国"对于非在本国出现的嫌疑人予以管辖"的所谓普遍管辖权。[42]事实上，"荷花号"案判决所处的时代已经改变：（1）国际交往日益紧密，全球化使得国家间的联系更加错综复杂，一国的行为有可能在多个层面对其他国家产生影响，全球治理、协同配合的观念更加深入人心，肆意的

---

[42] Judgement of 14 February 2002, Arrest warrant of 11 April 2000 (*Democratic Republic of the Congo v. Belgium*), available at http://www.legal-tools.org/doc/c6bb20/.

行使主权将导致侵犯主权；（2）即便国际刑法对域外犯罪赋予了特定机构的管辖权，但并未赋予任何国家此种管辖权。根据国家主权平等原则，一国确定和行使管辖权不得损害他国主权。因此一国管辖权的确立，应以案件与该国存在适当联系为前提，并应限于合理的范围。

2. 关于"全人类共同利益"作为普遍管辖权的理据。这似乎是很有说服力的理据，但其中仍存在着不确定性。首先，"全人类共同利益"的内涵和外延是什么？虽然国际法院在巴塞罗那电车、电灯和电力有限公司案中曾提出"对一切的义务"的概念，[43]在某种程度上强化了"全人类共同利益"的法律依据，而此后的《联合国海洋法公约》也提出"国际海底区域及其自然资源是'全人类共同继承的遗产'"，[44]但上述概念和提法中却均未明确"全人类共同利益"包括哪些，更未能确定谁有资格代表全人类行使管辖权。因此，如果某国主张代表全人类对其他国家或其公民进行管辖，无论在道义上多么有力，也是缺乏法律依据的。[45]实践中，任意的主张代表国际社会／全人类利益去起诉他国，只会导致司法的混乱和霸权主义的盛行。

当前国际社会唯一有共识的是，对于在公海上发生的海盗罪，任何国家均可以代表全人类行使管辖权，这也是当前国际法唯一明确认可的可以行使普遍管辖权的罪行。1985年《联合国海洋法公约》第105条规定："在公海上，或在任何国家管辖范围以外的任何其他地方，每个国家均可扣押海盗船舶或飞机或为海盗所夺取并在海盗控制下的船舶或飞机，和逮捕船上或机上人员并扣押船上或机上财物。扣押国的法院可判

---

[43] Judgement of 5 February 1970, *Barcelona Traction, Light and Power Company, Limited* (*Belgium v. Spain*), available at http://www.legal-tools.org/doc/75e8c5/.

[44] 依据 1982 年《联合国海洋法公约》，国际海底区域指国家管辖范围以外的海底、洋底及其底土，参见《公约》第 11 部分。根据《公约》，作为全人类共同继承财产的"区域及其资源"依 5 项原则处理：（1）不应为已有；（2）实行国际管理原则；（3）为全人类利益而进行公平分配经济利益；（4）和平利用；（5）保护海洋环境原则。

[45] Luc Reydams, *The Rise and Fall of Universal Jurisdiction*, http://papers.ssrn.com/so13/papers.cfm?abstract-id=1553734, last accessed on 15 October 2012.

定应处的刑罚……"。这一针对海盗的普遍管辖权规定也反映了习惯国际法规则。值得注意的是，对于海盗的普遍管辖权强调了在"公海或任何国家管辖范围以外的其他地方"，这一点也说明国际社会在对待普遍管辖权问题时非常谨慎，避免与"任何主权国家"的管辖权相冲突。

3. 关于打击犯罪、消除有罪不罚作为普遍管辖权的理据。管辖权是国家主权的重要组成部分。管辖权的行使是行使主权的体现。一国对某项犯罪和个人行使管辖权，是国家在平衡正义、公共秩序、受害人权益等各方面因素后选择对有关行为和罪犯进行惩罚的行为，因此惩罚在本质是主权国家与受害方之间的关系。因此，国家是否行使管辖权，实际上与该国的道德判断、公益良俗、社会文化等密切相关。在一国认为是犯罪或受到限制的行为在他国并非必然是犯罪或受到限制，例如安乐列、同性恋、一夫多妻等。正因为如此，一国不应随意将本国追诉犯罪的权力及于他国发生的行为或他国的国民。

仔细研究当前关于惩治跨国犯罪（或国际犯罪）以及在人权、人道主义领域追究个人刑事责任的国际条约，可以发现，相关条约所确立的管辖权实际是对各国固有的传统管辖权起到补充作用，目的是在必要的时候，即犯罪嫌疑人所在国或犯罪行为地国或嫌疑人国籍国同样也认为有打击相关犯罪之必要时，通过嫌疑人所在地国家的配合实现对犯罪的惩治。这种管辖权的行使需受诸多条件限制，包括：

（1）仅适用于特定国际条约规定的犯罪，且仅由条约缔约国行使。换言之，成为缔约国是有关国家承认条约所指行为为犯罪、并愿意通过国家间合作的方式打击犯罪的重要证据。

（2）普遍管辖权的行使以嫌疑人在其境内且不引渡给其他国家为前提，即遵循"或引渡或起诉"原则。

（3）尊重犯罪地国及嫌疑人国籍国行使管辖权的优先权。有关国家在其境内发现嫌疑人后，应立即向犯罪发生地国或该人国籍国通报，并尽可能促成向这些国家引渡，必要时，可与这些国家就引渡的条件进行协商。

（4）不存在豁免例外问题，不得违反国际法上的豁免规则，特别是不得影响外国国家元首、政府首脑和其他官员根据国际法所享有的司法管辖豁免。纵观联合国打击国际犯罪类的条约，均无明确排除外国官员豁免的规定。[46]

（三）案例分析

对普遍管辖权须持谨慎态度，防止滥用，造成司法混乱。实践中已经有不恰当适用普遍管辖权的多宗案例，这些正反两方面的案例表明，普遍管辖权往往会成为政治考量的牺牲品或是政治野心的挡箭牌：

一是对已经认为无疑适用普遍管辖原则的海盗罪无人问津。近年来索马里海盗泛滥，但无人愿管。加拿大、荷兰海军抓到海盗后也释放了他们。[47]这说明，所谓"打击有罪不罚"作为普遍管辖原则理据的脆弱性。

二是比利时滥用普遍管辖权，对刚果外长签发逮捕令，被刚果诉至国际法院，并被判败诉，国际法院认为比侵犯了刚果外长的豁免权。此外，前面曾提及，在美国、以色列的压力下，比利时也不得不修改其国内法，对普遍管辖权进行限制。英国也要求，其不得对盟国行使普遍管辖权。这些都证明了普遍管辖权并不完全是以正义为目标，而是充满了政治动机或可能被政治滥用的可能，[48]因而要予以警惕。

---

[46] 《国际刑事法院罗马规约》中有官方身份无关性的规定，但是，作为国际审判机构的国际刑事法院与各个主权国家的管辖权是不同的，国际刑事法院的管辖并不属于普遍管辖权，因为它的管辖权是针对特定条约罪行，具管辖权本质上来源于当事国主权的让渡，而非自来具有。

[47] "索马里海盗被抓后又被释放"，http://news.sohu.com/20090420/n263487071.shtml，最后访问于 2012 年 10 月 15 日。

[48] 比利时官员也承认，其 1993 年《万国管辖权法》（规定普遍管辖权）会被滥用，成为实现权利人政治目的的工具。见《<万国管辖权法>管得太宽？——访比利时驻华大使》，http://news.sohu.com/39/89/news211148939.shtml，最后访问于 2012 年 10 月 15 日。

三、 国家官员在外国的刑事豁免

近年来在国际刑事司法领域，一项经常被提起的原则，也是在《罗马规约》中确认的原则是"官方身份无关性"原则，这与国家官员在外国的刑事豁免问题有一定联系，但又不完全相同。

（一）豁免原则回顾

国际法上的豁免制度包括几个方面：国家豁免、外交和领事豁免、特别使团的豁免等，这几个方面之间相互联系又有一定区别。后两个方面因为已经形成了较为完善的国际条约予以规定，相对较清楚，[49] 不在本文中赘述。但在国家豁免及其所包含的官员豁免方面，则主要依据习惯国际法，这也是当前存在着一定争议的问题。

国家豁免是指一国免受其他国家的行政或司法管辖。其理论依据主要有两种学说：一是"主权平等原则"，即平等者之间无管辖权。二是国际礼让，为促进国际关系而出于礼貌和便利，不对他国行使管辖权。从实践中看，前者受到更多的认可。[50]

实践中，国家豁免意味着一国法院不得受理以外国国家为被告的案件。关于国家的内涵，除了以国家本身外，还包括国家及其政府的各种机关，以及以国家代表身份行事的国家代表，[51] 这其中主要指国家官员。在国家豁免原则产生之初直至相当长的时间里，并未区分国家代表（官员）的民商事行为或刑事行为。相反，对于代表国家行事的官员的所有行为都予以豁免。这一点可以从外交代表或特别使团的代表所享有的豁免看出。

随着国家参与商业活动不断增多，以及个别官员利用手中职权肆意妄为，国际社会逐渐开始对国家和国家官员不同性质行为进行区分。一方面是将国家行为区分国家的统治权行为（*act jure imperii*）和管理权

49　主要是指 1961 年《维也纳外交关系公约》、1963 年《维也纳领事关系公约》、1969 年《联合国特别使团公约》，上述公约适用的范围、权利义务规定均较为明确。

50　张小升："国际法上的特权与豁免制度比较"，http://www.rmlt.com.cn/qikan/2011-03-25/18918.html，最后访问于 2012 年 10 月 15 日。

51　2004 年《联合国国家及其财产管辖豁免公约》第 2 条 （1）款 （b）项。

行为（*act jure gestionis*），[52]另一方面是区分官员的正常职务行为和国际犯罪行为。前者促进了上世纪 60–70 年代关于国家有限豁免理论和实践的形成；而后者则伴随着二战后两个国际军事法庭的建立，以及两法庭所确立的官方身份无关性原则。

　　二战后，由于战争的残酷性和巨大破坏性，国际社会开始对轴心国内对发动战争、种族灭绝、危害人类行为负有首要责任的国家元首、政府官员及军政要员追究刑事责任。纽伦堡审判中，当时被告人的律师团曾以国家行为进行辩护，但被法庭所拒绝，认为上述破坏国际法的罪行是个人做出来的，而不是抽象的集体做出来的，只有惩罚犯有这样罪行的个人，才能使国际法的规定得到有效实施。严重罪行只能是以个人名义做出的，不能归结于国家并由此逃避惩罚。《远东国际法庭宪章》第 6 条规定，被告在任何时期所曾任之官职，以及被告系根据其政府或上级长官之命令而行动之事实，均不足以免除其被控所犯罪行之责任。上述判决及《宪章》的规定不仅明确了追究官员个人国际刑事责任，也标志着官方身份无关性原则的确立。该原则在 1946 年被联大"纽伦堡原则"所确认。[53]1998 年通过的《罗马规约》中明确规定，行为者的身份不影响对其刑事责任的追究。[54]上述似乎表明国际刑法领域，国家官员已经不能就国际罪行享有刑事豁免，可以不受限制的受到管辖。然而，国际法是否已经完全剥夺了国家官员在外国的刑事豁免权呢？笔者认

---

[52]　20 世纪前，意大利和比利时法院即以这一区分为基础，发展了限制豁免理论。关于意大利案例，见 Francesco Francioni, in "International Law as a Common Language of National Courts", in *Texas International Law Journal*, 2001 (Special Issue), vol. 36, Issue 3, p595. 关于比利时案，见 U. Verhoeven, "Immunity from Execution of Foreign States in Belgium Law", in *Netherlands Year Book of International Law*, 1979, vol. 73, p. 76.

[53]　1946 年联大通过的《确认纽伦堡国际军事法庭组织法及该法庭所承认的国际法原则》第 95（1）决议。

[54]　《罗马规约》第 27 条。

为，并不能简单地得出这一结论。在某些情况下，国家官员的刑事豁免权[55]依然存在。

（二）分析

讨论国家官员在本国之外享有的刑事豁免问题要区分两种情形，一是国家官员在其他国家享有的刑事豁免权，二是国家官员在国际法庭享有的刑事豁免权。

1. 关于国家官员在其他国家享有的刑事豁免

当前，并没有任何条约明确排除通常适用于各国法院审理的国际法罪行案件的豁免规则，无论是给予国家还是给国家机关的豁免。[56]习惯国际法仍然承认国家及其代表——国家官员的豁免。这可以从以下方面解释：

首先，从国家官员享有豁免的理论根源看，给予国家官员豁免的目的和理由与给予国家、外交官或领事官员以豁免的目的和理由是一样的，即在本质上是给予官员所代表的国家以豁免，[57]旨在让官员更好地履行其代表国家行事的职能，从而保持国家间的正常交往和国际关系的稳定。因此，在国家间平等关系这一国际法基本原则未发生根本改变的情况下，官员的豁免也不应被剥夺。

其次，某些关于打击犯罪的条约，如《消除一切形式种族歧视公约》、《禁止酷刑公约》、《防止及惩治侵害应受国际保护人员包括外交代表的罪行公约》等虽然规定了对犯有相关罪行的人进行惩罚，并为此规定了"或引渡或起诉"原则，但该原则所规定的"起诉权"（/管辖权）是在不"引渡"的情况下行使的，其前提仍是尊重官员国籍国或犯罪地国的管辖权。而且，"或引渡或起诉"原则下，即便是管辖，也并不意味着不存在豁免，不存在豁免也不意味着管辖。[58]

---

55 本部分的讨论不涉及国家官员在本国的豁免问题。

56 J. Verhoeven, *United Nations Treaty Series* („*UNTS*"), vol. 1465, no. 24841, p. 125.

57 关于外交特权与豁免的理论依据，主要有三种理论：一是代表说；二是职务必要说；三是治外法权说。前两者更为广泛接受。参见龚刃韧："国家管辖豁免原则的历史起源"，载于《中国法学》，1991年第5期，第90页。

58 《关于国家官员的外国刑事管辖豁免的初步报告》，A/CN.4/601，第61段。

再次，国家官员在其他国家的刑事豁免只是程序上的豁免，并不意味着实体上的豁免。也就是说，官员在外国享有的豁免只是使其免于执法程序，并不意味着行为人的行为符合相关国家法律。给予豁免的目的是为了保持国际关系的稳定，并非包庇犯罪。一方面，官员的本国可以追究其刑事责任，另一方面可以通过放弃豁免来允许外国追究其刑事责任。因此，虽然部分关于防止和惩罚某些严重罪行的国际条约规定了缔约国"或起诉或引渡"义务，从而要求国家延伸刑事管辖权，但这种管辖权的延伸并不影响习惯国际法规定的豁免。

第四，国际司法实践肯定了官员在外国享有的刑事豁免。国际法院在"逮捕令"案中，确认了外交部长、国家元首、政府首脑享有外国国家刑事管辖豁免，同时并未排除其他国家官员享有刑事豁免，而且是保留了其他官员刑事豁免的解读空间。[59] 国际法院关于"逮捕令"判决后，相关国家的实践继续认可了官员刑事豁免的原则。如英国的案例继续认可了高官刑事豁免的原则，并将高官刑事豁免的范围扩展至元首、政府首脑、外长之外的国防部长、商务部长。此外，比利时也修正了其原来所谓的普遍管辖的法律，规定在不违反国际法的情况下方可管辖。[60] 今年 3 月，国际法院就德国诉意大利案做出判决，在承认意大利国内法院所受理的涉及德国军官的行为是国际罪行的同时表示，即使认为意大利法院受理的是违反强行法的行为，习惯国际法所确认的国家豁免也不受影响；意大利法院否认德国（武装部队代表）依习惯国际法享有的国家豁免违反了意大利对德国的国际义务。[61]

2. 关于国家官员在国际刑事司法机构的刑事豁免

相对于在其他国家主张刑事豁免，国家官员在国际刑事司法机构中较难主张刑事豁免，特别是在该官员的国籍国或犯罪地国已经是该国际刑事司法机构的缔约国或受其约束时更难主张刑事豁免权。这是因为，

---

[59] Judgement of 14 February 2002 of the *Arrest Warrant* case (*Democratic Republic of the Congo v. Belgium*).

[60] A/CN.4/601，第 39 段。

[61] Judgement of 3 February 2012 of Jurisdictional Immunities of the State (*Germany v. Italy: Greece intervening*), available at http://www.legal-tools.org/doc/674187/.

国际刑事司法机构的管辖权是通过国家缔约赋予的，是主权国家让渡管辖权的结果。因此对于国际刑事司法机构拥有管辖权的案件而言，可以理解为缔约国已经通过参加有关建立国际刑事司法机构的公约或国际法律文件的方式，放弃了本国官员的刑事豁免。

关于官员在外国享有的刑事豁免与其在国际刑事司法机构享有的豁免的区别，在《罗马规约》中也有一定体现。《规约》规定，缔约国如执行法院请求时，将违背该国对第三国国家或外交豁免权所承担的国际法义务，则法院不得提出该请求。[62]这实际是为《罗马规约》的缔约国给予非缔约国国家官员以豁免提供法律依据。例如，2009 年 3 月，国际刑事法院对苏丹总统巴希尔（Omar Al Bashir）签发逮捕令后，同年 7 月、次年 8 月，巴希尔曾分赴乍得、肯尼亚，而该两国并未逮捕巴，其理据之一就是《规约》第 98 条的规定。在 2009 年《规约》缔约国大会上，非洲国家曾提议探讨《规约》第 27 条与第 98 条关系，其初衷除了是为应对美国与一些国家通过签署"98 条协议"[63]排除法院管辖的作法外，还想明确缔约国针对不同主体（法院 / 第三国）在给予豁免方面所承担的法律义务。尽管该提议未被会议采纳而未能得以讨论，[64]但这从侧面佐证了前述两种豁免存在区别，而且也几乎清楚地表明了一点：即使对于 ICC 的缔约国而言，其依据国际法给予其他国家官员的刑事豁免也是需要获得一定允许的。。

---

[62]　《规约》第 98 条第 1 款。

[63]　是指美国根据《规约》第 98 条第 2 款，与其他国家所签订的、旨在规避国际刑事法院对美国所涉特定国际犯罪行使管辖权的双边协定。参见周振杰、屈学武："'美国 98 条协定'国际法效力评析"，http://www.iolaw.org.cn/2009/shownews.asp?id=3846，最后访问于 2012 年 10 月 15 日。

[64]　会议中多数国家（主要是欧洲国家）不愿积极回应的主要原因两方面：一是不愿意减损美国"98 条协议"的法律基础；二是不愿意重开谈判，破坏《规约》谈判时达成的平衡。

4

国家元首不享有主权豁免是否已成为习惯国际法的规则？

刘大群[*]

今天，我能够参加为纪念李浩培法官而举行的研讨会而感到荣幸之至。30 多年前，我到了中国外交部条约法律司工作，使我有机会能够亲耳聆听李浩培法官的教诲并在以后接替了李浩培法官的工作，担任联合国前南国际刑庭和卢旺达国际刑庭上诉庭的法官，这是我终身难忘的经历与荣誉。李浩培法官对国际刑法在中国的发展以及对联合国安理会下属的两个临时法庭的工作做出了不可磨灭的贡献。李法官不但是一位睿智多学、远见卓识的法官，而且还是一位国际法经验丰富的教授。无论他在何处工作，他的和蔼可亲、平易近人，他的明察秋毫以及他对正义事业的坚定信念，都得到了同事们的普遍称誉与尊重。中国是李浩培法官奉献了毕生精力的国家，现在也是国际法，特别是在司法豁免领域发生重大变化的时刻，因此，在中国举行李浩培法官研讨会具有重大的特殊意义。

---

[*] **刘大群**是前南和卢旺达国际刑庭上诉庭法官（2000 年以来任前南国际刑庭法官），曾任中国外交部条法司国际私法处、海洋法处和国际法处处长，条法司副司长，曾在北京大学、中国社会科学院、中国政法大学和武汉大学教授法律。他曾参加过许多中国政府代表团，包括在建立国际刑事法院罗马大会中国代表团担任副团长和首席谈判代表，曾任中国驻牙买加大使。文中仅表述作者的个人观点，不代表任何国家政府或国际组织，特别是前南国际刑庭和联合国的意见。同时，感谢前南国际刑庭实习生克利斯·凯兰先生为本文收集的资料与协助。

国家元首被指控犯下国际罪行后，他在国际刑事审判机构中是否还享有主权豁免的问题，无论在学术界，还是在司法实践中，都引起了激烈的争论。这个问题不但具有现实意义，而且富有挑战性。正如英国伯明翰大学教授克莱尔（Robert Cryer）等所说："国际刑法与主权豁免的相互作用是相当复杂的。在这方面的司法先例和权威著述也是令人迷惑、前后矛盾和混淆不清的，并不具有连贯性。"[1]

本文将讨论国家元首在国际性法庭或国内法庭被起诉犯有国际罪行时，涉及到豁免问题的现存法律制度，以便探讨国家元首豁免的法律状况以及国家元首不享有主权豁免是否已成为习惯国际法的规则等问题。本文将不涉及民事诉讼和国家豁免问题，因为这两个问题已超出了本文的范围。

一、 国家元首主权豁免原则所面临的挑战

主权豁免原则是一项久已确立的国际法原则。2002 年，国际法院在逮捕令案中（刚果诉比利时案）再次重申了这一原则的重要性。国际法院的三位法官在其共同独立意见中强调："豁免是为了保证国际间相互关系的正常运作，这对有序和谐的国际关系至关重要。"[2] 主权豁免反映了"平等者之间无管辖权"的原则（*par in parem imperium non habet*），即一个国家的法院不能审理另一个国家的行为。这对促进积极和现实的国家关系和维护全球政治稳定与安全至关重要。历史上，国家元首被视为国家人格化的象征，因此具有绝对的豁免权。根据国际

---

[1] Robert Cryer, *et al.*, *An Introduction to International Criminal Law and Procedure*, second edition, 2010, p. 532, in turn citing Rosanne van Alebeek, "The Pinochet Case: International Human Rights Law on Trial", in *British Yearbook of International Law*, 2001, vol. 71, no. 29, p. 47; J. Craig Barker, "The Future of Former Head of State Immunity After Ex Parte Pinochet", in *International and Comparative Law Quarterly*, 1999, vol. 48, p. 938.

[2] International Court of Justice, Arrest Warrant of 11 April 2000 (*Democratic Republic of the Congo v. Belgium*), Judgment of 14 February 2002, para. 75 (Joint Separate Opinion of Judges Higgins, Kooijmans and Buergenthal), available at http://www.legal-tools.org/doc/23d1ec/.

法，国家元首的任何行为将免于起诉，这也意味着对国家元首可以"有罪不罚"。身份豁免与职务豁免不同，一个国家里只有极少数特殊的人物可以享有身份豁免，如国家元首或政府首脑，以确保国家间关系的自由交往。国际法院认为这类豁免不仅适用于官方行为，而且也适用于个人行为。国际法院指出："在他整个任职期间，他在国外享有刑事管辖的完全豁免和人格的不可侵犯性。"[3]

长期以来，国家元首个人的不可侵犯性脱离了国家的不可侵犯性。但是，近年来，国家元首"有罪不罚"的现象受到了挑战。"随着人权运动的兴起，国家越发频繁地采取强有力的步骤起诉国际犯罪。国家的这种大胆的行为使许多原本隐藏和未决的问题呈现出来，如'有罪必罚'原则和'有罪不罚'的分界线，并引发了对豁免范围的重新评估与限制。"[4]

事实上，早在 1919 年，第一次世界大战结束以后，这种潮流就开始涌动了。前德国皇帝威廉二世曾被协约国起诉并交由根据《凡尔赛条约》而设立的特别法庭审理。[5]虽然该法庭最终也没有能够审判德皇，但这却预示着对处理国家元首豁免问题的新途径，当然，也应该注意到这种审判只有在签订了条约以及德国放弃了豁免的情况下，才会成为可能。

第二次世界大战以后成立了纽伦堡国际军事法庭和东京国际军事法庭。《纽伦堡国际军事法庭宪章》（纽伦堡宪章）第 7 条规定："被告之官职上地位，无论系国家之元首或政府各部之负责官吏，均不得为免除责任或减轻刑罚之理由。"[6]纽伦堡国际军事法庭于 1946 年 10 月 1 日发布了判决书，该判决书重申了《纽伦堡宪章》第 7 条所规定的原

---

[3] International Court of Justice, *Arrest Warrant of 11 April 2000* (*Democratic Republic of the Congo v. Belgium*), Judgement of 14 February 2002, para. 54, available at http://www.legal-tools.org/doc/c6bb20/.

[4] *Supra* note 1.

[5] Treaty of Versailles 1919, Article 227.

[6] United Nations, Charter of the International Military Tribunal, Annex to the Agreement for the prosecution and punishment of the major war criminals of the European Axis ("London Agreement"), 8 August 1945.

则："国际法的原则在某种情况下保护国家的代表，但不适用于受国际法惩罚的犯罪行为。这些行为的实施者不能得到其官职的庇护，以逃避适当法律程序的制裁。"[7]

1950 年，联合国大会通过了《纽伦堡宪章和纽伦堡审判中确认的国际原则》[8]。值得注意的是被卡塞斯教授称为已取得了习惯国际法地位的原则三的规定[9]："以国家元首或负有责任的政府官员身份行事，实施了违反国际法的犯罪行为的人，其官方地位不能作为免除国际法责任的理由。"[10]

自然，由联合国安理会成立的前南国际刑庭和卢旺达国际刑庭也适用了这一原则。措词相同的《前南国际刑庭规约》第 7 条第 2 款和《卢旺达国际刑庭规约》第 6 条第 2 款规定："任何被告人的官职，不论是国家元首、政府首脑或政府负责官员，不得免除该被告的刑事责任，也不得减轻刑罚。"[11]前南国际刑庭认为，该条的规定是对习惯国际法的宣示："要追究个人的刑事责任，无论其官方职位，即使他们是国家元

---

7   The Trial of German Major War Criminals, Proceedings of the International Military Tribunal sitting at Nuremberg, Part 22, 22 August, 1946 – 1 October 1946), p. 447.

8   General Assembly, Official Records, fifth Session, Supp. No. 12, U.N. Doc. A/1316, 1950.

9   Antonio Cassese, *International Criminal Law*, second edition, 2008, p. 305.

10 "Documents of the second session including the report of the Commission to the General Assembly", in *Yearbook of the International Law Commission*, 1950, vol. 2, no. 1, p. 375, U.N. Document A/CN.4/SER.A/1950/Add.1, 6 June 1957, available at http://untreaty.un.org/ilc/publications/yearbooks/1950.htm, last accessed on 15 October 2012.

11 Statute of the International Tribunal for the Prosecution of Persons Responsible for Serious Violations of International Humanitarian Law Committed in the Territory of the Former Yugoslavia since 1991, adopted by Resolution 827 of the United Nations Security Council (25 May 1993); Statute of the International Tribunal for the Prosecution of Persons Responsible for Genocide and Other Serious Violations of International Humanitarian Law Committed in the Territory of Rwanda and Rwandan Citizens Responsible for genocide and other such violations committed in the territory of neighbouring States, between I January 1994 and 31 December 1994, adopted by Resolution 955 of the United Nations Security Council on 8 November 1994.

首或政府部长；《前南国际刑庭规约》第 7 条第 2 款和《卢旺达国际刑庭规约》第 6 条第 2 款都毫无争议地构成了对习惯国际法的宣示。"[12]

国际法委员会在《危害人类和平及安全治罪法草案》也采纳了同样的原则，标题为"官方职务与责任"的第 7 条规定："犯下危害人类和平与安全罪行的个人的官方职务，即使是国家元首或政府首脑，也不能免除他的刑事责任或减轻惩罚。"[13]

塞拉利昂特别法庭指出："国家平等原则并不妨碍在国际刑事审判机构中起诉国家元首，该原则已得以确立。"[14]国际刑事法院也认为："国际社会对消除'有罪不罚'现象的承诺，特别是当国际刑事审判机构寻求逮捕犯下国际罪行的人的时候，已呈现出一片乱象，如果这样说是没有错的话，至少，再也不能不合时宜地说习惯国际法中有关豁免的规定适用于本案。"[15]正如卡塞斯（Antonio Cassese）教授所述："当前，在人权受到严重的或大规模践踏的地方，国际社会尊重人权和要求主持正义的主张超过了对国家主权的尊重。维护人类尊严的新努力粉碎了传统上保护国家官员的屏障。"[16]

---

[12] *Prosecutor v. Anto Furundžija*, Case No. IT-95-17/1-T, Judgement, Trial Chamber, 10 December 1998, para. 140, available at http://www.legal-tools.org/doc/e6081b/; see also *Prosecutor v. Slobodan Milošević*, Decision on Preliminary Motions, Case No. IT-99-37-PT, Pre-Trial Chamber, 8 November 2001, para. 28, available at http://www.legal-tools.org/doc/f15771/.

[13] International Law Commission, Draft Code of Crimes against the Peace and Security of Mankind, adopted by the Commission at its fourty-eighth Session, from 6 May to 26 July 1996, General Assembly, Official Records, fifty-first Session, Supp. No. 10; U.N. Document A/51/10.

[14] *Prosecutor v. Charles Ghankay Taylor*, Decision on Immunity from Jurisdiction, Case No. SCSL-03-01-I, Appeals Chamber, 31 May 2004, para. 52, available at http://www.legal-tools.org/doc/3128b2/.

[15] *Prosecutor v. Omar Hassan Ahmad Al Bashir*, Case No. ICC-02/05-01/09, Decision Pursuant to Article 87(7) of the Rome Statute on the Failure by the Republic of Malawi to Comply with the Cooperation Requests Issued by the Court with Respect to the Arrest and Surrender of Omar Hassan Ahmad Al Bashir, 12 December 2011, para. 42, available at http://www.legal-tools.org/doc/476812/.

[16] Antonio Cassese, 2008, *supra* note 9, p. 308.

在国际刑事审判机构中，"始终一致的实践表明，现任国家元首有权享有的管辖豁免已不被认可。"[17]对《国际刑事法院罗马规约》（《罗马规约》）的缔约国而言，确实如此。显然，批准了《罗马规约》，缔约国就接受了该规约的所有条款，包括题为"官方身份的无关性"的第 27 条的规定。

二、 国家元首在国内法院的豁免问题

考虑到上述国家主权问题以及一国不应审理另一国行为的原则，在平行的国家法院之间的豁免问题很可能与垂直性的国际审判机构中的豁免问题有所不同。对于国内法院，"一般国际法的现行原则是一国现任的国家元首对这类法院的管辖享有绝对的豁免，除非该国已放弃了豁免。"[18]在塞拉利昂特别法庭作为"法庭之友"出庭的萨兹教授主张："在国内法院中，根据习惯国际法，现任的国家元首享有豁免，即使他被指控犯有国际罪行。"[19]在逮捕令案中，国际法院明确表示，根据习惯法，现任的国家元首在另一国法院中享有绝对豁免，即使被指控犯有国际罪行。该案判决指出："法院认真地审查了国家的实践，包括国内立法和国家高级法院的判决，并不能够得出这样的结论，即当现任外交部长（或国家元首）被怀疑犯有战争罪或危害人类罪的时候，习惯国际法存在着对他们刑事管辖豁免以及不可侵犯性的任何例外。"[20]

---

[17] *The Prosecutor v. Charles Ghankay Taylor*, Case No. SCSL-2003-01-I, Submissions of the Amicus Curiae on Head of State Immunity, para. 2, available at http://www.legal-tools.org/doc/fdc405/.

[18] This question was at the heart of the decision by the SCSL in *Prosecutor v. Charles Ghankay Taylor*, Decision on Immunity from Jurisdiction, Case No. SCSL-03-01-I, Appeals Chamber, 31 May 2004, para. 52, available at http://www.legal-tools.org/doc/3128b2/.

[19] *The Prosecutor v. Charles Ghankay Taylor*, Case No. SCSL-2003-01-I, Submissions of the Amicus Curiae on Head of State Immunity, para. 118(1), available at http://www.legal-tools.org/doc/fdc405/.

[20] *Arrest Warrant* case, *supra* note 2, para. 58.

国际法院还指出："法院还审查了在建立国际刑事审判机构的法律文件中关于具有官方职位的人的豁免权或刑事责任的条款，法院认为，这些条款并不能使其得出结论：根据习惯国际法，在国内法院中也存在着这种例外。"[21]

这种观点得到了皮诺切特案中布朗·威克逊法官的赞同。对这一问题，布朗·威克逊法官指出："一个主权国家不能审理另一个主权国家的行为是一项基本的国际法原则。"[22]

对于现任的国家元首即使犯下了国际罪行也在另一国法院享有绝对的个人豁免问题，法律确信（*opinio juris*）与国家实践（*state practice*）是一致的。还没有案例表明，国家官员当被指控犯有国际罪行时，他的身份豁免受制于外国的刑事司法管辖。[23]

习惯国际法要求国内法院尊重一国国家元首在另一国国内法院中刑事司法管辖的豁免权，除非该国家元首所属的国家放弃了豁免权。在塞内加尔国内法院审理的候赛因·哈布雷案中，做为乍得前总统的哈布雷并不享有主权豁免。乍得的司法部长在 2002 年 10 月致调查哈布雷犯罪事实的比利时法官的一封信中指出："哈布雷并不能主张享有乍得当局任何形式的豁免权。"[24]国际法院指出："如果国家的代表所代表的国家或曾经代表过的国家放弃了豁免权，他们并不对外国法院的管辖享有豁免权。"[25]

在国际刑事法院的缔约国之间，缔约国的国内法院可能不承认另一缔约国的国家元首的豁免权。因为当一个国家批准《罗马规约》时，该国就接受了规约规定的所有义务，包括规约第 27 条的义务，放弃了本国国家元首所享有的豁免权。第 27 条第 2 款规定："根据国内法或国

21　*Arrest Warrant* case, *supra* note 2, para. 58.

22　*R. v. Bow Street Metropolitan Stipendiary Magistrate and Others, ex parte Pinochet Ugarte*, No. 3, 2000, 1 AC 147, per Lord Browne-Wilkinson, p. 209.

23　Dapo Akande, "International Law Immunities and the International Criminal Court", in *American Journal of International Law*, 2004, vol. 98, p. 411.

24　Human Right Watch, *The Trial for Hissene Habre: Time Is Running out for Victims*, January 2007, p. 20.

25　*Arrest Warrant* case, *supra* note 2, para. 60.

际法可能赋予某人官方身份或特别程序规则，不妨碍本法院对该人行使管辖权。"该条款对逮捕并移交被告人具有特别的意义。如果规约第27条只适用于在国际刑事法院中的审判，而不适用于缔约国国内法院对被告的审判以及执行逮捕令，那么，整个国际刑事法院的法律制度（包括补充性原则）将变得毫无意义。至于缔约国与非缔约国之间的关系，根据习惯国际法，缔约国负责执行国际法院逮捕令的国内法院仍应尊重非缔约国官员的豁免权，因为《罗马规约》作为一项国际条约，不能够取消非缔约国官员的豁免权。尽管《维也纳条约法公约》（《条约法公约》）第38条规定："第34条至第37条之规定不妨碍条约所载规则成为对第三国有拘束力之公认国际法习惯规则。"[26]但是，《条约法公约》第34条规定："条约非经第三国同意，不为该国创设义务或权利。"事实上，第三国国家元首不享有豁免并没有成为习惯国际法的规则。

三、 国家元首在国际刑事审判机构中的豁免权

国际刑事审判机构中的国家元首豁免是一个十分复杂的问题，我们将先研究一下国际刑事法院最近的案例。

2011年12月12日，国际刑事法院预审分庭根据《罗马规约》第87条第7款对马拉维共和国没有对国际刑事法院逮捕并移交苏丹总统巴希尔的要求进行合作做出了裁决。[27]在该裁决中，预审分庭研究了所有的现存证据并指出："当国际刑事法院对国家元首犯下国际罪行而要求实施逮捕时，习惯国际法对国家元首的豁免存在着例外情况。"为了支持这一论点，预审分庭提出了几项理由。首先，预审分庭指出："自从第一次世界大战以来，在国际审判机构中的国家元首豁免的主张屡遭拒

---

[26] Vienna Convention on the Law of Treaties (1979), in *UNTS*, vol. 1155, p. 331.

[27] Decision Pursuant to Article 87(7) of the Rome Statute on the Failure by the Republic of Malawi to Comply with the Cooperation Requests Issued by the Court with Respect to the Arrest and Surrender of Omar Hassan Ahmad Al Bashir ICC-02/05-01/09 (ICC Pre-Trial Decision), 12 December 2011, available at http://www.legal-tools.org/doc/476812/.

绝。"[28]其次，"在过去十年里，越来越多的国家元首在国际刑事机构中被起诉，这表明对国家元首的起诉已作为既定事实得到广泛的承认。"[29]第三，"在国际刑事法院成立 9 年多的时间内，规约的缔约国已达到了 120 个，所有这些国家都接受根据国际法其国家领导人的豁免权都已被剥夺的事实。"[30]第四，既然 120 个国家已批准了规约，或服从本法院对犯下国际关注的最严重的罪行的人行使管辖权，如果还认为豁免权高于本法院的根本目的与宗旨，那将是"严重不协调的"。[31]

国际刑事法院预审分庭的这些理由是值得商榷的。首先，国家元首作为个人是不能逃避刑事责任的，而且，这已成为了习惯国际法，但是，这与其不再享有法院的管辖豁免权是两回事。正如阿肯蒂（Dapo Akande）教授所述："主张官方职务不再排除刑事责任不等于主张此人在某一法院中不再享有豁免权。"[32]豁免权只是阻障程序的实施，阻止管辖权的行使，并不对某种行为的合法性或不合法性作出判断。权利的存在并不意味着该项权利能够实施。尽管国际刑事法院的属物管辖权包括了规约中所列的国际罪行，但是行使该权利可能受制于诸多的因素，例如，国家元首的豁免权。

国际刑事法院的第二个理由是："自 2002 年 2 月 14 日以后，对查理·泰勒、穆阿迈尔·卡扎菲、洛朗·巴博以及本案（巴希尔）的国际起诉表明对国家元首的起诉已作为既定事实得到了广泛的承认。"[33]这里，应该对"广泛的承认"有所保留。穆阿迈尔·卡扎菲、洛朗·巴博以及巴希尔都是由国际刑事法院自己起诉的，这就带有了循环论证的味

---

[28]   ICC Pre-Trial Decision, para. 38.

[29]   *Ibid.* at para. 39.

[30]   *Ibid.* at para. 40.

[31]   *Ibid.* at para. 41.

[32]   Dapo Akande, "ICC Issues Detailed Decision on Bashir"s Immunity (...at Long Last...) but Gets the Law Wrong", in *European Journal of International Law (EJIL) Analysis*, 15 December 2011, available at http://www.ejiltalk.org, last accessed on 15 October 2012.

[33]   ICC Pre-Trial Decision at para. 39. 泰勒为利比里亚前总统，卡扎菲为利比亚前总统，巴博为科特迪瓦前总统，巴希尔为苏丹现任总统。

道。至少在卡扎菲和巴博案中，他们在公民选举中已失去了权力，因此，他们的豁免权已被放弃。只有查理·泰勒是作为现任的国家元首被起诉的，但这无论如何也不能被称为是"作为既定事实得到了广泛的承认"。 另外，塞拉利昂特别法庭裁决中的论点存在着严重的缺陷。塞拉利昂特别法庭与前南国际刑庭和卢旺达国际刑庭不一样，不是由联合国安理会根据《联合国宪章》第 7 章建立的，而是由联合国与塞拉利昂政府所签订的条约建立的。利比里亚不是该条约的缔约国，也没有放弃其国家元首的豁免权。法庭的"真正的国际性质"并不能成为取消非缔约国国家元首豁免权的合法理由。

至于国际刑事法院关于"广泛的承认"的其他理由，则存在着更多的问题，特别是预审分庭的第三点理由，即 120 个缔约国的国家实践。预审分庭认为"所有这些国家都已接受根据国际法其国家领导人的豁免权都已被剥夺的事实"。[34] 确实，这 120 个缔约国已经放弃了本国领导人的豁免权，但是不能错误地认为，国家实践已足以建立一项新的、对其他所有国家都具有约束力的习惯国际法规则。正如沙巴斯（William A. Schabas）教授所述："世界上半数以上的国家都已成为法庭规约的缔约国，但是，并没有代表世界上半数以上的人口。"[35]阿肯蒂教授也强调了这一点的重要性："只有《国际刑事法院规约》的缔约国放弃了其高级官员在国际法上的豁免权。规约中没有任何条款可以影响非缔约国官员的豁免权。规约 98 条是对国际刑事法院和缔约国的明确指示，即不要干预非缔约国官员根据国际法所享有的豁免权。"[36]

《罗马规约》第 98 条第 1 款规定："如果被请求国执行本法院的一项移交或协助请求，该国将违背对第三国的个人或财产的国家的外交

---

[34] ICC Pre-Trial Decision para. 40.

[35] William A. Schabas, "Obama, Medvedev and Hu Jintao may be Prosecuted by International Criminal Court, Pre-Trial Chamber Concludes", 15 December 2011, available at http://humanrightsdoctorate.blogspot.com/2011/12/obama-medvedev-and-hu-jintao-may-be.html, last accessed on 15 October 2012.

[36] Dapo Akande, "International Law Immunities and the International Criminal Court", in *American Journal of International Law*, 2004, vol. 98, p. 433.

豁免权所承担的国际法义务，则本法院不得提出该请求，除非本法院能够首先取得该第三国的合作，由该第三国放弃豁免权。"[37]

规约第 27 条第 2 款与第 98 条的并存表明了规约的起草者已默示地接受了国家元首不享有豁免还没有成为一项习惯国际法规则，因为这些条款都对非缔约国豁免问题作出了特殊的规定。即使在缔约国中存在着广泛的国家实践，缔约国在法律确信的问题上也存在着严重的分歧。因此，法律确信（opinio juris）在某种程度上并不支持预审分庭的结论。在国际刑事法院预审分庭的裁决发布之后，非洲联盟委员会发表了一份新闻公报，对该裁决提出了不同的意见。[38]非洲联盟要求联合国安理会推迟起诉，而且，阿拉伯联盟谴责了国际刑事法院的行为。[39]根据阿肯蒂教授的研究，预审分庭并没有考虑缔约国的国内立法，而多数国家的国内立法对缔约国的豁免与非缔约国的豁免问题进行了区别。[40]这进一步削弱了国际刑事法院预审分庭裁决的理由与根据。

国际法院在逮捕令案中涉及到一国的高级官员在另一国国内法院中的豁免问题，并指出豁免问题并不一定妨碍国际刑事审判机构对被告的起诉和诉讼。国际法院指出："在某种情况下，现任或前任外交部长根据国际法所享有的豁免并不妨碍刑事起诉。现任或前任外交部长可在某

---

[37] U.N. General Assembly, *Rome Statute of the International Criminal Court*, last amended on January 2002, 17 July 1998, A/CONF. 183/9.

[38] African Union Press Release No. 002/2012, "On the decisions of Pre-Trial Chamber I of the International Criminal Court (ICC) pursuant to Article 87(7) of the Rome Statute on the alleged failure by the Republic of Chad and the Republic of Malawi to comply with the Cooperation Requests issued by the Court with respect to the Arrest and Surrender of President Omar Hassan Al Bashir or the Republic of The Sudan". available at www.au.int/en/sites/default/files/PR-%20002-%20ICC%20English.pdf, last accessed on 17 October 2012.

[39] "A.U. Rejects Bashir Darfur Charges", BBC World News, 21 July 2008, available at http://news.bbc.co.uk/2/hi/7517393.stm, last accessed on 15 October 2012.

[40] Dapo Akande and Sangeeta Shah, "Immunities of State Officials, International Crimes and Foreign Domestic Courts", in *European Journal of International Law*, 2010, vol. 21, p. 815.

些具有管辖权的国际刑事审判机构中被诉。"[41]国际法院进而举例说："例如，在前南国际刑庭和卢旺达国际刑庭中，在根据 1998 年《罗马规约》而建立的国际刑事法院中"。[42]可见，国际法院对在一国国内法院的豁免和在国际刑事审判机构中的豁免作出了明确的区别。有一些学者认为，这表明国际刑事审判机构自动地否认了国家元首的豁免权。这种理解受到了沙哈布丁法官的反对。他认为："依我之见，只是因为国际刑事审判机构的成立，就自动否认豁免权的观点是站不住脚的。"[43]

国际法院的观点只是确认，在一个国际审判机构具有管辖权的情况下，特别是在一个缔约国的国家元首被国际刑事法院起诉的情况下，国际刑事审判机构对国家元首的豁免权可能不予承认。国际法院并没有明确地指出，特别是在涉及到非缔约国的情况下，国家元首在国际刑事审判机构中的豁免问题也不予考虑。即使假设国际法院默示地表达了这种观点，但对怎样才能构成适当的国际审判机构也存在着问题。沙巴斯教授曾指出："如果任何一个国际法庭都不承认豁免，那么是否可能由瑙鲁、摩纳哥，安道尔……或巴勒斯坦政权组成的国际法庭能够起诉美国总统，剥夺他在这些国家国内法院中所享有的豁免权呢？"[44]

这种假设恐怕有些过分，但是，剥夺非缔约国的国家元首的豁免权还是存在着问题。

四、 前南国际刑庭、卢旺达国际刑庭与国际刑事法院的不同之处

对前南国际刑庭、卢旺达国际刑庭与国际刑事法院作一个比较有助于理解国际刑事审判机构和国家元首的豁免权的关系问题。因为，这些国际法庭是完全不同的国际刑事审判机构，各有特色。最为重要的一点是前南国际刑庭、卢旺达国际刑庭与国际刑事法院在创立方式上存在着

---

[41] *Arrest Warrant* case, *supra* note 2, para. 61.

[42] *Ibid.*

[43] *Prosecutor v. Krstić*, Decision on Application for Subpoenas, Case No. IT-98-33-A, Appeals Chamber (Dissenting Opinion of Judge Shahabuddeen), 1 July 2003, para. 11, available at http://www.legal-tools.org/doc/7635c3/.

[44] William A. Schabas, 2011, *supra* note 35.

根本性的不同之处，不能视为同等。前南国际刑庭与卢旺达国际刑庭是联合国安理会根据《联合国宪章》第 7 章以安理会决议的方式建立，是联合国安理会的下属机构。因此，前南国际刑庭和卢旺达国际刑庭建立在《联合国宪章》第 7 章的法律基础之上。这两个法庭的法官能对一个国家发出具有约束力的命令。当根据规约的规定在一国领土上进行调查取证时，这两个法庭的检察官不需要事先取得有关国家当局的同意。根据《联合国宪章》第 25 条的规定，所有联合国的会员国，包括联合国的非会员国都有义务接受并履行联合国安理会根据《联合国宪章》第 7 章所作出的决议。[45]根据《联合国宪章》第 103 条的规定，联合国的义务高于其他条约义务。[46]

国际刑事法院则不能以与前南国际刑庭与卢旺达国际刑庭同样的方式将其命令与决定建立在《联合国宪章》第 7 章的法律基础上。国际刑事法院的工作完全依赖于国家的合作。而令人遗憾的是，联合国安理会的三个常任理事国，中国、俄罗斯和美国——三个世界上最强大的国家，都不是《国际刑事法院规约》的缔约国。前南国际刑庭和卢旺达国际刑庭可以依赖联合国安理会行使《联合国宪章》所赋予的权利，而国际刑事法院只能偶尔地利用一下联合国安理会，而且，还远远达不到前南国际刑庭和卢旺达国际刑庭同等的程度。

《国际刑事法院规约》第 87 条第 7 款规定："如果缔约国未按本规约的规定行事，不执行本法院的合作要求，致使本法院无法行使本规约规定的职能和权力，本法院可以在认定存在这一情况后将此事项提交缔约国大会，或在有关情势系由安全理事会提交本法院的情况下，提交安全理事会。"在实践中，联合国安理会对其提交的情势将采取何种行

---

45   Article 25 of the U.N. Charter reads: "The Members of the United Nations agree to accept and carry out the decisions of the Security Council in accordance with the present Charter".

46   Article 103 of the U.N. Charter Reads: "In the event of a conflict between the obligations of the Members of the United Nations under the present Charter and their obligations under any other international agreement, their obligations under the present Charter shall prevail".

动，还有待观察。国际刑事法院第一预审分庭分别于 2010 年 8 月 27 日和 2011 年 5 月 12 日作出三项决定，将苏丹总统巴希尔访问肯尼亚、乍得和吉布迪的情况，通知联合国安理会和《罗马规约》的缔约国大会以便"其采取它们认为合适的措施"。[47]2010 年 10 月 25 日和 2010 年 12 月 1 日，国际刑事法院的法官发布了两项命令，要求肯尼亚共和国和中非共和国通知法院，巴希尔访问这两国时，它们在逮捕或移交巴希尔时遇到的困难与障碍。[48]直到目前为止，联合国安理会并没有采取任何行动。换句话说，"联合国安理会在司法协助方面，并没有给国际刑事法院开出一张空白支票。"[49]

与此相比，前南国际刑庭起诉了 161 个犯罪嫌疑人，由于世界各国的通力合作，所有被通缉者全部被捕，并移送海牙进行审判。在有关国家不合作的情况下，安理会曾多次通过决议，要求前南斯拉夫与前南国际刑庭进行"全面的合作"，[50]从而导致了前塞尔维亚与黑山共和国总统米诺舍维奇的被捕和移交前南国际刑庭。

五、 安理会的提交情势

国际刑事法院对现任国家元首的越来越多的起诉主要是源于联合国安理会根据《联合国宪章》第 7 章和《国际刑事法院规约》第 13 条第 2 项向国际刑事法院提交的情势。

---

[47] Report of the International Criminal Tribunal, United Nations General Assembly, sixty-sixth Session, 19 October 2011, A/66/309, para. 25.

[48] ICC Press Release, "Pre-Trial Chamber I Requests Observations from Malawi on the Enforcement of Warrants of Arrest against Omar al Bashir", 19 October 2011, ICC-CPI-20111019-PR733, available at http://www.icc-cpi.int/NR/exeres/4530910C-6874-4F4E-BCBE-34B1D71E539A.htm, last accessed on 15 October 2012.

[49] Paola Gaeta, "The Arrest Warrant against the President of Sudan: Reasoning and Implications of the ICC Decision, Does President Al Bashir enjoy immunity from Arrest?", in *Journal of International Criminal Justice*, vol. 7, no. 2.

[50] Security Council Resolution 1199, on the situation in Kosovo (FRY), U.N. Doc. S/RES/1199, 1998.

联合国安理会提交情势已成为国际刑事法院对非缔约国的国家元首行使管辖的最有效的方法。到目前为止，国际刑事法院在联合国安理会通过将达尔富尔情势和利比亚情势提交国际刑事法院的决议后，已向两位国家元首发出了逮捕令，即苏丹总统巴希尔和利比亚总统卡扎菲。但是，没有一名被通缉的国家元首被逮捕或送交国际刑事法院审判。其中一名被通缉者，还到过许多国家进行国事访问和参加国际会议，其中的有些国家还是《国际刑事法院罗马规约》的缔约国。[51]

在联合国安理会向国际刑事法院提交情势的情况下，国际刑事法院面临着两种情况，分别涉及到两类国家。一种情况是在国际刑事法院中的起诉与审判，另一种情况是逮捕与移交犯罪嫌疑人；两类国家是《罗马规约》的缔约国和《罗马规约》的非缔约国。

国际刑事法院在对苏丹总统巴希尔发布逮捕令的决定中指出："安理会已接受，对上述情势的调查以及对犯罪嫌疑人的起诉将在《国际刑事法院罗马规约》规定的条约框架中进行。"[52]换言之，如果安理会将某一情势提交给国际刑事法院，《罗马规约》将适用于有关国家，而不论该国是否是《罗马规约》的缔约国。如果犯罪嫌疑人已在国际刑事法院中受审，显而易见，国际刑事法院将适用《罗马规约》第 27 条。作为被国际刑事法院起诉的个人将不能以国家元首的豁免权作为理由来阻碍国际刑事法院行使管辖权，即使犯罪嫌疑人的所属国并不是缔约国。

因此，在第一种情况下，关键问题是被起诉的国家元首所属的国家，是否有义务履行国际刑事法庭的命令与决定。如果该国是国际刑事法院的缔约国，它就负有履行法院命令与决定的条约义务。如果是非缔约国，根据《联合国宪章》第 25 条和第 103 条的规定，它就受到履行《联合国宪章》义务的优先性的约束，接受并执行联合国安理会的决

---

51 BBC News Africa, "Sudan's Bashir offers help to Libya during criticised visit", 7 January 2012, available at http://www.bbc.co.uk/news/world-africa-16454493, last accessed on 15 October 2012.

52 Decision on the Prosecution"s Application for a Warrant of Arrest against Omar Hassan Ahmad Al Bashir, ICC-02/05-01/09-3, Pre-Trial Chamber, 4 March 2009, available at http://www.legal-tools.org/en/doc/e79f78/.

议。因此，无论该国是否是缔约国，《罗马规约》（包括第 27 条的规定）将适用于该国，这就意味着现任国家元首可以被合法起诉，而且不能以主张豁免权为理由拒绝国际刑事法院的管辖权，因为安理会根据《联合国宪章》第 7 章，认为有必要维持国际和平与安全时，有权采取影响到国家权利的措施。[53]安理会有权"公开地或暗示地作出决定：即使是身份管辖的豁免也不能妨碍执行法院要求逮捕并移交犯罪嫌疑人"。[54]"通常认为，安理会在行使《联合国宪章》第 7 章所赋予的权力时，是可以剥夺现任国家元首的豁免权的。"[55]这种观点得到下列论点的支持："安理会通过提交情势，赋予国际刑事法院必要的权力行使其管辖权，因此，使规约第 27 条也适用于非缔约国的官员。"[56]

在第二种情况中，即逮捕并移交犯罪嫌疑人，"在《国际刑事法院罗马规约》规定的条约框架中进行"也包括了适用有关国际合作的第 98 条的规定，特别是对《罗马规约》非缔约国。在这种情况下，国际刑事法院要首先取得犯罪嫌疑人所属国家的同意，由该国放弃豁免权。

如前所述，国际刑事法院是依据条约而建立的。因此，在理论上，只对缔约国具有约束力，而对非缔约国则不具有约束力。"安理会的移交只是规约设计的启动国际刑事法院的管辖权的机制，但不会也不能将

---

[53] U.N. Charter, Art. 41 reads: "The Security Council may decide what measures not involving the use of armed force are to be employed to give effect to its decisions, and it may call upon the Members of the United Nations to apply such measures".

[54] Claus Kress and Kimberly Prost, "Article 98 (Cooperation with respect to waiver of immunity and consent to surrender)", in Otto Triffterer (ed.), *Commentary on the Rome Statute of the International Criminal Court: Observers' Notes, Article by Article*, C.H. Beck/Hart/Nomos, second edition, 2008, p. 1613.

[55] Dapo Akande, "The Bashir Indictment: Are Serving Heads of State Immune from ICC Prosecution?", in *Oxford Transitional Justice Research Working Paper Series*, 30 July 2008, available at http://www.csls.ox.ac.uk/documents/Akande.pdf, last accessed on 15 October 2012.

[56] T.M. Dralle, "The Legal Nature of Security Council Referrals to the ICC and Muammar Gaddafi's Immunity from Arrest", 2011, available at http://www.tilman-dralle.de/pdf/Gaddafi_Immunity_International_Criminal_Court_Security_Council_Referral.pdf, last accessed on 15 October 2012.

一个非缔约国变成一个缔约国。"[57] 《罗马规约》没有规定安理会的提交情势能使国际刑事法院成为像前南国际刑庭和卢旺达国际刑庭一样的安理会下属机构。无论法院的管辖权是如何启动的，包括安理会的提交情势，缔约国与法院的合作仅是一种条约义务。[58]

只有安理会明确要求联合国的会员国执行国际刑事法院的合作要求，《罗马规约》才对所有国家具有约束力，因为《联合国宪章》第103 条要求宪章的义务高于其他条约的义务。到目前为止的所有移交情势案中，安理会的决议只是要求国家元首的所属国履行国际刑事法院的请求，而没有要求其他所有非缔约国也履行与国家刑事法院合作的义务。根据安理会 1593 号决议（2005）第 2 条的规定，只有"苏丹和其他冲突方必须与国际刑事法院进行全面的合作"，而只是"敦促"其他国家和地区或国际组织与国际刑事法院合作。显而易见，这不是一项强制性的义务。[59]

如果联合国安理会要使逮捕令得以执行，安理会可以通过决议要求所有国家，包括非缔约国也和国际刑事法院合作，将犯罪嫌疑人移交法院。这可能是唯一能够迫使非缔约国执行逮捕令的有效办法。

六、 结论

主权豁免是国际法上一项久已确立的原则。毫无疑问，在豁免法律制度与国际刑法之间的平衡上存在着并继续着更加有利于国际刑法的变化。国际刑事法院指出对现任的国家元首的起诉越来越多，国际刑事法院并没有说错；但是，国家元首不享有豁免的主张在国家实践与法律确

---

[57] *Supra* note 47, p. 324.

[58] *Ibid.*

[59] See S.C. Resolution 1593 that states "that the Government of Sudan [...] *shall cooperate fully* with and provide any necessary assistance to the Court and the Prosecutor pursuant" and S.C. Resolution 1970 that states "the Libyan authorities *shall cooperate fully* with and provide any necessary assistance to the Court and the Prosecutor" [emphasis added].

信（*opinio juris*）方面还存在着显著的不确定性，还不能主张国家元首的不享有豁免已成为了习惯国际法的规则。

考虑到习惯国际法以及在该领域的最新实践，如果犯罪嫌疑人在一国的国内法院中受审，如果该国和犯罪嫌疑人所属国家都是《国际刑事法院罗马规约》的缔约国，法院所在地国可以拒绝犯罪嫌疑人所提出的豁免要求，因为这两个国家都必须履行《罗马规约》的条约义务和补充性原则。如果法院所在地国是《罗马规约》的缔约国，而犯罪嫌疑人的所属国是非缔约国的国民，根据国际法院在逮捕令案中判决，国家元首根据习惯国际法所享有的豁免权应高于国际刑法的规定，除非犯罪嫌疑人所属国放弃了其豁免权。

如果被起诉的国家元首在一个不承认国家元首豁免权的国际法庭（如国际刑事法院）里受审，其豁免权很可能被拒绝，而不论被起诉的国家元首所属的国家是否是《罗马规约》的缔约国。至于将犯罪嫌疑人逮捕并移交国际刑事法院，如果被请求国和第三国都是《罗马规约》的缔约国，它们应该"就调查与起诉法院管辖权内的罪行与法院完全的合作"，特别是应完全适用规约第 86 条和第 27 条的规定。在被请求国是缔约国，而第三国不是缔约国的情况下，根据《罗马规约》第 98 条第 1 款的规定，如果被请求国执行法院的一项移交或协助要求，该国将违背对第三国的个人或财产的国家或外交豁免权所承担的国际法义务，法院不得提出该项请求。法院唯一可以采取的方式是首先取得该第三国的合作，由该第三国放弃豁免权，[60]或者在安理会提交情势的情况下，要求安理会采取强制性的措施。

安理会提交情势是国际刑事法院对非缔约国行使管辖的最有效的方式，因为安理会根据《联合国宪章》第 7 章所作出的决议，能够剥夺非缔约国国家元首的豁免权。联合国安理会是否能够或愿意通过一项决议要求所有国家与国际刑事法院合作逮捕并移交犯罪嫌疑人，完全依赖于

---

[60] Rome Statute, Art. 98(1).

安理会的政治意愿。至少，在最近安理会所有成员国全体一致通过的将利比亚情势提交国际刑事法院的决议中，我们看到了希望。[61]

---

[61] S/Res/1970, 26 February 2011.

5

国家官员在外国受到国际罪行指控时
的管辖豁免权问题*

贾兵兵**

一、 引言

首先要说明的是本文的用语。"国家官员的管辖豁免权"这一措辞虽显略长，但就本文的目的而言是恰当的，这种豁免也被认为是国家豁免权的一个方面。[1] 另外，它不等于外交豁免。它应用于针对除外交人员、国家元首或政府首脑以外的国家官员在外国法院提起的民事或刑事案件。这些案件因此类官员的行为而起，但他们的行为又是明确基于官方身份代表国家作出的。用一位权威学者的话来说，"国家只能通过公务员和代表来行动；他们的职务行为就是国家的行为；这些人员所享有的国家豁免权是国家豁免原则的基础。"[2] 国际法委员会于 2001 年通过

---

* 宋天英译，贾兵兵校。

** **贾兵兵**，牛津大学博士，自 2004 年以来任清华大学法学院国际法教授。他曾任前南国际刑庭上诉庭法律官员（2002–2004）；前南国际刑庭第三审判分庭法律官员（2000–2002）；前南和卢旺达国际刑庭上诉庭助理法律官员（1998–2000）；前南和卢旺达国际刑庭上诉庭法律官员。他在国际法方面有大量著述并担任数个编辑委员会委员。

1. A. Watts, "The Legal Position in International Law of Heads of States, Heads of Governments and Foreign Ministers", in *Recueil des Cours*, 1994-III, vol. 247, p. 35.

2. *Jones v. Ministry of the Interior of the Kingdom of Saudi Arabia and Another*, United Kingdom House of Lords 26, Opinions of 14 June 2006, para. 30 (*per* Lord Bingham of Cornhill).

的《国家对国际不法行为的责任条款草案》（国际法委员会条款草案）第四条就指出：

> 1. 任何国家机关，不论它行使立法、行政、司法或任何其他职能，不论它在国家的组织中具有何种地位，也不论它作为该国中央政府机关或一领土单位的机关的特性，其行为应视为国际法所指的国家行为。
>
> 2. 一机关包括依该国国内法具有此种地位的任何人或实体。[3]

该草案条款的根本原则是"一国的每一国际不法行为引起该国的国际责任。"[4] 毫无疑问，这种责任归于当事国。

2004 年《联合国国家及其财产管辖豁免公约》（2004 年《公约》）第二条第一款第（b）（四）项也规定，"国家"一词包括"以国家代表身份行事的国家代表"。[5] 该公约主要确定了"国家及其财产在另一国法院的管辖豁免"。[6] 同样的，个人的职务行为产生的责任归于国家在这里是没有问题的。只要在 2004 年《公约》允许的范围内，官员的豁免来自于其行为所代表的国家所享有的豁免权。

根据现有的国家责任归因规则，国家豁免权要么是属人豁免，例如通常见到的国家元首的豁免规则，[7] 要么是职权豁免，或者两者都有，这取决于主张豁免的个案情况。实践中，显然缺乏能够涵盖各种官员职位、级别、头衔又为世界各国政府所共知的具体规则，因此，在案件涉及除国家元首或政府首脑及享受外交特权和豁免者之外的官员时，豁免问题就可能产生争议。

---

[3] UNGA, A/RES/56/83, adopted on 12 December 2001, with Annex.

[4] *Ibid.*, Article 1.

[5] UNGA, A/Res/59/38, adopted on 2 December 2004.

[6] *Ibid.*, Article 1.

[7] 参照 2004 年《公约》第三条第二款。但有实践将其他高级官员也归入这一类：R. Kolodkin, "Second Report on Immunity of State Officials from Foreign Criminal Jurisdiction", U.N. Doc. A/CN.4/631, 10 June 2010, paras. 7 and 94(i).

原则上，及于个人的国家豁免权的范围是由国际法上的国家责任归因规则决定的，[8]国际法委员会的《条款草案》和 2004 年《公约》都确认了这一点。一旦确定了国家豁免权的存在，国家官员的豁免权自然也就得到保证。出现争议的方面在于：在一些案件中，虽然国家官员往往得到豁免，但这种豁免却受到质疑，特别是在国内法院面前，理由是：1）官员的行为违反了国际强行法规则；和 2）应对国家豁免和官员个人的豁免加以区分。在过去二十年里，这种观点的对立一直是官员豁免问题的表征。[9]

在讨论豁免之前，还要考虑国内法院面临的两个管辖权问题。毕竟国家豁免只能在国内法院作为程序性的抗辩进行主张；而现存国际刑事法庭和常设国际刑事法院则一贯否认国家豁免在其审理的案件中的效力。后者有充分理由确认这种否认豁免效力的实践反映了习惯国际法。我们要考虑如下两个问题：一是豁免主张是否适用于所有案件，不论其案由为刑事或者民事？第二个问题和第一个问题紧密相关，需要探讨目前围绕普遍管辖权原则的适用所产生的争议。

二、 刑事和民事管辖权

国际法上的管辖权意指一国依法享有的规制某些行为的权力，这些行为所涉及的范围并非完全属于国内事项。[10]对管辖权问题的讨论本质上涉及对国家或者其他管理主体的法律能力的限制，此处的法律能力是指它们针对个人制定、适用和执行行为规范的能力。用曼（Mann） 的

---

[8] 例如，国际法委员会的特别报告员在其报告中提到这个问题时说，"一个官员的商业行为也享有外国刑事管辖豁免，如果该行为能归于国家"（"*an official performing an act of a commercial nature enjoys immunity from foreign criminal jurisdiction if this act is attributed to the State*"）： *Ibid.*, para. 94(e).

[9] A. Gattini, "War Crimes and State Immunity in the *Ferrini* Case", in *Journal of Internatioanl Criminal Justice*, 2005, vol. 3, p. 233.

[10] 这个定义和已在国内法上确立的含义没有差别，以美国法律体系为例：J. Beale, "The Jurisdiction of a Sovereign State", in *Harvard Law Review*, 1923, vol. 36, p. 241.

话来说，[11]它体现了法律调整和界定各国权力的职能。[12] 国际法在限定国家管辖权时并不区分刑事或是民事案件。[13]

这里的根本问题始终是：在某些事项与寻求管辖此类事项的特定法律体系之间或与有权管辖此类事项的特定国家之间是否有"足够密切的联系"。[14] 类似的体现这种联系的规则存在于国际法的所有领域。[15] 从概念上来说，这一问题似乎一目了然。郑斌（Bin Cheng）在他的一篇富于启发的文章中就曾对管辖权的两个要素作了更为细致的区分，即"立法管辖"（jurisfaction）和"事实管辖"（jurisaction）。[16] 豁免关涉的是第二个要素，因为豁免规则要解决国家管辖权如何在境内和境外行使的问题。从这个一般意义上来说，豁免权对行使任何种类国家管辖权产生的影响都一样。[17] 但是对于担任政府职位的个人来说，刑事诉讼管辖的发展似乎更加令人不安。普遍管辖权问题最近被纳入联合国大会

---

[11] F.A. Mann, "The Doctrine of Jurisdiction in International Law", in *Recueil des Cours*, 1964-I, vol. 111, p. 15.

[12] Quoting C. Rousseau, "Principes de droit international public", in *Recueil des Cours*, 1958-I, vol. 93, p. 394.

[13] 参照 ICJ, *Arrest Warrant of 11 April 2000 (Democratic Republic of the Congo v. Belgium)*, Judgment of 14 February 2002, *ICJ Reports* (2002) p. 3 („*Arrest Warrant*"), para 51, available at http://www.legal-tools.org/doc/c6bb20/. 国际法学会也认为"管辖权"囊括"刑事、民事和行政"事务：Third Commission, *Resolution on the Immunity from Jurisdiction of the State and of Persons who Act on Behalf of the State in case of International Crimes*, IDI Napoli Session, 2009, Art. I(2), available at http://www.idi-iil.org/idiE/resolutionsE/2009_naples_01_en.pdf, last accessed on 17 April 2012.

[14] F.A. Mann, "The Doctrine of International Jurisdiction Revisited after Twenty Years", in *Recueil des Cours*, 1984-I, vol. 186, p. 28.

[15] *Ibid.*, p. 29.

[16] B. Cheng, "The Extra-Territorial Application on International Law", in *Current Legal Problems*, 1965, vol. 18, p. 136.

[17] Watts, 1994, p. 106, see *supra* note 1: 官员就官方访问期间或之前的事务享有诉讼豁免。

议程[18]以及联合国秘书长 2010 年 7 月 29 日的报告（附有 44 个政府的意见）就是这种关切的体现。[19]

鉴于最近有关国家豁免的实践大多发生在国内法院，而且诉诸普遍管辖权的现象非常普遍，所以有必要对此类事件进行简要地考察。

三、 普遍管辖权

这里并不打算阐述目前关于普遍管辖权的法律现状，[20] 提到它也只是出于为进一步讨论的需要作两点说明。第一点涉及国家试图制定在国内行使普遍管辖权的规则时遇到的困难。普遍管辖权是由启动刑事或者侵权诉讼的法院地国行使，需要立即解决的首要问题就是行使普遍管辖权的基础和对象。第二，在实践中任何超出条约机制所确立范畴的、更广泛的普遍管辖权主张都充满不确定性。此类主张一经提出，豁免权就成为它的第一道障碍。

第一点关涉行使普遍管辖权的国家和国民被管辖的国家之间持续不断的争议。尽管管辖权问题尤其是刑事诉讼的管辖权行使向来就不乏争议，然而近年来少数国家对被控国际罪行积极行使普遍管辖权（与那些已被各国作为习惯法广为接受的管辖权类型不同）已经戳到了国民被影响的国家的痛处。这一发展突出了这个国际性争论的一个方面：在条约不适用的情况下，行使普遍管辖权有习惯法上的基础吗？[21] 如果习惯法基础并未得到承认，相关条约的第三国就不能在这种情况下行使普遍管

---

[18] 联合国大会于 2009 年 12 月 16 日通过了 64/117 号决议，要求秘书长邀请成员国就一系列与普遍管辖权原则的适用的议题相关的问题提交意见，以在第 65 次大会期间使用。

[19] 这些意见在以下链接中可以找到：http://www.un.org/en/ga/sixth/65/ScopeAppUni Juri.shtml，2011 年 11 月 21 日访问。

[20] S.H. Yee, "Universal Jurisdiction: Concept, Logic and Reality", in *Chinese Journal of International Law*, 2011, vol. 10, pp. 503–530.

[21] 参照 Institute of International Law, *Resolution on Universal Criminal Jurisdiction with Respect to the Crime of Genocide, Crimes against Humanity and War Crimes*, adopted 26 August 2005 during the Krakow session, 71 *Annuaire* (Tome II), p. 297.

辖权；否则，与其主张的习惯普遍管辖权处于同等地位的豁免权就会开始发挥阻挡行使该管辖权的作用。

上述讨论引出了要说明的第二点。就其目前的发展阶段而言，关于普遍管辖权的法律作为一个整体似乎仍是不确定的。逮捕令案（*Arrest Warrant case*）的判决就证明了这一点。[22] 在该案中，在一个现任外交部长涉嫌犯有战争罪和反人类罪的情况下，国际法院没有找到任何否定其豁免的习惯法规则。[23] 法院认为：

> 尽管各种防止和惩治特定严重罪行的国际公约为国家规定了起诉或引渡的义务，从而要求他们扩大其刑事管辖权，但这种管辖权的扩大没有在任何方面影响习惯国际法所规定的豁免，包括外交部长的豁免。因而即使外国法院根据此类公约行使这种管辖权，豁免的主张仍应成立。[24]

国际法院以 13 票赞成 3 票反对，做出以下决定：

> 2000 年 4 月 11 日对艾伯杜雷·耶罗狄亚·恩多姆巴斯先生（Abdulaye Yerodia Ndombasi）发出的逮捕令及其在国际范围内的传播，构成比利时王国对刚果民主共和国所承担的法律义务的违反，因为它没有尊重刚果民主共和国时任外交部长根据国际法所享有的刑事管辖豁免和不可侵犯。[25]

法院同时要求比利时撤销逮捕令，并将这一决定通知那些已经被通告该逮捕令的国家。从这个案件可以看出，近来主张国家豁免的案件中存在的根本问题是一些国家在相应国家实践不明确的情况下仍行使普遍管辖权。

---

[22] *Arrest Warrant*, para. 15, see *supra* note 13. 这段表明比利时和刚果外交部长被控的罪行之间没有联系。

[23] *Ibid.*, para. 58.

[24] *Ibid.*, para. 59.

[25] *Ibid.*, para. 78.

国际法院判决的含义令人深思。[26] 基于条约（特别是"或引渡或起诉"的条约义务）产生的普遍管辖权不得不让位于规定豁免权的习惯法规则。习惯法的效力高于条约吗？如果是这样，那理由是什么呢？另外，上文讨论的第一点似乎又给这个问题增加了一问，即如果豁免的规则和普遍管辖的规则都有习惯法的性质，那么它们能否互相抵消，进而意味着两者效力相同？又或者是豁免的习惯法规则优于普遍管辖的习惯法规则，进而意味着在不涉及国际强行法（*jus cogens*）问题的情况下，习惯法规则之间也有等级？我们只有在下个章节中讨论了国家豁免相关规则的性质以后，才能回答这些问题。

简言之，目前普遍管辖权的实践还在发展，并没有一致性。[27] 除了众所周知的一系列条约以外，[28]美国法院处理的基于《外国人侵权法》的诉讼和其他各国处理的针对国际罪行的民事赔偿诉讼，也说明了这方面国家实践正在发展变化。[29]民事或侵权诉讼的普遍管辖，和刑事诉讼管辖一样，也可能出现被告主张国家豁免的情形。"琼斯诉沙特阿拉伯案"（*Jones v. Saudi Arabia*）就是一例。该案涉及国家官员实施酷刑引起的民事赔偿问题。英国国会上议院支持了国家豁免的主张，[30] 同时又有意否定其在刑事诉讼中的效力。上议院认为，《禁止酷刑和其他残

---

[26] 例如，A. Cassese, "When may Senior State Officials Be Tried for International Crimes? Some Comments on the *Congo v. Belgium Case*", in *European Journal of International Law,* 2002, vol. 13, pp. 853–875.

[27] *The AU-UN Expert Report on the Principle of Universal Jurisdiction*, Council of the European Union Secretariat, Brussels, 16 April 2009, 8672/1/09, Rev. 1, para. 24, p. 24–25.

[28] Yee, 2011, pp. 512–519, see *supra* note 20.

[29] 参照 H. Fox, *The Law of State Immunity*, second edition, Oxford University Press, 2008, pp. 356–362 and 583–590.

[30] *Supra* note 2, para. 33 (*per* Lord Bingham of Cornhill): "Where applicable, state immunity is an absolute preliminary bar, precluding any examination of the merits. A state is either immune from the jurisdiction of a foreign court or it is not".

忍、不人道或有辱人格的待遇或处罚公约》[31]（简称《禁止酷刑公约》）是豁免的一般规则的例外。[32]英国法院只承认其参加的特定多边条约所规定的国家豁免的例外。[33]国家官员的豁免在国内法院有如此强大的效力，那么它的合理性根据是什么呢？

四、 国家官员的豁免权

美国最高法院首席法官马歇尔（*Marshall*）在双桅帆船交易案（*Schooner Exchange v. McFaddon*）中很好地解释了国家豁免权总体上的合理性：

> 主权的绝对独立和平等、促使各国进行交往及互助解决争议的共同利益，促成了一类案件的出现。在这类案件中，每个国家都被视为放弃行使部分其所享有的完整的专属地域管辖权，这也被认为是国家的本质特征。[34]

欧洲人权法院也得出类似的结论：

> 主权豁免是国际法上的概念，由平等者之间无管辖权（*par in parem non habet imperium*）这一原则发展而来，根据这一原则一国不应受另一国管辖。法院认为在民事诉讼中给予一国豁免，正是通过尊重他国的主权来实现一个合法的

---

[31] *Convention against Torture and other Cruel, Inhuman or Degrading Treatment or Punishment*, 1984, entry into force on 26 June 1987, in *United Nations Treaty Series*, vol. 1465, p. 85.

[32] *Supra* note 2, para. 33 (*per* Lord Bingham of Cornhill).

[33] 但国际法院认为，从习惯法的层面来说，诸如《国际刑事法院罗马规约》一类的条约不足以取代豁免：*Arrest Warrant*, para. 58, see *supra* note 13. "法院认为，这些规则同样不能使它认为就国内法院而言，在习惯国际法上存在任何这样的例外。"

[34] *The Schooner Exchange v. McFaddon*, (1812) 7 *Cranch* 116 (per Marshall CJ).

目标，即通过遵守国际法，促进国家间的礼让和友好关系。[35]

除国家元首或政府首脑以外的官员享有的豁免权主要是职务性的，[36] 尤其是在豁免与其职务访问或派驻期间发生的事务相关时。[37] 2008年，国际法院指出，对吉布提诉法国一案中所涉官员，即吉布提共和国的总检察长和国家安全部长，国际法不承认他们的属人豁免。[38] 也有学者认为 2004 年《公约》确认了以官方身份从事的行为的职务豁免。[39]

但是事实上这种职务性豁免的范围更为广泛，如国际法院在 2002年就一项并非于职务访问期间发生的事件做了以下阐述：

> 法院据此得出结论，认为外交部长职务意味着在其整个任职期间，其在国外享受完全的刑事管辖豁免和不受侵犯。这种豁免和不可侵犯保护相关个人免受他国政府任何妨碍其履行职能的行为的干扰。[40]

这就确认了现任外交部长和国家元首、政府首脑及外交代表一样，无论根据条约还是习惯法都享有<u>属人</u>豁免。[41] 至于享有这类豁免的官员的类别，国际法院没有界定，实践对此也尚无定论。

---

[35] European Court of Human Rights, *Al-Adsani v. U.K.*, Application No. 35763/97, Judgment of 21 November 2001, reprinted in International Law Review, vol. 123, no. 24, p. 40, para. 54.

[36] 参照 2004 年《公约》第三条第一款。另见 ICJ, Djibouti and France"s submissions in *Certain Questions of Mutual Assistance in Criminal Matters* (*Djibouti v. France*), *ICJ Reports*, 2008, p. 177, paras. 187 and 189.

[37] A. Watts, 1994, pp. 103 and 107, see *supra* note 1. Also see, R. Kolodkin, 2010, para. 94(h), see *supra* note 7.

[38] *ICJ Reports*, 2008, p. 177, para. 194, see supra note 36.

[39] D. Stewart, "The Immunity of State Officials under the U.N. Convention on Jurisdictional Immunities of States and Their Property", in *Vanderbilt Journal of Transnational Law*, 2011, vol. 44, p. 1056.

[40] *Arrest Warrant*, para. 54, see *supra* note 13; also, *ibid.*, Joint Separate Opinion of Higgins, Kooijmans, and Buergenthal, para. 75.

[41] *Cf.* C. Keitner, "Foreign immunity after *Samantar*", in *Vanderbilt Journal of Transnational Law*, 2011, vol. 44, pp. 841–842.

国家官员的刑事管辖豁免虽是职务性质的，但其绝对性是确定无疑的。[42] 如果一个外国政府在法院地国法院享有刑事管辖豁免，国际法不可能否定依该外国政府指令行事并引起此项管辖的官员所享有的豁免权。法律甚至承认豁免权及于官员超出政府指令的行为，只要这些行为是以官方身份实施的。[43] 官员是政府的雇员、代表或机关，从国际法院最近判决的几个案件来看，高级官员或许可以推定其能够由于官方身份而享受豁免。[44] 这有可能是属人豁免的另一种伪装，因为官方身份是由有关官员的级别决定的。法院根据级别对应的官方身份来判定官员的豁免。级别自然与相关个人有关，除非任命该官员的政府通过适当的程序将官员降级，两者不能被割离。外国法院不能轻易假定该个人不受豁免权的保护。以上观点在该个人可能是以私人身份行事的情况下也适用。官方身份的相关性在被合法排除之前始终存在。但是，应当认识到，对于外交部长级别以下的官员的属人豁免问题存在争论。[45] 现在的情况是，[46] 一些国家的法院已经在刑事或者民事赔偿案件中支持了涉案官员的此类豁免。[47] 同时可以看到，在被告人不在法院地国且他们的行为不

---

[42] R. Kolodkin, 2010, p. 54, see *supra* note 7.

[43] Article 7, ILC Draft Articles: "The conduct of an organ of a State or of a person or entity empowered to exercise elements of the governmental authority shall be considered an act of the State under international law if the organ, person or entity acts in that capacity, even if it exceeds its authority or contravenes instructions".

[44] *Arrest Warrant*, para. 59, see *supra* note 13; 法院在该段中的说明并没有区分职务行为和私人行为。

[45] R. Kolodkin, 2010, paras. 35, p. 94, see *supra* notes 7; R. van Alebeek, *The Immunity of States and Their Officials in International Criminal Law and International Human Rights Law*, Oxford University Press, 2008, pp. 192–195.

[46] Article 31(1), *Convention on Special Missions*, adopted 8 December 1969 by the UNGA; entry into force 21 June 1985, in *UNTS*, vol. 1400, p. 231. As of writing, it had 38 States parties, available at http://treaties.un.org/pages/ViewDetails.aspx?src=TREATY&mtdsg_no=III-9&chapter=3&lang=en, last accessed on 29 March 2012.

[47] C. Tomuschat, "The International Law of State Immunity and its Development by National Institutions", in *Vanderbilt Journal of Transnational Law*, 2011, vol. 44, pp. 1105–1140, 1133–1139. 意大利最高法院的观点被认为是独一无二的，在他国法院并没有获得支持。

是在该国实施时，国家豁免权越来越多地被官员或代表或其政府援用。[48] 国家豁免这个抗辩理由被愈发频繁地援用，其原因在于国内法院对外国官员行使管辖权的范围的扩大。

对于随之而来的有罪不罚的担忧，国际法并没有让这个问题悬而不决而损害受害人的利益，这体现了"有权利就有救济（*ubi jus ibi remedium*）"的原则。国际法院在逮捕令案中就明确指出，"管辖豁免只是程序性的，而刑事责任是实体法问题。管辖豁免尽管可以阻止在某段时间内起诉，或对某些犯罪起诉，但它不能使享受豁免者免除一切刑事责任。"[49] 事实上法院坚定地认为，对于虽享有豁免但其罪行已无可置疑地被证明的个人，国家豁免不能成为一项免除其个人责任的因素。在该案中，国际法院确认在四种特定情形下仍可起诉当事人。[50] 这种方法在逻辑上并没有问题，因为豁免和责任是两个独立的范畴，相互之间并不关联。[51]

更重要的是，下一节也将谈到：在法院地国和国民被诉国均是规定国家豁免例外情形的条约的缔约国时，国家豁免权就可能不适用。[52]

因此，国家豁免主张的最终影响可以解释为"国家豁免适用时，国内法院没有管辖权"，[53] 而且，"在适用国家豁免的情况下，国家豁免

---

[48] The *Lozano* case (or the *Calipari* case), Corte di Cassazione (Sez I penale), 24 July 2008, No. 31171, reported by G. Serra in *Italian Yearbook of International Law*, 2008, vol. 18, pp. 346–351. 法院认为，作为一个被普遍接受的习惯，国家机关在履行职权时作出的行为不受外国法院的刑事或者民事管辖：Paolo Palchetti, "Some Remarks on the Scope of Immunity of Foreign State Officials in the Light of Recent Judgments of Italian Courts", in *Italian Yearbook of International Law*, 2009, vol. 19, p. 87.

[49] *Arrest Warrant*, para. 60, see *supra* note 13.

[50] *Ibid.*, para. 61.

[51] *Ibid.*, para. 59.

[52] 关于豁免是国家管辖权的例外的观点，见下文标题八。

[53] *Jones v. Saudi Arabia*, para. 24, see *supra* note 2. (*per* Lord Bingham of Cornhill).

是绝对的先决障碍，排除任何对案件实体问题的审查。一国要么完全豁免于外国法院的管辖，要么接受这种管辖。"[54]

五、 豁免和条约规定的犯罪

事实上，涉及刑事事项的条约往往并未规定条约所涉人员可以享有的豁免权的程度。理由很好解释，前文所引的英国法院的判决足以说明问题。但是也有一些条约确实提及了国际法中的豁免规则。《国际刑事法院罗马规约》（《罗马规约》）第 98 条第一款规定：

> 如果被请求国执行本法院的一项移交或协助请求，该国将违背对第三国的个人或财产的国家或外交豁免权所承担的国际法义务，则本法院不得提出该项请求，除非本法院能够首先取得该第三国的合作，由该第三国放弃豁免权。

该条款似乎不仅包括了国家豁免或外交豁免的习惯法规则，还包括相关的条约规定。条约法中涉及第三国地位的规定是第 98 条第一款的基础，[55] 尽管《罗马规约》第 27 条宣称该规约"对任何人一律平等适用，不得因官方身份而差别适用"，国内法或国际法设定的豁免"不妨碍本法院对该人行使管辖权"。虽然《罗马规约》规定的犯罪可能也存在于习惯法中，但规约并没有将其管辖权扩大到规约之外，而且从第 98 条第一款来看，它实际上认为这些罪行是以条约规定为基础的。如此一来，由于第 98 条第一款的让步性规定，不管豁免规则如何，在涉及第三国的案件中，无论是规约规定的实体犯罪还是规约赋予的对这些罪行的管辖权都不能赋予国际刑事法院额外的权力来管辖该案件。

《罗马规约》中的让步还引出了另一个问题。规约规定的很多罪行都具有独立于该规约的强行法性质。[56] 这是否会影响国家豁免？毫无疑问，由于第 98 条第一款的规定，《罗马规约》本身以及国际刑事法院

---

[54] *Ibid.*, para. 33.

[55] Article 34, Vienna Convention on the Law of Treaties 1969.

[56] F.i., D. Shelton, "International Law and „Relative Normativity‟", in M. Evans (ed.), *International Law*, second edition, Oxford University Press, 2008, p. 165.

都不能在这方面有所作为。那么国内法院在处理关于此类罪行的指控的时候会面临不同的情形吗？

在我们开始讨论刚才提出的问题之前，关于豁免权和基于条约的管辖权之间的关系还有另外一点需要说明。宾厄姆（Bingham）法官在琼斯诉沙特阿拉伯案（*Jones v. Saudi Arabia*）中，就著名的皮诺切特案（第三号）发表了以下见解："我所理解的该判决本质上的判决理由，是国际法不能既要求在满足《禁止酷刑公约》的条件下行使刑事管辖权，又要求给予受到正当指控的人员豁免，否则结果将是荒谬的。"[57]该公约排除了缔约国的管辖豁免，因此缔约国的法院不能在适用公约时承认豁免。所以在法院地国以及在其法院主张豁免的国家都是多边条约缔约国的情况下，该条约规定的豁免的例外情形有可能适用。其原因可能是，在法院地国和为其代表或代理人主张豁免的国家之间，公约作为特别法（*les specialis*）可以规避关于豁免的习惯法规则。这样的推理似乎无可指摘，但其可否适用可能要取决于相关条约的具体措辞。举例来说，有些条约规定缔约国只有在相应行为发生在其领土内或者管辖范围内时，才能适用其条款。[58]2004 年《公约》也确认了与国家豁免诉因与诉讼地之间的关系。公约第 12 条规定：

> 除有关国家间另有协议外，一国在对主张由可归因于该国的作为或不作为引起的死亡或人身伤害、或有形财产的损害或灭失要求金钱赔偿的诉讼中，如果该作为或不作为全部或部分发生在法院地国领土内，而且作为或不作为的行为人在作为或不作为发生时处于法院地国领土内，则不得向另一国原应管辖的法院援引管辖豁免。

但是，如果在类似逮捕令案的案件中应用上述规则，条约规定的罪行的存在可能不足以说服法院接受违背国家豁免的习惯规则的推理。

---

[57] *Jones v. Saudi Arabia*, para. 19, see *supra* note 2. (*per* Lord Bingham of Cornhill).

[58] *Ibid.*, para. 20 (referring to the US" understanding II(3) regarding Art. 14(1) of the Convention against Torture 1984), available at http://treaties.un.org/pages/View De-tails.aspx?src=TREATY&mtdsg_no=IV-9&chapter=4&lang=en - 12, last accessed on 29 March 2012.

六、 豁免权和违反强行法的行为

即使是在指控违反强行法的案件中，国际法院和国内法院最近涉及国家豁免法律的判决都认定国家官员仍享有豁免权，其中包括刑事以及民事案件。而且豁免作为一项程序障碍不允许管辖法院对案件的实体问题作出认定，比如是否存在国际犯罪。[59] 但是也不是没有不同观点。[60] 在阿尔—阿德萨尼诉联合王国（*Al-Adsani v. U.K.*）一案中，欧洲人权法院（大审判庭）认为：

> 虽然法院注意到禁止酷刑压倒一切的重要性越来越得到认可，但是法院并不因此认为国际法已经接受一种观点，即在对被控发生在法院地国之外的酷刑要求民事赔偿的案件中，国家不享有豁免。[61]

然而，七名持异议的法官不同意上述"保守的观点"；他们特别在这个问题上表示了异议，并指出像禁止酷刑这样的强行法规则消除了国家豁免对管辖的阻碍，因为前者的强行法性质使其在国际法规则中处于较高等级。[62] 如果国家实践能证明在禁止酷刑的规则和国家豁免规则之间存在这样的等级高低，那么这一主张就是正确的。显然多数法官的意见并不这样认为。

在其目前的发展阶段，强行法规则属于国际法实体规则，而关于普遍管辖权和国家豁免的规则更倾向于程序性规则。国家实践还没有承认对被控违反国际法强制规则的行为，国家应承担任何行使普遍管辖权的对国际社会的义务（*obligation erga omnes*）。不难看出，在强制规则及各国对这些规则的执行之间存在差距，虽然现实中普遍管辖原则和强行法之间有明显的联系，主要体现在普遍管辖权的行使目前被认为主要涉

---

[59] 欧洲人权法院在这点上的见解略有不同：view of this: *Al-Adsani v. U.K.*, in *International Law Review*, vol. 123, no. 24, p. 41, para. 58.

[60] 有观点认为强行法可以排除豁免权: A. Cassese, *International Law*, second edition, Oxford University Press, 2005, p. 208.

[61] *International Law Review*, vol. 123, no. 24, p. 43, para. 66；法院承认酷刑被强行法所禁止：*ibid.*, para. 61.

[62] *Ibid.*, 49–50, paras. 1–3.

及那些影响"整个国际社会的利益"的违反国际法的行为,这个特点正是识别强行法规则的核心标准。[63]

那么本节所涉及的问题就是:违反国际强行法的指控能不能作为国内法院或国际法院对人和对事管辖权的基础。国际法院在民主刚果共和国和卢旺达之间的诉讼中就考虑过这个问题。[64] 刚果提出该案的管辖权是基于禁止灭绝种族的强行法规则,国际法院认为:

> ……争端涉及遵守此类(强行法)性质的规则的问题——当然禁止灭绝种族确有强行法性质——这样的事实本身并不能作为法院管辖该争端的基础。根据法院的规约,其管辖权始终基于当事方的同意。[65]

对于当事方就卢旺达对《消除种族歧视公约》所作保留提出的同样论点,法院得出了类似结论。[66]

值得注意的是,法院认为其管辖权不因争议与强行法规则有关而受到影响。鉴于程序法和实体法的差异,国际法院在程序上不能确立管辖权的情况下,就不能考虑争议的实质内容。在法院确立案件管辖权和可受理性之前,法院无法对违反强行法规则的指控作出裁决(*sub judice*)。事实上,从法院的裁决似乎可以看出,即使没有国家豁免的抗辩,对违反国际强行法行为的管辖权也不能成立,因为法院没有建立管辖权所需的当事国之间的合意。

国家豁免规则的这种状态在刚刚判决的国家管辖豁免案(德国诉意大利:希腊参加诉讼)中,再次被国际法院所确认。[67] 该案审理的问题

---

[63] Article 53, Vienna Convention on the Law of Treaties of 1969; 另见 ICJ, *Barcelona Traction* (Second Phase) (*Belgium v. Spain*), *ICJ Reports*, 1970, p. 32.

[64] ICJ, *Armed Activities on the Territory of the Congo* (New Application: 2002) (*Democratic Republic of the Congo v. Rwanda*), Jurisdiction and Admissibility, Judgment, *ICJ Reports* 2006, p. 6.

[65] *Ibid.*, para. 64.

[66] *Ibid.*, para. 78.

[67] *Jurisdictional Immunities of the State* (*Germany v. Italy: Greece Intervening*), General List No. 143, Judgment of 3 February 2012, available at http://www.legal-tools.org /doc/674187/. The written and oral pleadings in this case are available at

之一便是国家豁免和某些强行法规则之间的冲突。在其 2008 年 12 月 22 日的诉状中，德国写道：

> 本案的争议事项具体来说涉及在国际习惯法中是否存在保护主权国家不在他国民事法院被起诉的规则。[68]

德国还声明：

> 德国的唯一目标是法院能够裁决：意大利宣称基于这些事件的所提出的主张属于意大利法院的国内管辖的范畴，这种做法构成对国际法的违反。[69]

意大利在 2009 年 12 月 22 日的辩诉状中总结了豁免规则引起的冲突：

> 意大利支持这样的观点，即豁免与人权法和人道法方面的强行法规则在国际法律体系中通常可以共存。但是，如果豁免被严重违反国际法的国家用来规避其责任，将会造成法律体系实体上的前后矛盾。[70]

这个论点足够合理，但是有一个问题。设想国家豁免的主张在程序上阻止了管辖，没有法院能够在处理该主张之前进入到案件的实体审理阶段。争论实体上的前后矛盾就等于说强行法优于国家豁免的主张，不论如何管辖权都成立。如此一来，法院在第一阶段审查管辖权和可受理性就变成多余之举。这样的结果不太可能被国家或国际司法机构所接受，因为从目前国际司法秩序的结构来看，这些机构的管辖权原则上都是基于合意。要改变这种秩序的合意性质当然不是不可能，[71] 但是要完全消除这种性质，首先就必须修改《国际法院规约》；这种修改肯定会动摇《联合国宪章》的基础。

---

http://www.icj-cij.org/docket/index.php?p1=3&p2=3&code=ai&case=143&k=60，last accessed on 15 December 2011.

[68] *Ibid*, Germany"s Application, para. 2.

[69] *Ibid.*, para. 3.

[70] *Ibid.*, paras. 4 and 67.

[71] Sect. 2, Part XV, the *United Nations Convention on the Law of the Sea*.

国际法院在其 2012 年 2 月 3 日的判决中援用了逮捕令案和武装活动案中关于国家豁免法和国际犯罪的强行法之间关系的推理。法院指出：

> 这两套规则调整的对象有所不同。国家豁免的规则是程序性的，只能用于决定一国法院是否能够对另一国行使管辖权。此类规则不解决被诉行为的合法性问题。[72]

毫无疑问，上述推理中程序法和实体法的区别是核心。国际法院继而说道：

> 一项强行法规则不能被减损，但是决定管辖权范围和程度、以及何时行使的规则中并没有减损那些具有强行法地位的实体规则，强行法这一概念中也没有任何固有因素要求修改这些规则或取消其适用。[73]

要基于上述区分解决这个问题还需要进一步的研究，以证明仅以此为理由便可在国际法下阻止此类案件通过管辖权审查阶段。

七、 国际管辖权

上述关于国家豁免和国内法院管辖权关系的论述并不一定适用国际刑事管辖权，因为后者在国家间关系和国际刑事司法机构中都被区别对待。[74] 这两种情况的区别首先在于国家官员不法行为的可归因性问题。但在国际层面上，个人责任作为实体法问题并不受豁免是否及于涉案官员的影响。在这一领域早就有了明确的做法，即无论是属人豁免还是职务豁免，自《纽伦堡宪章》出现起就都已经被否定了。[75]

一个相关的问题是《罗马规约》规定的联合国安理会提交情势的权力。这种提交情势的决议甚至可以否定非规约缔约国官员豁免的抗辩，

---

[72] *Supra* note 67.

[73] *Ibid.*, para. 95.

[74] G. Schwarzenberger, "International Law as Applied by International Courts and Tribunals", in his *The Law of Armed Conflict*, vol. II, Stevens and Sons, 1968, p. 518.

[75] Article 7, the Nuremberg Charter; Article 6, the Tokyo Charter. Also see, A. Cassese, *International Criminal Law*, Oxford University Press, 2003, pp. 267–271.

[76] 但也可以重申尽管安理会提交相关情势，非缔约国官员仍享有豁免。

[77] 简言之，关于国家豁免权的习惯法是否适用将取决于决议的内容。

八、 结论：一个规则的等级体系？

在前述关于现有司法实践的讨论中，似乎潜伏着一个更加根本性的问题。其中存在这样一个假定，即国际法律秩序中存在一个规则的等级体系。由此，规则是根据该体系中一些有拘束力的原则被分类的，某些规则优于其余所有规则。上文提及的支持或否定国家豁免的各种各样的案件说明，问题更多地在于哪些规则是强行法，而非强行法的效力是否高于普通的习惯法规则和条约。假如只有一个国家在行使管辖权时否定国家豁免，那么在决定这方面法律的现状时这样的实践并无权威性，更不用说承认国家豁免的相反实践仍处于压倒性的地位了。

可以说，强行法的范围虽然整体上较为模糊，但是一些有强行法性质的规则还是经受住了时间的考验，仍是现行国际秩序基础的一部分。其中一项规则就是主权平等。实际上这也许解释了现实中一个不寻常的现象：面对由能够而且的确明确基于国际法的个人控诉和外国起诉形成的汹涌浪潮，豁免能够成为一道难以逾越的隔离墙。[78] 不久之前，权威作者对这一现象作出了解释：[79]

> 国家豁免是调整国内法院管辖权的程序性规则。它并不影响实体法；与强行法的禁止性规定并不对立，它只是将对任何违反强行法行为的处理导向其他的途径。可以说，在

---

[76] *Cf.* D. Akande, "The Legal Nature of Security Council Referrals to the ICC and its Impact on Al Bashir"s Immunities", in *Journal of International Criminal Justice*, 2009, vol. 7, pp. 340–342.

[77] UNSC, S/RES/1593 (2005) (re Darfur situation), operative paras. 2 and 6.

[78] C. Kress and K. Prost, "Article 98", in O. Triffterer (ed.), *Commentary on the Rome Statute of the International Criminal Court (Observers' Notes, Article by Article)*, second edition, C.H. Beck, 2008, p. 1609.

[79] H. Fox, *The Law of State Immunity*, Oxford University Press, 2002, p. 525. This view has not been revised in the second edition of her treatise: second edition, 2008, pp. 151–152, see *supra* note 29.

> 国家豁免的程序性抗辩中没有可以让强行法发挥作用的实
> 体性内容。

　　然而，还有很多问题该作者没有回答。除了她自己提出的那些问题之外，[80] 还可以问，国家之间的关系是否在某种程度上凌驾于惩罚严重国际罪行的需要呢？目前看来，答案可能是肯定的，最近有关普遍管辖权的案件的判决及《罗马规约》第 98 条第一款就是证明。[81] 可能的原因是什么呢？

　　民族国家的体系从过去到现在仍然是国际法律秩序的基本结构；尚未发现其它构架能够取而代之。国际法体系作为国家、人民、实体、组织以及个人之间交流所使用的语言，其前提基础就是国家主权至上，当然还有主权平等。[82] 摒弃从这些基本原则衍生出来的豁免，就不可能不动摇联合国宪章奠定的现有国际秩序的基础。需要指出的是，强行法也源于这样的国际秩序，强行法规则的产生、应用和修订都基于该秩序并只能以此为基础。强行法规则若非由国家决定，就失去了存在的意义和效力。在此前提上更进一步，也许还可以强调，对处于不同发展阶段的国家而言，他们在进入联合国宪章建立的法律秩序并履行遵守宪章义务的诺言时，并不是通过宪章之外的单方行为变更宪章的基本原则，而是利用宪章规定的修订程序。通过这种修订使得宪章的基本原则能够体现时代的变化，或者确立被普遍承认的强行法。

　　为实现上述目标，比较有益的思路是将国家豁免看作更具主权基本特性的管辖权的例外。[83] 然而，出于种种原因，实践已使赋予不同程度

---

[80]　有些问题已经在其后的实践中得到解决： H. Fox, 2008, pp. 152–156, see *supra* note 29.

[81]　J. Kleffner, "The Impact of Complementarity on National Implementation of Substantive International Criminal Law", in *Journal of International Criminal Justice*, 2003, vol. 1, pp. 86–113, 105–106.

[82]　Article 2(1), the U.N. Charter.

[83]　L. Caplan, "State Immunity, Human Rights, and Jus Cogens: A Critique of the Normative Hierarchy Theory", in *American Journal of International Law*, 2003, vol. 97, pp. 741–781, 751–757.

的国家豁免的做法形成了一项习惯法规则，[84] 后者只能被习惯法更改。这方面的国家实践有各种表现方式，比如，2004 年《公约》，[85] 还有众多国内立法，更不用说国际和国内的判例法了。[86] 进一步来看，若此种国家豁免规则是出于对国家间关系共同利益的考虑，而这种共同利益通常是双边的，那么随之产生的另一个问题就可能是，多数情况下只关系到两个国家的共同利益的规则是否高于其它国际法规则。换言之，这样的比较仍然涉及规则的等级。另外，如何衡量这种国家间关系带来的利益甚或是其对立面，即危害，可能会在实践中引起更多的问题，因为在一个法院对此做出判断时其主观性是不可避免的。

国家豁免权，包括国家官员的豁免权，其法律现状并不迥异于 1945 年之前现代国际法刚进入早期成熟阶段时的情形。虽然国际社会自二十世纪六十年代以来经历了长足发展，但是处于不同发展阶段的国家仍然将联合国宪章视为调整国家间关系的基本文件。整个世界的前进速度也许并没有想象中那么快。1945 年前的国家豁免法权威曾作过以下独特而令人回味的评论：

> 一国元首在任何方面都没有服从另一国元首的义务，其最高义务是不将自身或主权权利置于另一国元首的管辖之下从而损害国家尊严。因此可以假定，一国元首在进入他国领土时，只能是基于明确的许可，或者基于一种确信——尽管没有明示的规定——他所属的独立主权国家以默示的方式享有豁免，而且这种豁免将及于他本人。[87]

---

[84]   *Ibid.*, p. 776.

[85]   参照公约第五条，作为一项一般原则，"一国本身及其财产遵照本公约的规定在另一国法院享有管辖豁免。"

[86]   L. Caplan, 2003, pp. 765–770, see *supra* note 83.

[87]   *The Schooner Exchange v. McFaddon*, see *supra* note 34.

6

国际刑事法院：国际和平与安全的司法保障？

郭阳[*]

一、 概述

2010 年 6 月 11 日，来自国家、政府间组织、非政府组织的约 4600 名代表，经过两周的艰苦谈判，终于在乌干达首都坎帕拉结束了《国际刑事法院罗马规约》（以下简称《罗马规约》或《规约》）[1]的第一次审查会议。与会的缔约国在会议最后一刻最终以协商一致的方式通过了《规约》修正案，将侵略罪的定义及国际刑事法院（以下简称"法院"）对侵略罪行使管辖权的条件纳入了《规约》。[2]

---

[*] **郭阳**作为法律专家以其个人身份演讲。他自 2005 年以来担任红十字国际委员会东亚地区代表处法律顾问，曾任中国外交部条法司三处法律官员，曾在中国和比利时法律事务所工作，在中国政法大学取得学士和硕士学位。本文系国家社科基金资助项目的中期成果之一，项目名称：国际刑事法院的理论与实践，批准号 11BFX136。

[1] 1998 年 7 月 17 日，国际社会通过了《国际刑事法院罗马规约》，为国际刑事法院的建立奠定了法律基础。2002 年 7 月 1 日，《规约》生效，国际刑事法院正式成立。国际刑事法院是人类历史上第一个就侵略罪、灭绝种族罪、危害人类罪和战争罪，对个人行使刑事管辖权的常设性司法机构。但根据《规约》第 5 条第 2 款的规定，只有在《规约》生效七年后召开的审查会议上，通过侵略罪的定义和法院行使管辖权的条件之后，法院才能对侵略罪实际行使管辖权。http://www.icc-cpi.int/menus/ICC/About+the+court，最后访问于 2011 年 6 月 26 日。修正案通过后，第 5 条第 2 款已被删除。

[2] 国际刑事法院新闻公告：ICC-ASP-20100612-PR546。关于侵略罪谈判的具体情况，详见克劳斯·克雷斯、莱奥尼·冯·霍尔芩多夫："关于侵略罪的坎帕拉

会议通过的关于侵略罪的修正案参照《纽伦堡国际军事法庭宪章》第六条[3]以及纽伦堡军事审判的实践，将"侵略罪"定义为由政治或军事领导人实施的、明显违反《联合国宪章》的侵略行为，并进而根据1974年12月14日联合国大会关于侵略定义的第3314（XXIX）号决议，[4]将"侵略行为"定义为一国使用武力侵犯另一国的主权、领土完整或政治独立的行为，或以违反《联合国宪章》的其他方式使用武力的行为。关于法院对侵略罪行使管辖权的条件，修正案规定，联合国安理会可以根据《联合国宪章》第七章将有关缔约国或非缔约国的侵略情势，提交法院，法院可因此行使对缔约国或非缔约国的管辖权；同时，修正案还赋予了检察官在安理会没有就有关情势认定存在侵略行为的情况下，自行或根据缔约国请求，并在法院预审庭授权后，启动调查的职权。但在此情形之下，对在非缔约国领土上发生的或者由非缔约国国民实施的侵略罪，以及宣布不接受法院对侵略罪管辖权的缔约国的侵略罪，法院没有管辖权。[5]

本修正案的通过，被一些学者和国家欢呼为国际刑法发展的里程碑，但也遭到了另一些学者和国家的批评。其里程碑的意义在于，它是继纽伦堡和东京审判后，国际社会经过长达六十余年的努力，再次向穷兵黩武的国家及其领导人发出的警示，实现了以司法维护国际和平与安

妥协"，载于《北大国际法与比较法评论》，第9卷（总第12期），北京：北京大学出版社，2012年1月，第28–71页。

[3] Agreement for the Prosecution and Punishment of the Major War Criminals of the European Axis, and Charter of the International Military Tribunal. London, 8 August 1945, available at http://www. icrc.org/ihl.nsf/FULL/350?OpenDocument, last accessed on 26 June 2011.

[4] G.A. Res. 3314(XXIX), 14 December 1974, 29 UNGAOR, twenty-ninth Session, Supp. No. 31, U.N. Doc. A/9631, para. 142. See also, Elizabeth Wilmshurst, "Definition of Aggression", in *United Nations Audiovisual Library of International Law*, 2008, available at http://untreaty.un.org/cod/avl/pdf/ha/da/da_c.pdf, last accessed on 7 July 2012.

[5] 《罗马规约》审查大会 RC/Res.6 号决议，http://www.icc-cpi.int/iccdocs/asp_docs/ASP9/OR/RC-11-CHN.pdf，最后访问于2012年7月7日。

全的理想，其意义不可低估；但是，不少学者和国家认为，会议通过的定义内容模糊和不确定，不符合罪刑法定、刑法特定性等刑事司法的基本原则，也使得一些西方大国所倡导的以武力制止法院所欲制裁的大规模侵犯人权的罪行的行动，即"人道干涉"的军事行动陷入尴尬的境地，将使法院背离其维护人权的核心职责；而其赋予检察官在联合国安理会没有认定侵略行为的情况下，径行展开调查的做法，不符合《联合国宪章》规定，挑战了现行的国际安全体系。[6]

本文试图从侵略罪的定义和法院行使管辖权的条件方面对修正案进行分析，并就其对国际和平与安全的影响提出自己的看法。

二、 关于侵略罪的定义

侵略罪是《罗马规约》谈判过程中最为困难的问题之一。一些军事大国出于对其一贯奉行的"人道干涉"的担忧，不愿意在规约中涉及侵略罪问题。一些阿拉伯国家则主张在联大 3314（XXIX）号决议的基础上议定侵略罪，以保障其享有决议所肯定的"自决权"。欧盟和一些不结盟运动的成员国则明确表示不接受一个没有"侵略罪"的《规约》。

---

6   David Scheffer, "State Parties Approve New Crimes for International Criminal Court", in *ASIL Insight*, 22 June 2010, vol. 14, Issue 16; John R. Crook (ed.), "Contemporary Practice of the United States Relating to International Law", in *American Journal of International Law*, 2007, vol. 101, Issue 1, p. 478; Benjamin B. Ferencz, "Ending Impunity for the Crime of Aggression", in *Case Western Reserve Journal of International Law*, 2009, vol. 41, p. 281. "中国代表团在罗马规约审查会通过侵略罪条款的发言（2010 年 6 月）"，载于《中国国际法年刊（2010）》，世界知识出版社 2011 年版，第 475 页；杨力军："论《国际刑事法院罗马规约》中的侵略罪"，载于《中国国际法年刊（2010）》，世界知识出版社 2011 年版，第 25–46 页；周露露："试析侵略罪条款的法律影响——以国际刑事法院管辖侵略罪的条件为视角"，载于《中国国际法年刊（2010）》，世界知识出版社 2011 年版，第 47–54 页；王秀梅："侵略罪定义及侵略罪管辖的先决条件问题"，载于《西安政治学院学报》2012 年 3 月版，第 102–106 页。

在 1998 年于罗马召开的"建立国际刑事法院的联合国外交大会"的最后时刻，各国还是就如何使侵略罪的定义能够符合罪刑法定原则以及联合国安理会在确定侵略行为方面的作用问题，纠缠不休，莫衷一是。[8]为了避免因侵略罪的分歧而拖延规约的谈判，各国最终在 1998 年做出妥协，通过了《规约》，将侵略罪与灭种罪、危害人类罪和战争罪一起作为法院有管辖权的犯罪，但对侵略罪管辖权的实际行使则要在缔约国就其定义和法院行使管辖权的条件达成一致、并经修改规约后，方能实现。[9]为此，罗马外交大会和《规约》缔约国大会分别于 1998 年和 2002 年相继设立了"筹备委员会"[10]和"侵略罪特别工作组"，[11]以消除国家在侵略罪问题上的分歧，并议定可供《规约》审查会议讨论的案文。《规约》的缔约国和非缔约国均应邀参加了上述两机构的讨论会议。最后，经过十年的紧张谈判，与会各国于 2009 年 2 月在特别工作组的框架内形成了可供《规约》审查会议讨论的案文，[12]并最终在 2010 年《规约》审查会议上被缔约国所接受。

---

7   Benjamin B. Ferencz, "Enabling the International Criminal Court to Punish Aggression", in *Washington University Global Studies Law Review*, 2007, vol. 6, p. 558.

8   Michael O"Donovan, "Criminalizing War: Toward a Justifiable Crime of Aggression", in *Boston College International and Comparative Law Review*, 2007, vol. 30, pp. 516–517.

9   参见 2011 年 6 月 11 修正前《国际刑事法院罗马规约》第 5 条第 2 款，该款原文如下：在依照第一百二十一条和第一百二十三条制定条款，界定侵略罪的定义，及规定本法院对这一犯罪行使管辖权的条件后，本法院即对侵略罪行使管辖权。这一条款应符合《联合国宪章》有关规定。现该款已被删除。（现《规约》第五条见脚注 1）

10 Final Act of the United Nations Diplomatic Conference of Plenipotentiaries on the Establishment of an International Criminal Court, Annex I, Resolution F, para. 7, U.N. Doc. A/CONF.183/10, 17 July 1998.

11 Continuity of work in respect of the crime of aggression, ICC-ASP/1/Res.1, adopted at the third plenary meeting, on 9 September 2002.

12 Report of the Special Working Group on the Crime of Aggression, Doc. ICC-APS/7/SWGA/2 (2009).

就侵略罪的定义而言，参与谈判的国家认为，它必须明确两个问题：国家侵略行为以及因此而产生的个人刑事责任。在侵略问题上，通过追究个人刑事责任来强化侵略行为的国家责任，是纽伦堡和东京军事审判对国际刑法的重要贡献。[13] 侵略行为是对国际和平与安全的破坏，其实施主体只能是国家，而侵略罪则只能由个人来实施，这也是二战后军事审判所确立的习惯法规则。[14] 因此，侵略行为是侵略罪的前提，而侵略罪则是侵略行为的后果。[15] 修正后的《罗马规约》关于侵略罪定义在此层面上反映了二战后军事审判的贡献及其确立的原则，其具体规定如下：

（一）侵略行为

修订后《罗马规约》第八条之二第（二）款规定，……"侵略行为"是指一国使用武力或以违反《联合国宪章》的任何其他方式侵犯另一国的主权、领土完整或政治独立的行为。根据 1974 年 12 月 14 日联合国大会第 3314（XXIX）号决议，下列任何行为，无论是否宣战，均应视为侵略行为：

1. 一国的武装部队对另一国的领土实施侵略或攻击，或者这种侵略或攻击导致的任何军事占领，无论其如何短暂，或使用武力对另一国的领土或部分领土实施兼并；

2. 一国武装部队对另一国的领土实施轰炸，或一国使用任何武器对另一国领土实施侵犯；

3. 一国的武装部队对另一国的港口或海岸实施封锁；

---

[13] Roger S. Clark, "Amendments to the Rome Statute of the International Criminal Court Considered at the first Review Conference on the Court, Kampala, 31 May – 11June 2010", in *Goettingen Journal of International Law*, 2010, vol. 2, p. 695.

[14] G.A. Resolution 95(1): Affirming of the Principles of International Law Recognized by the Charter of the Nuremberg Tribunal. See also, Antonio Cassese, "Affirming of the Principles of International Law Recognized by the Charter of the Nuremberg Tribunal", in *United Nations Audiovisual Library of International Law*, 2009, available at http://untreaty.un.org/cod/avl/pdf/ha/ga_95-I/ga_95-I_e.pdf, last accessed on 7 July 2012.

[15] Ferencz, 2007, pp. 561–562, see *supra* note 7.

4. 一国的武装部队对另一国的陆、海、空部队或海军舰队和空军机群实施攻击;

5. 动用一国根据与另一国的协议在接受国领土上驻扎的武装部队,但违反该协议中规定的条件,或在该协议终止后继续在该领土上驻扎;

6. 一国采取行动,允许另一国使用其置于该另一国处置之下的领土对第三国实施侵略行为;

7. 由一国或以一国的名义派出武装团伙、武装集团、非正规军或雇佣军对另一国实施武力行为,其严重程度相当于以上所列的行为,或一国大规模介入这些行为。[16]

上述条款实际上植入了联大 3314(XXIX)号决议附件第 1 条和第 3 条,这是与会各方在特别工作组上所能达成的最好的妥协方案,因为上述条款反映了国际习惯法的内容。[17] 从体例上看,上述案文具有抽象定义和具体列举罪状相结合的特点。支持这一做法的学者认为,这种抽

---

[16] 前引注 5,国际刑事法院网站上《罗马规约》的英文本已根据决议修改了案文,但中文本尚未作相应修改。但决议的中文译文: "'侵略行为'是指一国使用武力或以违反《联合国宪章》的任何其他方式侵犯另一国的主权、领土完整或政治独立的行为",与英文原文 ("[A]ct of aggression means the use of armed forces by a State against the sovereignty, territorial integrity or political independence of another State, or in any other manner inconsistent with the Charter of the United Nations.") 不符。最后访问日期 2012 年 7 月 7 日。从中文的定义看来,任何其他以非使用武力的方式侵犯国家主权、领土完整和政治独立的行为,如经济侵略等,也可构成侵略行为。而从下文侵略行为的清单和侵略罪的整个谈判过程以及学者对侵略罪的论述,均可得出结论,作为侵略罪前提要件的侵略行为旨在规范国家使用武力的行为 (armed forces)。因此,正确的中文译文应当是:侵略行为是指一国使用武力侵犯另一国的主权、领土完整或政治独立或以违反《联合国宪章》的其他方式使用武力的行为。

[17] Roger S. Clark, "Negotiating Provisions Defining the Crime of Aggression, its Elements and the Conditions for ICC Exercise of Jurisdiction over It", in *European Journal of International Law*, 2009, vol. 20, Issue 4, p. 1103; Major Kari M. Fletcher, "Defining the Crime of Aggression: Is There an Answer to the International Criminal Court"sDilemma?", in *Air Force Law Review*, 2010, vol. 65, p. 259.

象概念与具体行为相结合的做法，可使检察官和法庭在具体罪状的指导下，根据抽象的概念来处理将来可能出现的种种侵略行为，因此，它既符合罪行确定性的要求，又能适应情势发展的需要，从而最大限度的满足刑法惩戒和预防犯罪的功能。[18]而且，本款对联大决议的援引，即"根据 1974 年 12 月 14 日联合国大会第 3314（XXIX）号决议"的术语，是具有建设性的模糊性表述。它使得法院可以在遵循《规约》有关条款的前提下，为判定侵略行为而援引决议附件有关侵略定义的除第1、3 条之外的其它条款。[19]

　　然而，上述定义模式及其对联大 3314（XXIX）号决议附件的植入和援引，也遭致了学者的批判。[20]首先，联大决议的目的在于处理破坏国际和平与安全的国家责任问题，是为联合国安理会这一政治机构讨论侵略问题提供指导和参考，而非针对个人进行刑事定罪，因此，它在内容上难以满足刑法特定性和罪刑法定的要求。国际法委员会就因其用语过于模糊而拒绝在起草《危害人类和平与安全治罪法草案》时使用该定义，而且安理会在其实践中也从未援引过该决议。其次，也是更为重要的是，本条款对决议的援引使人对决议在定义中的地位产生迷惑。如果将其解读为整个决议被植入定义，则根据决议第四条的规定，上述侵略行为的清单应是开放的，安理会可以决定侵略行为的其他模式，这便增加了定义的不确定性，从而使整个定义不仅难以符合罪行法定的原则，

---

[18]　Devyani Kacker, "Coming Full Circle: The Rome Statute and the Crime of Aggression", in *Suffolk Transnational Law Review*, 2010, vol. 33, p. 264; Donovan, 2007, pp. 524–529, see *supra* note 8.

[19]　Claus Kreß and Leonie von Holtzendorff, "The Kampala Compromise on the Crime of Aggression", in *Journal of International Criminal Justice*, 2010, vol. 8, Issue 5, p. 1191. 但是，上述作者认为，法院在其司法实践中不能以决议附件第二条为指导。该条规定，首先使用武力可以构成侵略的表面证据。

[20]　Oscar Solera, "The Definition of the Crime of Aggression: Lessons Not-Learned", in *Case Western Reserve Journal of International Law*, 2010, vol. 42, pp. 804–810; Fletcher, 2010, p. 260, see *supra* note 17; Michael J. Glennon, "The Blank-Prose Crime of Aggression", in *Yale Journal of International Law*, 2010, vol. 35, p. 97.

也不符合《罗马规约》第二十二条的规定。[21]最后，抽象定义与具体列举相结合也会带来法律逻辑上的问题：如果认为侵略行为的列举是穷尽的，这不仅使对联大决议的援引失去意义，也使得前段抽象的定义显得多余。而如果认为前段抽象定义清晰而足以适用，则清单便显得多余了。对此，有学者认为，根据联大决议的精神，清单应该是说明性的、开放的，但这种开放要受到抽象定义的限制。[22]

那么，关于侵略行为的抽象定义是否足够清晰呢？对有关侵略情势的审查，实则是对国家使用武力合法性的判定。进行这一判断的基础是《联合国宪章》第二条第四款，它明确禁止国家在国际关系中针对它国的领土完整和政治独立使用或威胁使用武力（force）。《规约》的修正案则因为采用了联大决议，而对上述禁止性规定有所修改。首先，它将"武力"限定在"武装力量（armed force）"的范围之内，有学者因此认为，它不当地缩小了《规约》管辖下侵略行为的范围，不使用武装力量而违反宪章第二条第四款的行为，如经济封锁或网络攻击等，不构成《规约》管辖下的侵略行为。其次，《规约》的案文在政治独立和领土完整之外，还增加了"主权"的概念，但该概念应作如何解释，它在多大的程度上扩大了宪章第二条第四款禁止的范围，则是不清楚的。最后，其它违反《联合国宪章》使用武装力量的行为的具体含义也有待明确。而且，案文中使用"侵略行为"而非纽伦堡《国际军事法庭宪章》中所述的"侵略战争"，这一较低的门槛可能使得国家将任何涉及使用武力的争端，作为侵略情势提交法院。上述种种不确定性使人们对定义的司法适用性产生疑虑。侵略行为清单似乎能弥补定义的些许不足，但在具体内容上，现存的清单只包括了传统意义上国家之间的战争模式，

---

[21] 《规约》第 22 条规定了罪行法定的原则，要求当有关行为在发生时构成法院管辖内的犯罪时，行为人才根据规约承担刑事责任，且当犯罪定义不明时，应做出有利于被告人的解释。因此，如果安理会认定的新的侵略行为，未明确出现在《规约》列举的清单中，被告人可以辩解由于该行为没有出现在清单中，法院对该行为行使管辖权不符合罪行法定的原则。Fletcher, 2010, p. 260, see *supra* note 17.

[22] Kacker, 2010, pp. 264–265, see *supra* note 18.

而没有涉及反恐或国家资助它国判乱分子等新的武装冲突形式，也有不足。[23] 还有学者认为，所谓"主权、领土完整、政治独立"不足以表明侵略罪所欲保护的价值。根据《联合国宪章》第二条第四款的精神，一切针对国家使用武力的行为都应被禁止。因此，建议将侵略行为直接定义为"一国针对另一国使用武力的行为"。[24]

从整体结构上看，如前所述，抽象概念和具体罪状的结合，可以扬彼此之长，而避彼此之短。[25] 但其实这是达摩克利斯之剑，反面论证也同样成立，即两种均有局限性的定义的结合，可能导致至少是同样或者甚至是更大的不确定性。考虑到由妥协导致的模糊是所有国际条约的特性，对于这些具体的技术性问题，法院似乎可以在其后通过谨慎性司法来予以阐述和说明。

关于侵略行为的具体内容，其实际上取决于国家愿意在多大范围内来通过国际法，尤其是国际刑法来规范其使用武力的行为。从案文的内容上看，国家仍然只希望通过侵略行为来规范国家之间兵戎相见的问题，这就使得《规约》下的侵略罪具备了《规约》下的其它犯罪所不具备的国家行为要素的特点。[26] 从执行《联合国宪章》关于禁止使用武力的规定来看，这符合联合国设立的初衷，即"欲免后世再遭今代人类两度身历惨不堪言之战祸（即指世界大战）"。[27]

但是，世异时移，国际安全局势与联合国设立之初发生了显著的变化。正如联合国关于威胁、挑战和改革问题高级别小组在其《一个更安全的世界：我们共同的责任》的报告中指出的，过去 60 年来，世界很少发生国家间的战争，大国之间的战争得以避免；内战、恐怖主义和跨

---

[23] *Ibid*, p. 269; Glennon, 2010, pp. 96–99, see *supra* note 20. 但是，有部分学者认为，《联合国宪章》第二条第四款关于禁止使用武力（force）的规定，应限于禁止使用武装力量（*armed force*）。 See, Bruno Simma, *The Charter of the United Nations: A Commentary*, second edition, Oxford University Press, 2002, p. 116.

[24] Solera, 2010, pp. 813–815, see *supra* note 20.

[25] Kacker, 2010, p. 264, see *supra* note 18.

[26] Kreß and Holtzendorff, 2010, p. 1190, see *supra* note 19.

[27] 《联合国宪章》序言及第一条。

国有组织犯罪集团是国际社会面临的新的安全威胁；这些安全威胁的实施者往往是非国家行为人，但国际法规范非国家行为人使用武力的规定在数量上远不如其规范国家使用武力的规定；因此，专家组建议采取法律改革措施应对上述新威胁。[28] 根据有关国际组织的调查，光在中东和北非活动的非国家集团就达 84 家之多。[29] 其中一些极端组织，如基地组织等，往往有能力独立地对国家发起武力攻击。而且，国际实践也表明，非国家组织可以发起《联合国宪章》第 51 条意义上的武力攻击，从而使得国家可以援引该条实施自卫。[30] 因此，有学者认为，《规约》审查会议通过的侵略罪的定义仍然将侵略行为限制在国家行为的范围内，而没有涵盖非国家组织的行为，罔顾了国际形势的发展和趋势，错失了国际刑法和国际法发展的良好契机，也不符合纽伦堡和东京军事审判所确立的国际刑法的基本原则，即非国家行为人亦可实施侵略行为、国际刑法关注个人责任而非其集体属性的原则。[31]

从条文的具体内容看，国家通过非国家行为人实施的侵略行为可归属于清单所列举的第七种情况，而非国家行为人独立发动的武力攻击，确实不属于《规约》规范下的侵略行为。对此，我们不应忘记，作为次级规则的侵略罪受到禁止使用武力的初级规则的限制，这一共识是侵略罪谈判的起点。[32] 而在关于禁止使用武力的初级规则，即《联合国宪章》第二条第四款及相应的习惯法规则尚未发展到与时俱进的情况下，

---

[28] 《一个更安全的世界：我们共同的责任》，A/59/565，2004 年 12 月 13 日。

[29] Steve Beytenbrod, "Defining Aggression: An Opportunity to Curtail the Criminal Activities of Non-State Actors", in *Brook Journal of International Law*, 2011, vol. 36, p. 649.

[30] Claus Kreß, "Some Reflection on the International Legal Framework Governing Transnational Armed Conflicts", in *Journal of Conflict and Security Law*, 2010, vol. 15, pp. 247–248.

[31] Steve Beytenbrod, "Defining Aggression: An Opportunity to Curtail the Criminal Activities of Non-State Actors", in *Brooklyn Journal of International Law*, 2011, vol. 36, p. 647.

[32] Kreß and Holtzendorff, 2010, pp. 1190 and 1193, see *supra* note 19.

期望通过发展次级规则这一后门来弥补初级规则的不足，恐怕是不现实的。

（二）侵略罪

《罗马规约》第八条之二第一款规定，……"侵略罪"是指能够有效控制或指挥一个国家的政治或军事行动的人策划、准备、发动或实施一项侵略行为的行为，此种侵略行为依其特点、严重程度和规模，须构成对《联合国宪章》的明显违反。上述定义的基本内容来自 1946 年在伦敦通过的《国际军事法庭宪章》第 6 条。该条将"破坏和平罪"定义为"计划、准备、发动或从事侵略战争或者违反国际条约、协定或保证的战争……"[33]

《规约》侵略罪的定义具有以下特点：

1、领导型的犯罪

根据《规约》的规定，侵略罪必须由"能够有效控制或指挥一个国家的政治或军事行动的人"来实施。显然，只有处于法律上或事实上领导地位的人才能控制或指挥国家的政治或军事行动。这一要求符合侵略罪的性质和特点，侵略行为在本质上是国家行为，制裁侵略的目的在于惩罚或预防国家将战争作为实施外交政策的工具的行为，因此，侵略罪惩罚的对象便只能是能够影响、制定或控制国家政治或军事政策的个人，领导地位于是成为了国家侵略行为和个人刑事责任的连接点。这一逻辑得到了纽伦堡国际军事法庭及其后的联大决议的确认，也为学者们所认可。[34] 有鉴于此，《规约》审查会议通过的有关侵略罪的决议还对《规约》第 25 条做了相应修改，规定就侵略罪而言，本条所规定的个人刑事责任的形态，即实施犯罪、伙同他人实施犯罪、命令、教唆或引诱实施犯罪或以其他方式协助实施犯罪等行为，只适用于能有效控制一

---

[33]　1945 年 8 月 8 日《国际军事法庭宪章》第 6 条。克劳斯·克雷斯、莱奥尼·冯·霍尔芩多夫，2012 年，第 28–71 页，前引注 2。

[34]　Larry May, *Aggression and Crimes Against Peace*, Cambridge University Press, 2008, pp. 232–233. 另见：Claus Kress, "The Crime of Aggression before the First Review of the ICC Statute", in *Leiden Journal of International Law*, 2007, vol. 20, p. 855.

国政治或军事行动的人。[35] 据此，在侵略国服役的普通士兵的参战行为显然不能构成第 25 条第 3 款第 3 项所指的侵略罪的"帮助或教唆"行为。[36] 事实上，在当今社会，所有公民或多或少成为了国家战争机器的一部分，如农民种军粮、企业或工人生产武器军火以及民众在政治或法律上支持国家使用武力的行为等。显然，侵略行为作为国家行为所具有的集体性，并不能使所有参加其中的人必然具备可惩罚性，因此，上述限制显得尤为必要和合理。

尽管国家和学者们对侵略罪作为领导型犯罪本身争议不大，但就领导地位的范围却存有分歧。《规约》对领导地位的限定为"有效地控制或指挥国家政治或军事行动"，支持此一限定的国家或学者认为，它反映了二战后诸多军事法庭的实践。然而，反对者认为这恰恰是对二战后军事法庭实践的误读。[37]

首先，二战后的军事法庭没有使用"控制或指挥政治或军事行动"的术语来限定领导或政策层面的人员，而是使用了"形成（shape）或影响（influence）政策"的限定语。该标准对侵略罪的具体适用方式可概括为：（1）行为人必须明知将发起侵略行为；（2）具备上述主观意识的人，必须能够形成或影响发起或继续侵略行为的政策；（3）（行为人必须）采取行动实施前述的侵略政策，但如果没有参与形成或影响政策，仅仅只是执行政策，行为人在政策层面没有侵略的故意。[38] 显然，形成或影响的概念较为宽松，它可以包括不构成国家机器的有影响力的个人，如有影响力的企业和私人等。而控制和指挥政策或军事行动者往往只是国家核心领导集团的成员，因为"控制"是指能够主导行为的实施，而"指挥"则要求行动层面上的具体指导行为。[39]此外，在二

---

[35] 前引注 5，大会决议以及《罗马规约》第 25 条第三款之二。

[36] Kreß and Holtzendorff, 2010, p. 1189, see *supra* note 19.

[37] Kevin Jon Heller, "Retreat From Nuremberg: The Leadership Requirement in the Crime of Aggression", in *European Journal of International Law*, 2007, vol. 18, p. 479.

[38] *Ibid.*, p. 487.

[39] *Ibid.*, p. 491.

战后成立的军事法庭的审判实践中，不但侵略国的领导，而且私营经济领域的个人以及第三国及其国民均可作为侵略罪的同谋而被起诉，而并不要求其处于控制或领导地位。私人显然难以满足"控制或指挥"的标准。而关于第三国参与它国侵略犯罪的问题，如果根据修改后的《规约》第 25 条来认定，第三国的参与行为也只能由处于"控制和指挥"第三国的领导人来实施。因此，规约的案文没有反映二战后诸多军事法庭的实践。[40] 鉴此，有学者建议，参与谈判的各方可以通过谈判纪录来明确上述"控制和指挥"的措辞可以涵盖二战后军事审判的确定的先例。[41]

还有学者认为，"控制或指挥"概念本身也远非人们所想象的那么清晰。因为在当代民主社会，大量的官员参与了决策过程，几乎不可能将决策的责任归于确定的少数人员。[42]

最后，有学者认为，修正案关于"控制或指挥"的措辞实质是指事实上对一国政治或军事实施有效控制的人员，因此，它可以包括除国家官员以外的人员，如商人甚至宗教人员等。纽伦堡确立的"形成或影响"原则在当今的民主社会会导致追诉过宽的不良效果。因此，修正案的措辞并无不当，但修正案进一步将此限制适用于《规约》第 25 条的共同犯罪，则又有不当缩小追诉范围之虞。[43]

2、侵略罪的行为要件和主观要件

犯罪的行为要件（*actus reus*）是指违法行为，是犯罪的客观外在的行为表现。来雷梅（Larry May）教授认为，侵略行为是多方协调实施的集体行为，其中许多具体的行为，如财政准备、军火生产甚至军队调动等，均非显而易见的违法行为，其违法性只有与侵略这一大背景结合，方能显现，因此，只有参与策划侵略的行为才能符合侵略罪的行为

---

[40]   *Ibid.*, pp. 480–486.

[41]   Kress, 2007, p. 855, see supra note 34.

[42]   Glennon, 2010, p. 100, see *supra* note 20.

[43]   K. Ambos, "The Crime of Aggression after Kampala", in *German Yearbook of International Law*, 2010, vol. 53, pp. 463–509.

要件的要求。[44] 规约案文似乎反映了这一思路，但与《纽伦堡宪章》第六条相比范围有所拓宽。它规定的行为要件是策划、准备、发动或实施侵略行为的行为。

在谈判过程中，有人建议删除"策划、准备、发动或实施"的措辞，因为《规约》第二十五条规定的犯罪形态足以包括上述行为，且上述措辞可能模糊侵略罪实行行为与准备行为的界限。但支持保留上述措辞者认为，它们反映了侵略罪罪状的典型形态，突出了被刑事定罪的行为，具有较好的预防犯罪的效果。同时，单纯的策划而没有实际实施的侵略行为似乎不应引起刑事诉讼，因为它不符合《规约》要求的违反《联合国宪章》使用武力的条件，也不符合《规约》应惩罚严重国际犯罪的要求。[45] 同时，从侵略行为的清单及有关讨论来看，未遂行为难以适用于侵略罪，而仅仅是共谋实施侵略的行为也不被认为是犯罪。[46] 审查会议通过的犯罪要件也证实侵略罪只适用于已经发生的侵略行为。[47]

犯罪的主观要件（mens rea）是指行为人的实施行为时的心理状态，构成犯罪的主观方面。关于侵略罪的主观要件，根据纽伦堡国际军事法庭的判例，仅仅知晓侵略行为的事实情况，不足以使个人具备侵略罪的犯意。个人只有在其实际行动积极地实施有关侵略行为时，才具备犯意，从而产生承担刑事责任的基础。[48] 对此，各方一致认为《规约》第三十条应当适用于侵略罪。该条规定，犯罪行为必须伴随行为人的明知和故意时，才产生刑事责任。明知是指意识到某种情势的存在或事态发展的正常结果，故意则是指行为人有意实施某行为，有意引发某结果或意识到某结果的产生是事态发展的正常结果。[49] 故意的主观要素对侵略罪尤为重要。所有的国家都在不同层面上进行备战，但并不是所

---

[44] May, 2008, pp. 230, 232–233, see *supra* note 34.

[45] Kacker, 2010, pp. 266–267, see *supra* note 18.

[46] Clark, 2009, pp. 1108–1109, see *supra* note 17.

[47] 前引注 5，决议附加二 《对犯罪要件的修改》其中要件三要求"侵略行为……已经实施"。

[48] May, 2008, pp. 251, 254, see *supra* note 34.

[49] 《规约》第三十条第二款。

有这些备战都是为了侵略的目的。[50] 也正如前所述，战争行为是多方协调的集体行动，社会的方方面面均在不同程度上参与了备战及战争，而并非所有这些行为均伴随着侵略的故意。只有在知晓侵略事实情况，并以自己的行动促成有关侵略计划时，行为人才真正具备了侵略的犯罪意图。而且，行为人只需知晓侵略行为及其违法性的事实情况，而无须对此事实有法律上的判断和认识。[51]

还有学者曾建议侵略罪还应当具备"特殊"的动机，因为侵略者往往都有"获取针对对手的战略优势"或"改变现状"的企图。[52] 该建议显然将大大缩小侵略罪的范围，没有被谈判国所接受。

3、侵略行为构成侵略罪的条件

修正后第八条之二第一款还包含了所谓"门槛"规定，即只有依其特点、严重程度和规模构成对《联合国宪章》明显违反的侵略行为，才能构成法院所管辖的侵略罪。

在谈判过程中，部分国家的代表和学者主张删除上述限定，因为《罗马规约》的序言、第一条、第五条和第十七条已经明确规定规约管辖下的犯罪均为严重的国际罪行。而且，第八条第二款也已经明确规定了所有侵略行为均为违反《联合国宪章》的行为，在这些行为之间再做出"明显违反"或"非明显违反"的区分，是不合理的，而且会造成同一条款的内部矛盾。支持上述限定条件的人则辩称，它可以合理地将法院管辖权限制在最为严重的侵略行为之内。而且，这些限制条件是多年谈判的结果，易于被国家接受。[53]

有鉴于此，有学者建议认定"明显违反"的标准应该包括：有关侵略行为应该是大规模、系统的，或者是大规模侵略行为的组成部分；侵略行为造成了大量的受害人，或造成了非战斗人口的严重伤害，或使大

---

50 Fletcher, 2010, p. 259, see *supra* note 17.

51 Ambos, 2010, see *supra* note 43；并参见决议附加二《对犯罪要件的修改》中犯罪要件五、六。

52 Solera, 2010, pp. 815–819, see *supra* note 20.

53 Fletcher, 2010, pp. 257–258, see *supra* note 17; Kacker, 2010, pp. 267–268, see *supra* note 18.

量的战斗员或战俘遭受了违反国际人道法的行为。因此，这一标准排除了边境伏击、跨境炮击等小规模的武装冲突行为。[54]

即便如此，仍有学者认为，以"特点、规模和严重程度"加以限制的"明显违反"行为，还是缺乏刑事司法所要求的明确性。将上述定义适用于具体案例，则见仁见智，难以获得明确的答案。因此，上述标准不符合可识别犯罪的标准，主观性较强，违反了公认的罪刑法定和刑法确定性等标准。[55]

关于侵略行为和侵略罪是否应当适用同一标准，有学者认为，侵略行为在于追究国家违反《联合国宪章》使用武力的责任，具有民事制裁的性质，因此，其构成要件可以较侵略罪的要求宽松，这样就使得国家难以将其使用武力的行为合法化或正当化；而侵略罪则是通过追究个人刑事责任来阻止国家将战争作为实施国家政策的手段，因此，它必须符合保障人权的刑事司法标准，而且也只能针对具有领导地位的人员，其构成要件显然要比侵略行为严格。[56] 此言不无道理。

（三）关于侵略罪修正案的理解

出于对其一贯奉行的"人道干涉"的担忧，美国代表团在审查会议上发言，坚持要求通过的侵略罪定义不应适用于为防止战争罪、危害人类罪和种族灭绝而采取的军事行动，因为此种行为不具有"明显违反"《联合国宪章》的特点，而且此种军事行动的目的正是为了防止《规约》所欲预防和制裁的犯罪。[57] 为此，大会就侵略罪达成一项理解，其中尤其值得关注的段落如下：[58]

---

[54] Keith A. Petty, "Criminalizing Force: Resolving the Threshold Question for the Crime of Aggression in the Context of Modern Conflict", in *Seattle University Law Review*, 2009, vol. 33, p. 118.

[55] Glennon, 2009, pp. 101–102, see *supra* note 42.

[56] May, 2008, pp. 213–214, see *supra* note 34.

[57] 美国国务院法律顾问在大会上的发言，见 http://www.state.gov/s/l/releases/remarks /142665.htm，最后访问于 2010 年 8 月 19 日。

[58] 前引注 5，大会决议附件三。

---

6 …… 侵略罪是非法使用武力最严重和最危险的形式；要
确定是否实施了侵略行为，需依据《联合国宪章》考虑每
一特定案件中的所有情况，例如所涉行为的严重性及其后
果。

7 …… 在确定某侵略行为是否构成对《联合国宪章》的明
显违反时，特征、严重程度和规模这三大要素必须足以证
明"明显"之定性。任何一个要素都不足以单独证明明显
这一标准。

那么，上述理解是否能够将人道干涉排除在侵略罪之外呢？首先，
从上文对侵略行为的分析，我们可以看出，人道干涉显然是对一个国家
主权和领土侵犯，其表现形式也往往符合修正案所列举的清单，因此难
以从"规模、严重程度和性质"上将它与侵略行为区分开来。所以，其
构成侵略行为当无疑议，这便使得第七段的理解难以为人道干涉正名。
[59]人道干涉的支持者或许还会根据第六项理解辩称，人道干涉防止了战
争罪或种族灭绝等国际罪行，产生了积极的后果，似乎可以从结果或严
重性上将其排除在侵略罪之外。但是，上述措辞受到"根据《联合国宪
章》"的限制，后者要求对干涉行为和后果必须在宪章许可的范围内予
以考虑，而人道干涉显然不符合宪章的要求。[60]因此，很难援引此理解
为人道干涉辩护。

---

[59] Larry May, "The International Criminal Court and the Crime of Aggression: Aggression, Humanitarian Intervention and Terrorism", in *Case Western Reserve Journal of International Law*, 2009, vol. p. 334; Glennon 教授则认为，第八条第二款关于侵略行为的定义没有包含任何排除非法性的例外，甚至连自卫也可被定义为侵略行为。See Glennon, 2009, pp. 88–90, *supra* note 42.

[60] "根据《联合国宪章》"的措词系伊朗代表坚持的主张，目的在将有关行为限制在宪章允许的范围之内。美国代表团的初始案文还将"行为目的"也作为考虑因素之一，以便更明确地排除人道干涉行为。但由于其主张不符合现行的国际法及国家实践，而不被接受。见，William A Schabas, "Kampala Diary 10/6/10: The ICC Review Conference: Kampala 2010", available at http://iccreviewconference.blogspot.com/, last accessed on 15 October 2012.

再者，即便认为上述理解可以为人道干涉提供辩词，但其法律地位和效力仍有待商榷。首先，该理解没有作为修正案纳入《规约》，而其本身也不是条约，因此它不属于《规约》第二十一条规定的法院可适用的法律的范畴，[61] 对法院没有约束力。而且，该理解是应非缔约国的坚持而通过的，未必反映了缔约国的态度和理解，其究竟能在多大程度上作为条约解释的参考资料，也是存在问题的。

最后，值得注意的是，在谈判过程中，还有学者主张，构成侵略罪的行为应当是明显的、毫无争议的违反宪章的行为，而不应当包括那些处于"灰色"地带的行为，这些行为包括：人道干涉、先发制人的自卫、武力营救国民和针对非国家集团的武力攻击实施的跨境军事行动等。[62]更有学者明确要求《规约》应当为侵略罪设立"人道必要"的例外条款。[63]

三、 法院启动对侵略罪管辖权的程序

（一）概述

《规约》审查会议通过的修正案对法院行使侵略罪管辖权的条件规定如下：[64]

第十五条之二　对侵略罪行使管辖权（缔约国提交、检察官自行开始调查）

（一）在不违反本条规定的情况下，法院可以根据第十三条第 1 项和第 3 项对侵略罪行使管辖权。

---

[61] 根据《规约》第 21 条的规定，法院可适用法律的范围包括：本规约、犯罪要件、证据和程序规则；在适当的情况下，可适用的条约、国际法原则和规则。

[62] Andreas Paulus, "Second Thoughts on the Crime of Aggression", in *European Journal of International Law*, 2009, vol. 20, Issue 4, p. 1121; Elizabeth Wilmshurst, "Agression", in R. Cryer *et al.* (eds.), *An Introduction to International Criminal Law and Procedure*, Cambridge Press, 2007, p. 268.

[63] Christopher P. Denicola, "A Shield for the Knight of Humanity: the ICC should Adopt a Humanitarain Necessity Defense to the Crime of Aggression", in *University of Pennsylvania Journal of International Law*, 2008–2009, vol. 30, p. 641.

[64] 前引注 5，大会决议附件一。

（二）法院仅可对修正案获得三十个缔约国批准或接受一年后发生的侵略罪行使管辖权。

（三）法院根据本条对侵略罪行使管辖权，但需由缔约国在 2017 年 1 月 1 日后以通过本规约修正案所需的同样多数作出一项决定。

（四）法院根据第十二条，对因一个缔约国实施的侵略罪行为导致的侵略罪行使管辖权，除非该缔约国此前曾向书记官长做出声明，表示不接受此类管辖。此类声明可随时撤销，且缔约国须在三年内考虑撤销此类声明。

（五）对于本规约非缔约国，法院不得对该国国民或在其领土上实施的侵略罪行使管辖权。

（六）如果检察官认为有合理根据对侵略罪进行调查，他（她）应首先确定安全理事会是否已认定有关国家实施了侵略行为。检察官应将法院处理的情势，包括任何有关的资料和文件，通知联合国秘书长。

（七）如果安全理事会已做出此项认定，检察官可对侵略罪进行调查。

（八）如果在通知日后六个月内没有做出此项认定，检察官可对侵略罪进行调查，前提是预审庭已根据第十五条规定的程序授权开始对侵略罪进行调查，并且安全理事会没有根据第十六条做出与此相反的决定。

（九）法院以外的机构认定侵略罪行为不妨碍法院根据本规约自行得出的结论。

（十）本条妨碍关于对第五条所指其他犯罪行使管辖权。

第十五条之三　对侵略罪行使管辖权　（安全理事会提交情势）：

（一）在不违反本条规定的情况下，法院可根据第十三条第 2 项对侵略罪行使管辖权。

（二）法院仅可对修正案获得三十个缔约国批准或接受一年后发生的侵略罪行使管辖权。

（三）法院根据本条约对侵略罪行使管辖权，但需由缔约国在 2017 年 1 月 1 日后以通过规约修正案所需同样多数做出一项决定。

（四）法院以外的机构认定侵略罪行为不妨碍法院根据本规约自行得出的结论。

（五）本条妨碍关于对第五条所指其他犯罪行使管辖权。

从上述案文可以看出，法院在三种情况下可以启动对侵略罪的管辖权，即缔约国向检察官提交有关侵略罪的情势、检察官依职权自行调查、联合国安理会根据《联合国宪章》第七章向检察官提交有关侵略罪的情势。这实际是对《规约》第十三条规定的管辖权来源的确认。在谈判过程中，各方对此无异议。[65]

但是，对于国家提交有关侵略的情势、法院检察官自行开展调查和安理会提交有关情势的情况，法院管辖权的范围有所不同。在国家提交情势和检察官自行开展调查的情况下，为了避免法院根据《规约》第十二条对非规约缔约国国民因在缔约国领土上实施侵略罪的行为行使管辖权，修正案（第十五条之二第五款）明确规定法院不得对非缔约国国民实施的侵略罪以及发生在非缔约国境内的侵略罪行使管辖权。该规定被认为给非缔约国提供了其长期寻求的免受法院管辖的保护，弥补了《规约》第十二条的缺陷；[66] 同时，修正案（第十五条之二第四款）还赋予了缔约国可以向法院书记处声明不接受法院对侵略罪的管辖权的权利。这被认为有利于修正案的通过和生效。

当联合国安理会根据《联合国宪章》第七章向检察官提交有关侵略的情势时，法院可以行使管辖权，而无论有关情势涉及的是非缔约国还是缔约国，也无论该缔约国是否接受法院对侵略罪的管辖权（第十五条

---

[65] Fletcher, 2010, p. 247, see *supra* note 17; Kacker, 2010, p. 272, see *supra* note 18.
[66] Scheffer, 2010, see *supra* note 6.

之三第一款、第十三条第二款）；但联合国安理会对侵略行为的认定，对法院没有拘束力（第十五条之三第四款）。

检察官在国家提交有关情势或自行收集有关信息后，如果认为有合理的根据，可以就侵略罪开展调查。检察官应首先确认联合国安理会是否已经认定有关国家实施了侵略行为，并将有关资料和信息提交联合国秘书长。如果安理会已经认定有关国家实施了侵略行为，检察官便可对该侵略行为涉及的侵略罪进行调查，但联合国安理会对侵略行为的认定对法院没有拘束力。如果联合国安理会在检察官将有关信息提交联合国秘书长后六个月内，没有对侵略行为做出认定，检察官可以经法院预审庭的授权而自行调查有关侵略罪。但联合国安理会可以根据规约第十六条阻止对有关侵略罪的调查和起诉（第十五条之二第六至九款）。并且，缔约国在审查大会上达成共识，在此情形下，只有当预审庭的所有法官就侵略罪的调查达成一致意见时，检察官方能展开调查。[67]

（二）分析

在侵略罪的谈判过程中，法院对侵略罪行使管辖权的条件，尤其是在安理会没有认定侵略行为的情况下，法院是否应当就有关情势继续进行调查，被认为是"问题中的问题"。[68] 该问题的实质是在缔约国提交侵略情势和检察官自行展开调查的情况下，安理会该不该发挥作用以及如何发挥作用的问题，问题的关键在于安理会没有就有关情势做出决定时，法院能否独立地开展调查及追诉的问题，问题的核心则是如何处理法院的独立性与安理会职责和权威的问题。在具体的讨论中，就联合国安理会与法院的上述关系问题，有关各方，尤其是包括安理会五大常任理事国在内的大国与其它各国始终纠缠不清。

显然，在安理会主动向检察官提交有关侵略的情势时，法院与安理会的关系不会出现大的问题。在此种情形下，也可期待联合国及其成员

---

[67] Scheffer, 2010, see *supra* note 6.

[68] Kreß and Holtzendorff, 2010, p. 1208, see *supra* note 19.

国的合作，因为安理会提交情势的根据是其《联合国宪章》第七章采取的维护国际和平与安全的措施，成员国有遵守和配合的义务。[69]

因此，真正的问题是在在缔约国提交侵略情势和检察官自行展开调查的情况下，安理会如何发挥作用的问题。为了妥善处理这一问题，修正案首先规定，当检察官根据缔约国提交的情势或自行收集的信息，认为有合理根据开展有关侵略者的调查时，应当首先确认安理会是否已经就有关侵略行为做出了决定。如果安理会已经做出了决定，则检察官可以展开调查。但安理会的决定对法院没有拘束力。

上述看似合理的处理方式，仍可能带来诸多问题。首先，自安理会成立后，其仅就 1967 年南非和安哥拉情势、以色列轰炸巴解组织在突尼斯的总部和武装入侵贝宁共和国的情势，认定过侵略行为。对于其它冲突情势，安理会更多的使用了"威胁国际和平与安全"或"破坏和平"的措辞和结论。[70] 因此，该处理方式实际意义不大。而安理会做出的"威胁国际和平与安全"以及"破坏和平"的结论，能否作为检察官迳行开展调查的依据，《规约》则未予明确，似乎应该认为检察官在无明确授权的情形下，不能迳行调查。[71] 尤其值得注意的是，安理会对侵

---

[69] Ferencz, 2009, p. 286, see *supra* note 6; Kacker, 2010, p. 277, see *supra* note 18. 然而，对于法院做出的针对苏丹总统巴希尔的逮捕令，各国的反应似乎也足以令人对国家在安理会提交情势下与法院的配合问题产生疑问。但即便如此，也不能认为法院与安理会在此情形下相互对立。

[70] Troy Lavers, "Determining the Crime of Aggression: Has the Time Come to Allow the International Criminal Court its Freedom?", in *Albany Law Review*, 2008, vol. 71, pp. 304–305; Devyani Kacker 则认为迄今为止，安理会只通过 31 个决议明确谴责侵略行为，其中多数决议涉及南非及罗得西亚。Kacker, 2010, pp. 275–276, see *supra* note 18.

[71] 有学者曾建议，在安理会做出"威胁国际和平与安全"或"破坏和平"的决议时，应当启动有关程序认定是否存在侵略行为，在认定存在侵略行为后，国际刑事法院才可就个人刑事责任问题开展调查。而有关认定侵略行为的程序，则可交由国际法院或国际刑事法院来实施。David Scheffer, "A Pragmatic Approach to Jurisdictional and Definitional Requirements for the Crime of Aggression in the

---

略行为的认定，只有程序性意义，对法院没有实质拘束力。如果出现法院的认定与安理会的决定不一致的情况，则将使人们对双方的信誉产生怀疑。进一步而言，如果安理会在此情形下做出有关国家没有实施侵略行为的决定，那么，法院该如何处理这一情势？安理会的这一认定，能否成为国家或被告反对法院行使管辖的有效抗辩？可能的逻辑是，法院既然不受安理会认定侵略行为的决定的约束，自然也不应受安理会否认侵略行为的约束。但如果法院在安理会否认侵略行为的情形下，继续行使对侵略罪的管辖权，这等同于将安理会完全排除在程序之外，且极有可能导致安理会根据规约第十六条采取行动阻止法院对侵略罪的调查或追诉。

事实上，我们不难想象，安理会做出否认侵略行为的决定至少与其做出认定侵略行为的决定一样罕见，更多的情况是安理会无法就有关情势做出决定。正是考虑到这一情况，《规约》规定了检察官在其向联合国提交有关情况六个月后，如果安理会没有做出决定，检察官可以根据法院预审分庭的授权，迳行展开有关调查。正是这一安排涉及到了安理会的权威与法院独立性之间的核心问题。

支持安理会在认定侵略行为方面的权威性的学者们认为，《联合国宪章》第二十条和第三十九条赋予了安理会在维护国际和平与安全方面的专属职责和采取行动的能力，而且《罗马规约》第五条也要求有关侵略罪的条款必须符合《联合国宪章》的规定，这就决定了安理会在认定侵略方面的权威，它的认定是国际刑事法院行使管辖权的前提。而且，侵略是颇具争议的话题，法院不适合处理这一高度敏感的政治问题。安理会是处理侵略问题的政治机构，它的决定更有利于维护国际和平与安全，也有利于法院获得有关国家的合作与配合。[72]

反对安理会"独裁"侵略行为并支持法院独立的学者们则认为，《联合国宪章》是出于维护国际和平与安全的目的而非追究个人刑事责

Rome Statute", in *Case Western Reserve Journal of International Law*, 2009, vol. 41, pp. 404–408.

[72] Fletcher, 2010, p. 250, see *supra* note 17; Kacker, 2010, pp. 277–278, see *supra* note 18.

任的目的，来赋予安理会决定侵略行为的职权的，而且只赋予了安理会在此方面的"主要或首要"的职责，而非专属或排他性职责，因此，即便认为安理会在联合国框架内享有认定侵略行为的专属权，不符合《联合国宪章》本身关于安理会职权的规定。而且，以安理会认定侵略罪做为法院行使管辖权的前提，还不符合宪章确立的主权平等原则，因为它使得常任理事国在司法上较非常任理事国处于优势地位。在实践中，也不乏联合国其他机构（联合国大会或国际法院）就侵略问题在安理会没有决定甚至正在处理有关情势时，做出宣示的先例，如联大关于朝鲜问题的决议、南非占领纳米比亚的决议和有关以色列针对伊朗和巴解组织的行为的决议等，以及国际法院在尼加拉瓜诉美国案（1986 年）、石油平台案（伊朗诉美国，2003 年）、刚果诉乌干达案（2005）的判决。而且，安理会作为政治机构，难以胜任以司法标准判断侵略行为的职责。要求国际刑事法院服从政治机构的决定，将使被告在法庭上失去抗辩侵略行为的机会，不符合正当程序的要求，有损于其作为司法机构的独立性和信誉。审查会议的讨论也表明，坚持安理会认定侵略行为的专属权难以使与会各方就案文达成一致，甚至难以获得多数支持。而且，各国已经形成共识，法院不应当受包括安理会在内的任何其他外部机构有关侵略行为决定的约束，安理会当然也不受《规约》有关侵略罪条款的约束。二者的关系首先应当是彼此独立，然后是互补，分别从政治和司法层面维护国际和平与安全。[73]

还有学者认为，安理会与法院的关系始终存在两难境地：将安理会纳入法院的司法程序有违罪行法定原则；而排除安理会，也会带来诸多

---

[73] Mark S. Stein, "The Security Council, the International Criminal Court, and the Crime of Aggression: How Exclusive is the Security Council"s Power to Determine Aggression?", in *Indiana International and Comparative Law Review*, 2005–2006, vol. 16, Issue 1, p. 1; Niels Blokker, "The Crime of Aggression and the United Nations Security Council", in *Leiden Journal of International Law*, 2007, vol. 20, pp. 867–894; Fletcher, 2010, p. 250, see *supra* note 17; Kacker, 2010, p. 277, see *supra* note 18; Kreß and Holtzendorff, 2010, p. 1208, see *supra* note 19; Lavers, 2008, see *supra* note 70.

问题。安理会作为一个政治机构，在决定侵略行为时有诸多考量，自由裁量权大，标准也不够统一和清晰，因此，它的决定不具有可预见性，难以给国家的行为提供指导。将这样一个决定作为司法裁判的一部分，显然与刑事司法的基本原则相冲突。但如果以《联合国宪章》没有赋予安理会就侵略行为做出决定的排他性权力为依据，认可法院独立自主地开展调查的权力，则在安理会和法院就同一事实情况做出相反结论的情况下，两个机构的公信力均将受到影响，而且缔约国可能会面临两难的局面，因为《联合国宪章》第一百零三条要求其成员国在依宪章承担的义务与其他条约义务冲突时，优先履行宪章项下的义务。再者，即便是安理会没有做出决定或采取行动，这并不代表安理会对有关情势没有意见，它可能默示有关行为不构成侵略，或对其是否构成侵略有疑问，或者安理会有其他考虑而没有采取行动。法院此时进行干涉，未必更有利于国际和平与安全。并且，《罗马规约》缔约国似乎也无权要求安理会必须在规定的六个月时间内，就有关情势做出决定，上述限制只能通过修改《联合国宪章》来设定。[74]

不管上述争辩孰是孰非，国际刑事法院在制度上成为了安理会之外的审查国家使用武力的合法性的机构，似乎已经是不争的事实。

最后，我们还不能忽视《规约》有关法院实际行使侵略罪管辖权的规定。首先，修正案限制了法院行使管辖权的对象范围。它除了明确排除了法院对非缔约国的管辖权外（第十五条之二第五款），还限制了法院对缔约国实行管辖权的范围。根据审查大会关于侵略罪的决议，有关侵略罪的定义及其法院行使管辖权的修正案须经缔约国批准或接受，并依据《规约》第一百二十一条第五款的规定生效。[75] 据此，可以认定与会方将修正案视为对《规约》第五条的修正，并仅对接受修正案的缔约国生效。对此，有学者认为，即便修正案不能按照《规约》第一百二十

---

[74] Glennon, 2010, pp. 102–109, see *supra* note 20；另，Kacker 在第 277 页引用了苏丹和刚果的案例来说明安理会为维护国际和平与安全而不采取行动的情况。Kacker, 2010, p. 277, see *supra* note 18.

[75] 前引注 5，大会决议第一执行段。

一条第三款以通过的方式直接对所有缔约国生效，也应当根据同条第四款在八分之七的缔约国接受了修正案后对所有缔约国生效。因为原《规约》第五条第二款使用的词汇是"通过"，而第一百二十一条第三款规范的就是"通过"修正案的情形；而且，缔约国在参加《规约》时便已经根据第五条接受了法院对侵略罪的管辖，因此，修正案并非对第五条的"修改"，而只是对该条第二款关于法院实际行使管辖权的实现和执行，所以无须进一步的批准和接受程序；即便考虑到侵略罪条款的重要性，为了便于缔约国接受修正案而设置批准或接受程序，修正案也应按照第一百二十一条第四款生效，只有这样才能在缔约国之间实现司法公平，这也符合国家在谈判《规约》时的本意。[76] 然而，上述对《规约》有关条款的理解和建议，由于政治考量，并未被最终的案文所采纳。[77]

其次，修正案还对法院管辖权的实际行使设置了时间限制。法院只能对在三十个缔约国交存了批准或接受文书一年后发生的侵略罪行使管辖，并且，对这些罪行的实际管辖还要取决于缔约国在 2017 年 1 月 1 日后以三分之二的多数所作出的决定（第十五条之二和之三第二、三款）。据此，即便有三十个缔约国在 2016 年 12 月 31 日前接受了修正案，如果缔约国不能在 2017 年 1 月 1 日后做出允许法院行使管辖权的决定，法院仍不能实际行使管辖权；反之亦然，即便缔约国在 2017 年 1 月 1 日后，做出了允许法院行使管辖权的决定，但如果接受修正案的缔约国不足三十，法院仍无法实际行使管辖权。从修正案通过已两年而只有一个国家批准了修正案[78]以及各国在侵略罪谈判过程中的分歧，尤其是军事大国对修正案的态度来看，难以预测对法院究竟能在何时有能力行使对侵略罪的管辖权。

---

[76] Roger S. Clark, "Ambguities in Articles 5(2), 121 and 123 of the Rome Statute", in *Case Western Reserve Journal of International Law*, 2009, vol. 41, p. 413.

[77] Astrid Reisinger Coracini, "The International Criminal Court"s Exercise of Jurisdiction Over the Crime of Aggression – at Last…in Reach…Over Some", in *Goettingen Journal of International Law*, 2010, vol. 2, Issue 2, pp. 763–766.

[78] 列支敦士登于 2012 年 5 月 8 日项联合国递交了修正案批准书而成为接受修正案的第一个也是迄今为止唯一一个国家。ICC-ASP-20120509-PR793.

四、 结论

国家对侵略罪的态度，反映的是它们对战争的态度，而国家对战争的态度又取决于它们对彼此关系的看法。如果国家认为彼此关系在本质上是竞争性的、无法共存的零和游戏，则国家之间的冲突乃至战争便是国际关系的常态，战争便可作为国家外交政策的工具，侵略更无从谈起，这正是十九世纪至二十世纪初的现实。而如果国家认为人类及其作为人类集团的国家之间的关系是和平的、共赢的，那么，破坏这种状态便需要一定的理由，没有正当理由破坏这种和平状态的战争行为应该受到谴责甚至是国际社会的制裁。正义战，这一中世纪产生的概念，在人类经过两次世界大战的血泪洗礼后，在《联合国宪章》中获得了重生，即国家只能为了和平（自卫或集体安全）而战。[79] 与此相应，侵略罪及其附随的个人刑事责任也随着纽伦堡审判成为了当代国际法的基本制度。[80]

但是，作为国际和平和安全的司法保障措施，侵略罪的定义及制裁脱离不了国际政治的现实。首先，二战后，战胜国在构建新的国际安全体系时，显然没有将自身的安全完全交给国际组织的意愿。没有国家愿意完全放弃使用武力的权力。武力的使用关系到国家的生存与安全，这是政治问题，只能用政治手段来解决，针对领导人个人的刑事追诉，可能恶化局势，不利于国际安全和和平，因此，不少国家对侵略罪本身作为国际罪行有顾虑和保留。[81] 其次，军事大国对维护国际和平与安全责任的担当，是以其在安理会享有特权来保护其自身的军事行动为对价的。所以，在安理会之外再建一个独立的评判国家使用武力的机构，必

---

[79] Stephen C. Neff, *War and the Law of Nations: A General History*, Cambridge University Press, Oxford, 2005. 作者在本书中详细的阐述了战争这一社会现象在国际法上从正义战到制度战再到正义战的演变。

[80] Henry L. Stimson, "The Nuremberg Trial: Landmark in Law", in *Foreign Affairs*, 1947, vol. 25, Issue 2, p. 179.

[81] Ferencz, 2009, p. 286, see *supra* note 6; Noah Weisbord, "Conceptualizing Aggression", in *Duke Journal of Comparative and International Law*, vol. 20, pp. 1–3.

然难以为它们所接受。[82] 而且，让一个机构既审查"诉诸武力（*jus ad bellum*）"的问题又审查"使用武力（*jus in bello*）"的问题，[83] 还可能会给后者的适用带来结构性困难：一个已经被法院锁定可能因违反诉诸武力的规则而实施侵略的领导人及国家，还有何动力去遵守使用武力过程中的行为规范？而战争过程中所可能产生的灾难，比侵略本身更可怕。[84] 因此，考虑到国际政治的现实和国家在使用武力问题上的严重分歧和关注，将侵略行为这一政治问题与作为法律问题的侵略罪一并交付司法审判，其所面临的技术和政治问题及困难，可想而知。[85]

对于上述关于侵略罪以及国际刑事法院审判侵略罪的质疑，我们不妨从国际刑法和《联合国宪章》或者国际刑事法院和联合国的关系的角度，予以分析。纽伦堡审判和联合国的成立向世人昭示，战争作为国家实施其国策的工具的性质已经被废除并宣布为非法，人类社会的核心利益是使后代免遭战祸。为此，联合国和国际刑事审判分别在预防和惩罚层面相互独立而又合作的规范国家使用武力的行为，便于维护人类的核心利益。[86]

最后，我们还应看到，维护国际和平与安全不仅仅是少数军事大国的责任，更是多数中小国家的愿望和要求。正是在广大中小国家的努力推动下，缘起于二战的国际刑法的运动，促成了国际刑事法院的最终成

---

[82] Ferencz, 2009, p. 286, see *supra* note 6.

[83] "诉诸武力"的规则和"使用武力"的规则是国际法规范武装冲突行为的两个分支，前者规范的是国家在何种情况下可以使用武力，而后者则规范国家在使用武力过程中的敌对行为，如禁止攻击平民、保护战俘等，违反前者可能构成侵略罪，而违反后者则可能构成战争罪。Robert Kolb and Richard Hyde, *An Introduction to the International Law of Armed Conflicts*, Hart Publishing, 2008, Chapter 2 and 3.

[84] Andres Paulus, "Second Thoughts on the Crime of Aggression", in *European Journal of International Law*, 2009, vol. 20, p. 1127.

[85] Glennon, 2010, p. 73, see *supra* note 20. Michael J. Glennon 在文中建议，由于侵略罪所面临的技术和政治困难，法院应该放弃管辖该罪行。

[86] William Eldred Jackson, "Putting the Nuremberg Law to Work", in *Foreign Affairs*, 1946–1947, vol. 25, Issue, 4, p. 550.

立。而其成立后的实践表明，国际刑事法院似乎已经成为国际关系中不可或缺的参与者。[87]尽管面临着种种问题和压力，《规约》审查会议通过了侵略罪修正案，使得法院具备了直接参与维护国际和平与安全的能力，从司法层面完善了集体安全的制度，这或许不仅是对大国穷兵黩武的警示，也可看作是对大国控制的安理会在维护国际和平与安全方面效率低下而又拒绝改革适应新的安全形势的一种回应。尽管法院能否在维护国际和平与安全领域发挥预想的作用尚待其在 2017 年后的实践来证明，我们可以肯定的是国家领导现在需要更加谨慎地来思考在国际关系中使用武力的问题。

---

[87] David Kaye, "Who"s Afraid of the International Criminal Court: Finding the Prosecutor Who Can Set It Straight", in *Foreign Affair*, 2011, vol. 90, Issue 3, p. 118.

7

对核心国际罪行的普遍管辖权[*]

厄基·考鲁拉[**]

一、 引言

普遍管辖权是对抗有罪不罚的有效工具。尽管这在国际法上不是一个新概念，但对其宗旨、定义、效用和实践还存在一些争议。本文无意穷尽有关普遍管辖权的一切问题，而是先概括地讨论普遍管辖权，继而主要从国内法院（也包括欧盟、非盟等区域性组织的法院）在全面解决此类问题时所采取的不同路径和不同政治立场，以及国际法庭在这方面所起的作用，讨论近年来起诉核心国际罪行适用普遍管辖权所产生的一些争议。这些问题包括总体上对国家间普遍管辖权统一看法的缺失、管辖权"重叠"与其辅助性、国家官员豁免、以及基于普遍管辖权提起公诉的可行性。

二、 普遍管辖权的理念

根据国际法，普遍管辖权的概念使国内法院能够惩处那些罪行昭著、严重危害整个国际社会的犯罪者，而不论其身在何处，亦不论犯罪

---

[*]　聂晶晶译。

[**]　**厄基·考鲁拉**（Erkki Kourula）是国际刑事法院上诉庭法官。他在牛津大学取得国际法博士学位，在国际法包括国际人道法和人权法方向具有多个研究职务，是国际法教授。曾任芬兰外交部法律事务司司长，以及芬兰处理刑事案件法官。他曾密切关注设立前南和卢旺达国际刑庭的发展情况，在建立国际刑事法院的罗马外交大会和准备委员会中作为芬兰代表积极参与罗马规约的谈判（1995–1998）。

者或被害人的国籍为何。[1]换言之，普遍管辖权是确保犯罪者承担责任的基础，不考虑犯罪行为地或积极国籍、消极国籍，亦不考虑其他国际法承认的管辖权依据。正因如此，普遍管辖权能有效终结犯有严重国际罪行者逍遥法外的情况。其定义如下：

> 普遍管辖权是指一国对他国公民被指控在他国领土上针对他国公民实施的犯罪主张管辖权，而被指控的犯罪并未直接威胁到主张管辖权国的重大利益。换言之，普遍管辖权是一国声称对犯罪提起公诉，而所指控的犯罪在实施时与该国不存在根据属地原则、国籍原则、消极属人原则或保护原则等而产生的任何传统联系。[2]

---

[1] Malcolm N. Shaw, *International Law,* sixth edition, Cambridge University Press, 2008, p. 668.

[2] A.U.-E.U. Expert Report on the Principle of Universal Jurisdiction ("A.U.-E.U. Expert Report"), issued on 16 April 2009, 8672/1/09, Rev. 1, available at http://ec.europa.eu/development/icenter/repository/troika_ua_ue_rapport_competence_universelle_EN.pdf, last accessed on 30 July 2012, Annex, para. 8. For other definitions of universal jurisdiction see e.g.: Principle 1.1 of The Princeton Principles on Universal Jurisdiction, 2001, available at http://lapa.princeton.edu/hosteddocs/unive_jur.pdf, last accessed on 15 October 2012; para. 1 of the 2005 Resolution on "Universal Jurisdiction with regard to the crime of genocide, crimes against humanity and war crimes" of the *Institute of International Law*; F. Jessberger, "Universal Jurisdiction", in Antonio Cassese *et al.* (eds.), *The Oxford Companion to International Criminal Justice*, Oxford University Press, 2009, p. 555; Cedric Ryngaert, *Jurisdiction in International Law,* Oxford University Press, 2008, p. 101; Gerhard Werle, *Principles of International Criminal Law,* TMC Asser Press, The Hague, 2005, p. 59; Christopher C. Joyner, "Arresting Impunity: The Case for Universal Jurisdiction in Bringing War Criminals To Accountability", in *Law and Contemporary Problems*, 1996, vol. 59, no. 4, p. 153, pp. 164 *et seq.*; Antonio Cassese, "Is the Bell Tolling for Universality? A Plea for a Sensible Notion of Universal Jurisdiction", in *Journal of International Criminal Justice*, 2003, vol. 1, p. 589; Christopher K. Hall, "The Role of Universal Jurisdiction in the International Criminal Court Complementarity System", in Morten Bergsmo (ed.), *Complementarity and the Exercise of Universal Jurisdiction for Core International Crimes*, Torkel Opsahl Academic EPublisher, Oslo, 2010, pp. 201, 202 *et seq.*

国际习惯[3]和国际条约[4]都构成普遍管辖权的渊源。协定法渊源，包括1984年《禁止酷刑公约》、2006年《禁止强迫失踪公约》和1949年《日内瓦公约》中关于"严重破坏"的条款，都在一国领土上发现嫌疑人时提到普遍管辖权。[5]与之相关联的概念是"或引渡或起诉"，即国家负有要么对所涉案件提起诉讼、要么将嫌疑人引渡至有关国家以便起诉的义务。这一概念在上述公约里也时常出现。[6]"所涉某一条约的缔约国不仅有义务赋予其刑事司法系统行使普遍管辖权的权力，还有义务通过引渡或起诉的方式在实际上行使该普遍管辖权。"[7]

三、 对核心国际罪行行使普遍管辖权的挑战

目前，国际与国内两个层面都在努力制止核心国际罪行，并对相关责任人进行起诉。[8]

在国际层面上，前南斯拉夫国际刑事法庭（ICTY）和卢旺达国际刑事法庭（ICTR）等国际刑事组织的出现，特别是常设国际刑事法院（ICC）的出现，清晰地表明了国际社会不再允许此类犯罪逃离法网的决心。《罗马规约》的序言特别声明：

> 决心使上述犯罪的罪犯不再逍遥法外，从而有助于预防这
> 种犯罪。

国际刑事法院旨在为实现有罪必罚目标发挥一部分作用。"一部分"意味着制度设计者并没有打算让国际刑事法院在惩治犯罪上独立运行。序言同时指出：

---

[3] See R. Cryer, H. Friman, D. Robinson and E. Wilmshurst, *International Criminal Law and Procedure*, Cambridge University Press, 2007, p. 44; Werle, 2005, p. 59, see *supra* note 2; A.U.-E.U. Expert Report, Annex, para. 9, see *supra* note 2.

[4] See A.U.-E.U. Expert Report, Annex, para. 9, see *supra* note 2. See also Philippe Sands, "International Law Transformed? From Pinochet to Congo…?", in *Leiden Journal of International Law*, 2003, vol. 16, pp. 37, 42 *et seq.*

[5] A.U.-E.U. Expert Report, Annex, para. 9, see *supra* note 2.

[6] *Ibid.*, para. 11; Hall, 2010, pp. 204–205, see *supra* note 2.

[7] A.U.-E.U. Expert Report, Annex, para. 11, see *supra* note 2.

[8] *Ibid.*, para. 28.

> 申明对于整个国际社会关注的最严重犯罪，绝不能听之任
> 之不予处罚，为有效惩治罪犯，必须通过国家一级采取措
> 施并加强国际合作，
>
> ……
>
> 忆及各国有义务对犯有国际罪行的人行使刑事管辖权，
>
> ……
>
> 强调根据本规约设立的国际刑事法院对国内刑事管辖权起
> 补充作用。

在此意义上，在灭绝种族罪、危害人类罪和战争罪等国际刑事法院管辖范围内的犯罪方面，国际刑事法院被认为应当与那些主要承担起诉职责的国家共同惩处犯罪。[9]现在问题在于：这些国家目前已在何种程度上达致该目标？这些国家与国际刑事法院扮演的角色如何相互作用？此外，人们还有可能质疑国际刑事法院管辖权是否与普遍管辖原则相重叠。这两个体系是否兼容？两个体系同时运行是否最有利于国际正义？

赞同和反对普遍管辖权的言论都有很多。赞同的理由包括：所涉犯罪发生在"不易预防或惩罚"的地方、或"发生在卷入国内武装冲突国家的领土内"等事实。[10]犯罪发生的国家也可能缺乏人力资源对犯罪进行调查和起诉，或不愿意、不能够调查和起诉。[11]行使普遍管辖权同样可以作为国际或国内调查和起诉的催化剂，[12]"有助于填补一小部分在全球使犯罪逍遥法外的漏洞"，[13]还能改变公众和政府对这些犯罪的看法。[14]反对普遍管辖权的理由包括：担心依据普遍管辖权的起诉可能受政治因素的影响或侵犯国家主权，担心会违背禁止双重危险原则（以及"普遍管辖权将有利于受害人的权利而不利于被告人的权利"），[15]并

---

[9] Article 5 of the Rome Statute.

[10] Joyner, 1996, pp. 166–167, see *supra* note 2.

[11] AMICC, Questions & Answers on the ICC and Universal Jurisdiction.

[12] Hall, 2010, pp. 212 *et seq.*, see *supra* note 2.

[13] *Ibid.*, pp. 214.

[14] *Ibid.*, p. 202.

[15] George P. Fletcher, "Against Universal Jurisdiction", in *Journal of International Criminal Justice,* 2003, vol. 1, p. 580.

且应以当地关切为主（即这样一个观念：一国对于通过审判解决冲突负有首要责任，而另一个毫不相干的国家插手此案即是对该国管辖权的侵犯。）[16]

2008 年，非盟与欧盟举行部长级会晤，讨论了"非盟与欧盟关系背景下的普遍管辖权"，同意"设立一个特别技术专家组，以阐明在普遍管辖权原则上非洲国家与欧盟各自的主张。"[17]结论报告旨在描述普遍管辖权的行使，简述非洲国家与欧洲国家对普遍管辖权的理解[18]并提出建议。[19]

论及非洲立场，报告指出，尽管非洲国家欢迎普遍管辖原则，但对其适用仍要求加以限制并表示了关切。报告认为，存在"许多非洲国家"起诉犯罪"能力受到国内法律限制和国际限制"的现状，[20]此外，据一些国际法委员会委员观察，"国内法院主张普遍管辖原则已导致误解并加剧了国家间的紧张关系，引起滥用政治因素或其他因素的看法。"[21]非洲国家认为"他们是唯一因普遍管辖权而致官员遭到起诉和逮捕的国家，行使普遍管辖权是欧洲国家在政治上选择性地针对非洲国家的行为。"[22]他们同样关切起诉书的签发方式（通常由"低级别的法官签发，独自审理"）以及公开签发起诉书和无视在任官员的豁免权的情况。[23]

---

[16] *Ibid.*, p. 583.

[17] A.U.-E.U. Expert Report, paras. 1 and 2, see *supra* note 2. Six independent experts were appointed: Professor Antonio Cassese (Italy), Professor Pierre Klein (Belgium), Dr. Roger O"Keefe (Australia), Dr. Mohammed Bedjaoui (Algeria), Dr. Chaloka Beyani (Zambia) and Professor Chris Maina Peter (Tanzania); all experts served in their personal capacities. See A.U.-E.U. Expert Report, paras. 5–7.

[18] A.U.-E.U. Expert Report, Annex, paras. 33–38 in respect of African concerns and paras. 39–45 in respect of European concerns, see *supra* note 2.

[19] *Ibid.*, para. 4.

[20] *Ibid.*, para. 33.

[21] *Ibid.*, para. 34.

[22] *Ibid.*, para. 34.

[23] *Ibid.*, paras. 35–38.

对于欧洲立场，报告指出，欧洲国家"认为行使普遍管辖权是反对对于严重国际犯罪不予惩处的主要武器"[24]和"在被指控犯罪发生地国和嫌疑人、被害人国籍国明显不愿意或不能够起诉"情况下"可最后诉诸的重要手段"。[25]针对非洲国家的关切，欧洲专家表示，"根据普遍管辖权对非洲国家官员提起的刑事诉讼，仅占由欧盟成员国根据普遍管辖权提起诉讼的一部分"，并且也已对其他地区国民提起或试图提起该诉讼，尽管"许多案件中，出于遵守国际法上国家官员豁免的原因，诉讼程序中断。"[26]报告发现，欧盟成员国"强调非洲国家需要建立针对严重国际罪行犯罪嫌疑人的诉讼程序，不论依据普遍管辖权或其他，主要是传统的管辖权依据，如属地原则、国籍原则和消极属人原则等"。[27]报告注意到，虽然一些非洲国家提出引渡请求，表达了其起诉此类犯罪的意图（一般根据属地原则和国籍原则），但被请求引渡国没有答应引渡，因其认为这些国家不能对犯罪者某些基本人权予以尊重。[28]

专家根据要求在报告中提出了一系列建议（共十七条）以促进"非盟与欧盟之间达成关于普遍管辖权的更良好的相互谅解"。[29]概言之，建议认为，国家应当为制止核心国际罪行并起诉责任人、起诉其缔结的条约规定的罪行、确保立法得到实施而做出努力。[30]

联合国大会第六委员会也讨论了普遍管辖权的适用范围。该问题被纳入 2009 年第 64 届会议的日程。[31]此后，该问题在 2010 年第 65 届会

---

[24] *Ibid.*, para. 39.

[25] *Ibid.*, para. 39.

[26] *Ibid.*, para. 40.

[27] *Ibid.*, para. 44.

[28] *Ibid.*, para. 45.

[29] *Ibid.*, para. 46.

[30] *Ibid.*, paras. 46 *et seq.*

[31] See http://www.un.org/en/ga/sixth/64/UnivJur.shtml#, last accessed on 15 October 2012.

议和 2011 年第 66 届会议上都有讨论。[32]第 66 届会议注意到"围绕普遍管辖原则产生的争议":

> 一些代表团注意到，普遍管辖权涉及法律上、政治上和外交上的复杂问题。代表团确就普遍管辖权范围及其适用表达了不同观点，强调这些是最受关切的问题。会议也注意到，普遍管辖原则尚处发展初期，其范围不甚清晰，如何适用也不甚明确。[33]

会议讨论的问题包括：对普遍管辖权定义达成一致的重要性和将其区别于其他相关概念（例如国际刑事管辖权、或引渡或起诉义务、以及其他相关国际法原则与规则）的必要性，普遍管辖权涵盖的罪行种类，普遍管辖权的适用（包括强调"明智和负责任地适用该原则的必要性"），豁免，以及普遍管辖权的适用条件。[34]2012 年第 67 届会议上将成立一个工作组"继续对普遍管辖权的范围和适用进行深入讨论"。[35]

上述部分问题将在后文论及。尽管国家层面已采取措施依据普遍管辖权起诉核心国际罪行的责任人，但各国采取的不同措施仍为普遍管辖权的行使带来了挑战。

尽管现在许多国家允许本国法院扩大管辖权、依据普遍管辖原则起诉国际犯罪，[36]其具体措施却不尽相同。[37]下面是一些依据或试图依据

---

[32] See http://www.un.org/en/ga/sixth/65/ScopeAppUniJuri/shtml and http://www.un.org /en/ga/sixth/66/ScopeAppUniJuri/shtml, last accessed on 15 October 2012.

[33] http://www.un.org/en/ga/sixth/66/ScopeAppUniJuri/shtml, last accessed on 15 October 2012.

[34] *Ibid.*

[35] *Ibid.*

[36] See Hall, 2010, pp. 217–223, see *supra* note 2.

[37] For an overview of the approaches taken in African and E.U. States, see A.U.-E.U. Report, Annex, paras. 15–27, see *supra* note 2. See also Naomi Roht-Arriaza, "Universal Jurisdiction: Steps Forward, Steps Back", in *Leiden Journal of International Law*, 2004, vol. 17, p. 375; Hall, 2010, pp. 217 *et seq.* and pp. 226 *et seq.*, see *supra* note 2.

普遍管辖权提起诉讼的案例：[38]伦敦和西班牙对奥古斯托·皮诺切特（Augusto Pinochet）的起诉，[39]比利时对两名卢旺达修女玛利亚·吉斯托（Maria Kisito）和吉特鲁德（Gertrude）的起诉，德国对尼古拉·约吉克（Nikola Jorgic）和诺威斯拉夫·迪亚伊克（Novislav Djajić）的起诉，比利时对乍得前总统侯赛因·哈布雷（Hissène Habré）的起诉，以及比利时对唐纳德·拉姆斯菲尔德（Donald Rumsfeld）的起诉。就立法行动而言，一些立法行动已被详细记录在案，例如比利时和西班牙，这些国家随后修正了其原本较为宽泛的立法，适用范围有所减小。[40]总体来讲，行使普遍管辖权的法律限制包括：被告人须身在起诉国领土，起诉须由检察长提起，遵守豁免规定，普遍管辖权仅适用于特定冲突中发生的犯罪，仅在高等法院才可起诉。[41]

下面进一步考量其中一项限制——"身在起诉国领土"的要求。就普遍管辖权的广义概念而言（亦称"绝对普遍管辖权"），国家可不论犯罪发生地、行为人国籍和被害人国籍，也不论被告是否身在该国领土，而对其提起公诉。[42]就普遍管辖权的狭义概念（亦称"附条件普遍管辖权"）而言，[43]仅当被告身在一国领土，该国才可对其提起公诉。

---

[38] AMICC, Questions & Answers on the ICC and Universal Jurisdiction; see also Katherine Gallagher, "Universal Jurisdiction in Practice: Efforts to Hold Donald Rumsfeld and Other High-level United States Officials Accountable for Torture", in *Journal of International Criminal Justice*, 2009, vol. 7, no. 5, p. 1087.

[39] Sands, 2003, p. 37, see *supra* note 4.

[40] See e.g. Cassese, 2003, p. 589, see *supra* note 2; Roht-Arriaza, 2004, p. 375, see *supra* note 37; Gallagher, 2009, pp. 1087, see *supra* note 38; Roozbeh (Rudy) B. Baker, "Universal Jurisdiction and the Case of Belgium: A Critical Assessment", in *ILSA Journal of International and Comparative Law*, 2009–2010, vol. 16, no. 1, p. 141.

[41] A.U.-E.U. Expert Report, Annex, paras. 18 and 24, see *supra* note 2; see also Hall, 2010, pp. 223 *et seq.*, see *supra* note 2.

[42] Antonio Cassese, *International Criminal Law,* first edition, Oxford University Press, 2003, pp. 286–287.

[43] *Ibid.*, pp. 284–292; see also Cassese, 2003, pp. 589–595, *supra* note 2.

[44]这里的主要问题在于：为行使普遍管辖权，是否应当将被告人身在该国领土作为必要条件（所谓行为人所在国管辖权）？[45]有观点认为，绝对管辖权"……就法律政策而言，不论其在国际关系现状中是否可取，都为国际法所允许。"[46]对于身在一国领土的程度同样存在争议。例如，对于仅逮捕或居住于某国这一条件，有人认为，附加条件将使普遍管辖权与传统管辖权一样具有连接因素，从而失去普遍管辖的特殊性与存在的理由，结果将适得其反。[47]

另一个问题是对同一嫌疑人的管辖权重叠。在此问题上，有必要讨论：除了声称依据普遍管辖权对于所涉犯罪具有管辖权的国家之外，如果犯罪发生地国、犯罪嫌疑人国籍国或被害人国籍国愿意且有能力行使管辖权，是否可以确定该国在行使管辖权上存在重大利益？声称有权行使普遍管辖权的国家，是否有义务让位于与犯罪有更"密切"联系的国家？非盟——欧盟专家报告认为：

> 实证国际法承认它所允许的各种管辖权依据并无等级之分。换言之，例如对危害人类罪享有普遍管辖权的国家，并无实在的法律义务去遵行犯罪行为发生地国、行为人或受害人国籍国优先管辖。[48]

---

[44] Cassese, 2003, pp. 285–286, see *supra* note 42; Cassese, 2003, pp. 592–593, see *supra* note 2. Antonio Cassese, "When may senior state officials be tried for international crimes? Some comments on the Congo v. Belgium Case", in *European Journal of International Law*, 2002, vol. 13, no. 4, pp. 853, 855 *et seq.*

[45] A.U.-E.U. Expert Report, Annex, para. 10, see *supra* note 2.

[46] Cassese, 2002, pp. 857 *et seq.*, see supra note 44.

[47] Georges Abi-Saab, "The Proper Role of Universal Jurisdiction", in *Journal of International Criminal Justice*, 2003, vol. 1, p. 596.

[48] A.U.-E.U. Expert Report, Annex, para. 14, see *supra* note 2. See also Cedric Ryngaert, "Applying the Rome Statute"s Complementarity Principle: Drawing Lessons from the Prosecution of Core Crimes by States Acting under the Universality Principle", in *Criminal Law Forum*, 2008, vol. 19, no. 1, p. 153, who concludes that, although desirable, the application of the subsidiarity principle is not required by international law.认为虽确有必要，但国际法并不要求适用辅助原则。

《普林斯顿普遍管辖原则》原则八允许国家根据一系列标准在起诉和引渡之间做出选择，尽管引渡并非一项强制义务。[49]这些标准包括犯罪发生地、犯罪嫌疑人和被害人国籍。有人主张，如果两个以上国家希望起诉，"寻求行使普遍管辖权的拘留国通常比行为地国能更好地主张代表国际社会行事，因为在行为地国之外发现嫌疑人造成一个假设，即行为地国当局没有在调查和起诉方面尽到勤勉义务。不能发出引渡请求是行为地国不重视案件的强有力证明。"[50]然而，此观点并未得到一致认同。例如有观点认为，辅助原则已发展成为一个法律概念，[51]就这一概念的实质而言，可以认为，实践中，从犯罪客体主要是犯罪行为地国这一事实来看，行为地国受到犯罪最直接的影响，因此当起诉严重国际罪行时，国家应当遵行属地管辖优先这一"政策"。尽管存在上述法律上的结论，报告的第九条建议仍然认为：

> 在起诉严重国际罪行时，国家在政策上应当遵行属地管辖优先原则，因为此种犯罪，在侵犯普遍价值从而侵犯整个国际社会的同时，主要侵害了行为地所在的群体，不仅侵害了被害人权利，而且侵害了整个群体所需的基本安全与秩序。此外，通常只有在行为地国才能找到最多的证据。[52]

因此，依照此概念，行使管辖权是以行为地国与国籍国（具有主要利益的国家）无法开始诉讼程序为前提的，所以，如果上述利益关切的国家开始诉讼程序，其他国家就不应再行使普遍管辖权了。这一观点可以见于国际法研究院颁布的 2005 年《关于对灭绝种族罪、危害人类罪和战争罪的普遍管辖权的决议》3 c) 与 d) 段：

---

[49] http://lapa.princeton.edu/hosteddocs/unive_jur.pdf, last accessed on 15 October 2012.

[50] Hall, 2010, p. 230, see *supra* note 2.

[51] Claus Kreß, "Universal Jurisdiction over International Crimes and the Institut de Droit international", in *Journal of International Criminal Justice*, 2006, vol. 4, no. 3, pp. 589–595; see also Cassese, 2003, pp. 593–594, see *supra* note 2; see also Abi-Saab, 2003, p. 596, see supra note 47.

[52] A.U.-E.U. Expert Report, Annex, R9, see *supra* note 2.

c) 任何对被指控犯罪者采取拘留的国家，在依据普遍管辖权开始诉讼程序时，应当询问犯罪行为地国或相关人员的国籍国是否准备对其起诉，除非这些国家明确表示不愿意或不能够起诉。拘留国也应当考虑国际刑事法庭的管辖权。[53]

d) 任何对被指控犯罪者采取拘留的国家，如果仅依据普遍管辖权提起诉讼，应当仔细考虑，在合理情况下同意由与犯罪、犯罪行为人或被害人具有重大联系的国家，主要是具有属地联系或属人联系的国家提出的引渡请求，如果该国明显有能力也愿意起诉被指控的犯罪行为人。[54]

赞同辅助原则的观点则认为：

行为地国和国籍国可能的确是更好的法院地，因其更易于查证，对被告人、被害人更了解，也为了解犯罪周围整体环境，提供了更好的视角。……此外，历史上司法系统较弱的一些国家（主要是发展中国家），要实现法治，需要司法系统更健全的其他国家（主要是发达国家），促进其终结有罪不罚的文化，承担起惩治犯罪的责任。尽管他国依据普遍管辖权提起的诉讼能对本国诉讼的推进起到催化作用，但在本国能够并且愿意调查和起诉核心国际罪行的情况下，对他国管辖也应进行适当限制。[55]

该作者同时认为："辅助原则不应当被国内公诉人和法院当作摆脱外交困境的好方法。相反，辅助原则是当行为地国或国籍国不能够或拒绝行使管辖权时，他国为受害人和国际社会的利益追求正义的义务乃至责任。"[56]

---

[53]   http://www.idi-iil.org/idiE/resolutionsE/2005_kra_03_en.pdf, last accessed on 30 July 2012.

[54]   http://www.idi-iil.org/idiE/resolutionsE/2005_kra_03_en.pdf, last accessed on 30 July 2012. See also A.U.-E.U. Expert Report, Annex, para. 46, R12, see *supra* note 2.

[55]   Ryngaert, 2008, pp. 157–158, see *supra* note 48.

[56]   *Ibid.*, pp. 156–157.

值得注意的是，在"逮捕令案"中，三名法官间接提及了辅助原则，并在其个别意见中指出："考虑依据普遍管辖权提起诉讼的国家，必须首先为被告人国籍国自身提起诉讼提供机会。"[57]实践中另一个辅助原则的例子是西班牙最高法院在关于"危地马拉灭绝种族案"中的判决，该案中西班牙最高法院总结道："仅当行为地国和行为人母国都不切实行使管辖权时，西班牙法院方可行使普遍管辖权。"[58]

这一理念与《罗马规约》所规定的原则并非完全不同。[59]对于一国对他国管辖的辅助管辖与国际刑事法院对国家管辖权的补充管辖，二者都旨在在没有国家对最严重的国际犯罪进行调查和起诉的情况下，为调查和起诉这些犯罪提供法律依据。如前所述，国际刑事法院"应作为国家管辖权之补充"。[60]据此原则，国内法院原则上优先于国际刑事法院行使管辖权，而国际刑事法院是当国内法院无法行使管辖权、特别是不能够或不愿意行使管辖权时的最后诉诸途径。[61]因此，原则上，由国家管辖犯罪，仅当国家不这样做时，国际刑事法院才有权行使管辖权。例如，《罗马规约》第 17 条第 1 款 (a) 项规定："对案件具有管辖权的国家正在对该案件进行调查或起诉，除非该国不愿意或不能够切实进行调查或起诉"，法院应断定案件不可受理。

---

[57] International Court of Justice, *Case Concerning the Arrest Warrant of 11 April 2000 (Democratic Republic of the Congo v. Belgium)*, Judgment (Joint separate opinion of Judges Higgins, Kooijmans and Buergenthal), 14 February 2002, *ICJ Reports*, 2002, p. 80, para. 59, available at http://www.legal-tools.org/doc/23d1ec/.

[58] Spanish Supreme Court, Decision of the Spanish Supreme Court concerning the Guatemala Genocide Case, 25 February 2003, Decision No. 327/2003, available at http://www.derechos.org/nizkor/guatemala/doc/stsgtm.html, last accessed on 30 July 2012.

[59] See also Ryngaert, 2008, p. 153, see *supra* note 48.

[60] Preamble and Article 1 of the Rome Statute; see also Sands, 2003, pp. 40 *et seq.*, see *supra* note 4.

[61] Article 17 of the Rome Statute. See also International Criminal Court, *The Prosecutor v. Germain Katanga et al.*, Judgment on the Appeal of Mr. Germain Katanga against the Oral Decision of Trial Chamber II of 12 June 2009 on the Admissibility of the Case, Case No. ICC-01/04-01/07-1497, 25 September 2009, available at http://www.legal-tools.org/doc/ba82b5/.

至于哪些国家可以质疑国际刑事法院对案件的受理，《罗马规约》第 17 条清楚地规定，是那些对案件"具有管辖权的国家"。若依据普遍管辖而享有管辖权的国家质疑国际刑事法院对案件的受理，则有待国际刑事法院的解释，当然这种情况至今尚未发生过。可以认为，如果一个国家声称享有普遍管辖权的案件同时也属于国际刑事法院管辖范围，如果满足《罗马规约》第 17 条的要求，国际刑事法院可以声明对该案不予受理。确有观点表明："《罗马规约》中所称国家'管辖权'意指国际法允许或要求的管辖权，包括普遍管辖权（除第 18、19 条规定的特定情况外）。"[62]在此情况下，国内起诉属于国际刑事法院管辖的犯罪的范围很大。而且结合《罗马规约》序言（见上），确实能够鼓励国家对这些严重的国际罪行行使普遍管辖权。有观点支持"将国际犯罪的被害人可能得到的保护最大化的法律解释优于限制国家承认的义务范围的其他各种解释"。[63]另一方面，也有观点认为，在补充管辖原则中，尽管"与犯罪有传统联系因素"的国家的法院可优先行使管辖权，但是当以普遍管辖权为依据时，各国法院并无优先之分："在行使普遍管辖权时，国家并非以自己的名义、而是以国际社会的名义起诉。然而，一旦国际社会发展起自己特有的组织，正好可以完成同样的目标，该组织作为国家的代理人就优先于国家行使普遍管辖权。"[64]

至于国家官员豁免问题，非盟——欧盟专家报告表明：非洲国家担心"目前对于在任国家官员的起诉，没有顾及国家官员根据国际法享有的豁免权。因此，任何此种起诉严重影响了非洲国家在国际社会中行使国家职能的能力。"[65]报告最后建议道：

> 国内刑事司法机关在对犯有严重国际罪行的嫌疑人行使普
> 遍管辖权时，在法律上应当考虑外国官员依据国际法可能

---

62   Hall, 2010, pp. 207, 209 *et seq*., see *supra* note 2.

63   Hall, 2010, p. 212, see *supra* note 2; see also Louise Arbour, "Will the ICC have an Impact on Universal Jurisdiction", in *Journal of International Criminal Justice*, 2003, vol. 1, p. 585.

64   Abi-Saab, 2003, p. 601, see *supra* note 47.

65   A.U.-E.U. Expert Report, Annex, para. 38, see *supra* note 2.

享有的一切豁免，因此有义务不起诉享有此种豁免的外国官员。[66]

第六委员会在讨论中对此问题亦有关注。讨论称，"曾在防止有罪不罚与国家代表行使主权的自由之间做出了微妙的平衡。在此情况下，国家官员的豁免会成为普遍管辖权适用性的例外。"[67]关于豁免的相关案件是 2002 年 2 月 14 日国际法院审理的"关于 2000 年 4 月 11 日逮捕令案"（刚果诉比利时）。该案中国际法院的结论特别指出："外交部长的职能是：在其整个任职期间，他在境外享有完全的刑事管辖豁免和不可侵犯，该豁免与不可侵犯使相关个人免受另一国当局的任何妨碍其履行职务的行为。"[68]

《罗马规约》第 27 条标题为"官方身份的无关性"（另见第 98 条），规定如下：

（一）　本规约对任何人一律平等适用，不得因官方身份而差别适用。特别是作为国家元首或政府首脑、政府成员或议会议员、选任代表或政府官员的官方身份，在任何情况下都不得免除个人根据本规约所负的刑事责任，其本身也不得构成减轻刑罚的理由。

（二）　根据国内法或国际法可能赋予某人官方身份的豁免或特别程序规则，不妨碍本法院对该人行使管辖权。

上诉庭尚未发布任何专门涉及此问题的判决意见。

关于行使普遍管辖权的案件中能否运用缺席审判同样有争议。一些制度不允许缺席审判，而另一些制度则认可。[69]我们可以注意到《公民

---

[66] A.U.-E.U. Expert Report, Annex, R8, see *supra* note 2.

[67] http://www.un.org/en/ga/sixth/66/ScopeAppUniJuri/shtml, last accessed on 15 October 2012.

[68] International Court of Justice, *Case Concerning the Arrest Warrant of 11 April 2000 (Democratic Republic of the Congo v. Belgium)*, Judgment, 14 February 2002, *ICJ Reports* 2002, para. 54, available at http://www.legal-tools.org/doc/c6bb20/.

[69] International Court of Justice, *Case Concerning the Arrest Warrant of 11 April 2000 (Democratic Republic of the Congo v. Belgium)*, Judgment (Joint separate opinion of Judges Higgins, Kooijmans and Buergenthal), 14 February 2002, *ICJ Reports* 2002, p.

权利和政治权利国际公约》第 14 条第 3 款（d）项赋予每个人以"出庭受审并亲自替自己辩护或经由他自己所选择的法律援助进行辩护"的权利。[70]

最后，在行使普遍管辖权的实践中也会出现一些问题。[71]实践中较多涉及两大难题，其一是收集境外的犯罪证据，尤其在是被指称的犯罪行为地国拒绝合作的情形下，收集证据十分困难。。[72]证据收集与犯罪相隔很长时间可能会使情况变得更糟，即使该国愿意合作，此种合作仍需条约基础（根据行使普遍管辖权国的国内法）。依据普遍管辖权成功进行起诉，从成本和技术方面难度也是很大的。非盟——欧盟专家报告指出："实践中另一个限制是，许多公诉机关和法院都知悉，涉及对国家官员送达的案件使得外交的敏感性岌岌可危。"[73]这当然涉及上述豁免问题。

难题之二产生于国家间关于引渡与合作的请求。不同的国内立法会带来问题，并为此种请求带来障碍。[74]正如 2011 年 11 月在海牙的专家会议上得出的结论："

> 一般而言，国家间就国内刑事诉讼与国际犯罪的相互司法
> 协助的国际法律制度确有疏漏，有必要进一步探究这个问
> 题。[75]

79, para. 56, available at http://www.legal-tools.org/doc/23d1ec/; See A.U.-E.U. Expert Report, para. 10, see *supra* note 2.

[70] International Covenant on Civil and Political Rights, 19 December 1966, Article 14(3)(d), in *UNTS*, vol. 999, pp. 171, 177; see also Gabriel Bottini, "Universal Jurisdiction after the Creation of the International Criminal Court", in *Journal of International Law and Politics,* 2003, vol. 36, p. 523.

[71] A.U.-E.U. Expert Report, Annex, para. 25, see *supra* note 2.

[72] *Ibid*., para. 25.

[73] *Ibid*., para. 25.

[74] See also Hall, 2010, pp. 224 *et seq*., see *supra* note 2.

[75] "A Legal Gap? Getting the evidence where it can be found: Investigating and prosecuting international crimes", Report of an expert meeting in The Hague, 22 November 2011 (HIIL and Government of the Netherlands), p. 2.

报告认为，尽管过去十年，各国在将《罗马规约》中的罪行纳入国内法犯罪这一方面已取得"重大进步"，但

> 专家组会议探究的核心漏洞是程序问题，即欲提起国内诉讼的国家间的国际司法合作。国际刑事合作是有效行使对大规模暴行的国内诉讼的上上策。资深公诉人斯里·弗里加德（Siri Frigaard）在其主旨发言中说道："在起诉国能够找到所有证人和证据的情况几乎不可能发生，即使有，也非常罕见。"因此，该领域中的国际刑事合作法律制度非常重要，能够便利和激励补充管辖。[76]

会议指出："对战争罪的起诉需要竭尽全力"，"其关键在于来自他国的司法协助"。[77]会议同时指出："加强国际刑事合作可减少犯罪逍遥法外的情况"。[78]与会者一致认为，"鉴于这样一个共识，对于国际犯罪不应留有任何庇护余地，而且处理这些犯罪的系统应当尽可能高效和有效运转，因此法律疏漏的本质值得进一步探究。"[79]会议明确提出了三个有待进一步研究的问题：管辖权、司法互助和引渡，同意继续研究此项议题，并试图让更多的国家参与到此议题的讨论中。[80]第二次会议将于2012年举行。[81]

由国内立法不同或行使普遍管辖权方式不同带来的另一个挑战与双重危险有关。有人说："行使普遍管辖权会使造成双重危险的可能性更大。被告人不得不'一次又一次接受审判，直到被害人满意地看到正义得到伸张'"，或最关切犯罪行为的国家不满意他国的审判，这两种情况都会为被告人笼上双重危险的阴云。[82]有人认为：

---

[76] *Ibid.*, p. 3.

[77] *Ibid.*, p. 4.

[78] *Ibid.*, p. 4.

[79] *Ibid.*, p. 5.

[80] *Ibid.*, pp. 5–6.

[81] *Ibid.*, p. 6.

[82] Abi-Saab, 2003, p. 599, see *supra* note 47, referring to a view by Fletcher, 2003, p. 580, see *supra* note 15, who himself refers to the cases of *Finta* and *Ariel Sharon*.

将"一事不再理"原则与普遍管辖权连在一起的弊大于利。它将给第一个受理案件的法院决定被告人命运的权力,而全世界都不得不服从其也许认为迥异的判决。[83]

反对意见则认为,上述观点"假设法院间存在管辖权积极冲突,对国际犯罪的管辖权进行争夺",而忽略了"普遍管辖权实际上已是最后诉诸途径,是由紧迫性和必要性产生的万全之策"这一事实。[84]

最后回到国际司法机制的作用。如前所述,前南国际刑庭、卢旺达国际刑庭、特别是国际刑事法院的建立,取得了追求正义的创造性成果。至于未来,在打击国际核心犯罪方面,由国家对这些犯罪行使管辖权,包括行使普遍管辖权,只会起积极的作用。有人争辩道,以补充管辖为原则的国际刑事法院必须鼓励国家对核心国际罪行行使普遍管辖权,这能在行为地国和国籍国之外增加起诉这些犯罪的诉讼地。[85]另一考虑是国际刑事法院管辖权有限的事实。[86]例如,管辖权的行使限于对国际社会危害最严重的犯罪,[87]法院可管辖的犯罪包括灭绝种族罪、危害人类罪和战争罪。[88]国际刑事法院的管辖权还受到时间限制,它仅对《罗马规约》生效后(即 2002 年 7 月 1 日之后)发生的案件有管辖

83　Fletcher, 2003, p. 584, see *supra* note 15.

84　Abi-Saab, 2003, p. 599, see *supra* note 47.

85　AMICC, Questions & Answers on the ICC and Universal Jurisdiction. 在一些情况下,国际刑事法院的存在会减少普遍管辖权的行使。缺乏必要人力资源与足够完善的法律制度的国家会将案件提交国际刑事法院而不是本国法院。然而,国际刑事法院会加强国家对暴行的认识,因此鼓励更多地行使普遍管辖权。鼓励司法制度发达、法律规定有普遍管辖权的国家更多地行使普遍管辖权,宁可控制起诉程序,也不将任务交给国际刑事法院。推动另一些国家采取必要措施允许其审理国际刑事法院管辖权内的案件,由此制定纳入了《罗马规约》内容的实施规约的立法。总而言之,法院可以为国家做出示范,鼓励国家自行管辖严重国际犯罪,而国家也会继续对法院没有受理的案件行使普遍管辖权。

86　A.U.-E.U. Expert Report, Annex, para. 28, see *supra* note 2.

87　Article 5 of the Rome Statute. See also Article 1.

88　Articles 6–8 *bis* of the Rome Statute respectively.

权。[89]国际刑事法院的管辖权对被告人也有限制，仅对上述犯罪行为之一发生在《罗马规约》缔约国领土内或犯罪行为人为缔约国国民，当国家根据《罗马规约》第 12 条第 3 款接受法院管辖，或安理会将此情况提交法院，国际刑事法院才能行使管辖权。[90]与此相反，国内法院可对不属于国际刑事法院管辖范围内的所有其它犯罪进行管辖，例如，在《罗马规约》生效前发生的犯罪，或非缔约国国民实施的犯罪。因此，即便国际刑事法院不享有管辖权，各国仍可依据普遍管辖权，依照其国内法，起诉国际犯罪的行为人。[91]

在考量普遍管辖权适用的一些挑战之后，我们似乎明确了普遍管辖权在实践中仍存在争议这一事实，因而需要进一步确保其有效实施。目前，由于普遍管辖权与国际刑事法院以及其他国际刑事司法机构的共同存在，国际社会将继续切实以人本精神反对有罪不罚。

---

[89] Article 11 of the Rome Statute.

[90] Articles 12 and 13.

[91] AMICC, Questions & Answers on the ICC and Universal Jurisdiction. 普遍管辖权的支持者认为，两种制度为国家提供了更多选择，都将有利于国际正义。如此，国际刑事法院与普遍管辖权各司其职，形成互补之势，有机构成了终结严重国际罪行的综合手段。

8

论普遍管辖权的意义及其在中国刑法中的适用

马呈元[*]

一、 概述

管辖权是国家的基本权利之一。[1]它涉及国家权力对人民、财产和
事件的影响，并反映了国家主权、国家平等和不干涉内政的基本原则。
[2]按照不同标准，管辖权可以分为不同类型，而普遍管辖权就是其中之
一。

普遍管辖权（*universal jurisdiction*），亦称"普遍管辖原则"
（*principle of universal jurisdiction*）或"普遍原则"（*universality prin-
ciple*），是一个有关刑法空间效力的问题，也就是说，普遍管辖权是一
种刑事管辖权。[3]传统上，国家一般依据属地原则或者属人原则对在本

---

[*] **马呈元**是中国政法大学法学教授，国际法学院副院长，在中国政法大学获得硕
士和博士学位，是中国国际法学会理事会成员，乔治城大学和诺丁汉大学访问
学者。

[1] 参见王铁崖主编：《国际法》，北京：法律出版社，1981年版，第91页。

[2] Malcolm N. Shaw, *International Law*, vol. II, fifth edition, Peking University Press,
2005, p. 572.

[3] 有一种观点认为，普遍管辖权分为刑事普遍管辖权（*universal criminal jurisdic-
tion*）和民事普遍管辖权（*universal civil jurisdiction*）两种类型。参见 Jane Gar-
wood-Cutler, "Enforcing ICL Violations with Civil Remedies: the US Alien Tort
Claims Act", in M.C. Bassiouni (ed.), *International Criminal Law*, vol. II, Transna-
tional Publishers, Inc., 1999, pp. 343–390; Luc Reydams, *Universal Jurisdiction: In-
ternational and Municipal Legal Perspectives*, Oxford University Press, 2003, p. 2;
David A. Tallman, "Universal Jurisdiction: Lessons from Belgium"s Experience", in
Jane E. Stromseth (ed.), *Accountability for Atrocities: National and International Re-*

国领土上发生的或者由本国人实施的犯罪行使刑事管辖权，但是，随着情况的变化，有时，国家有必要对在本国领土以外由外国人所犯且并未损害本国国家或国民利益的罪行进行管辖。这就产生了所谓普遍管辖权的问题。

虽然据考证，"*universal jurisdiction*" 这种英文表达方式可能在 20 世纪 20 年代才出现在国际法律文件和国际法学术作品之中，[4]但是，"从历史角度看，关于普遍管辖的思想可以追溯至 16、17 世纪欧洲近代国际法以及刑法的先驱者，甚至更早至罗马法时期。"[5]有学者指出，17 世纪初，荷兰著名法学家格老秀斯（Hugo Grotius）从自然法的角度首次提出并论证了普遍管辖原则，[6]不过，准确地讲，格老秀斯在 1625 年出版的《战争与和平法》中只是提出了"或引渡或惩罚"（*aut*

---

sponses, Transnational Publishers, Inc., 2003, p. 379; 刘大群："论国际刑法中的普遍管辖权"，载于《北大国际法与比较法评论》，第 4 卷第 2 辑（总第 7 期），北京大学出版社 2006 年版，第 18 页；朱利江著：《对国内战争罪的普遍管辖与国际法》，法律出版社 2007 年版，前言第 4 页。所谓的民事普遍管辖权主要是指美国《外国人侵权赔偿法》（Alien Tort Claims Act，28 USC, §1350）的规定。该法是美国国会 1789 年通过的规定美国联邦司法制度的《司法法案》（Judiciary Act）中的一部分。按照该法的规定，如果外国人在外国实施的侵权行为违反国际法或者美国参加的国际条约，美国联邦地方法院对受害人提起的民事诉讼有权行使管辖。但是，在 1980 之前的将近 200 年里，该法基本上处于休眠状态。从 1980 年开始，美国法院根据该法先后审理了多个案件。此外，2000 年美国的《酷刑受害人保护法》（Torture Victims Protection Act, 28 USC, §1350）也作了同样的规定。不过，虽然这两项立法对于人权受到侵害的外国人获得司法救济具有积极的意义，但是，美国单方面的国内立法和为数不多的司法实践远不足以使其成为可以在国际法上与刑事方面的普遍管辖权并驾齐驱的民事普遍管辖权。本文仅对刑事方面的普遍管辖权进行探讨。

4   参见朱利江，2007 年版，第 5 页，前引注 3。

5   同上注，第 3–4 页。

6   参见陈忠林："我国刑法中的普遍管辖原则——刑法第 9 条的法理解释"，载于《淮阴师范学院学报》，2004 年第 4 期，第 470 页。

---

dedere aut punire）的观点。[7]而且对于这种观点是否是由格老秀斯首先提出的，也存在不同的看法。[8]

格老秀斯在《战争与和平法》中阐述了交还逃犯的问题，他首先说明："作为一个事实问题，国家通常不允许外国军队为实施惩罚的目的而越过边界进入本国，而且这样做也的确是不妥当的。因此，发现罪犯居住在其领土上的国家在收到请求之后，应该从以下两者中做出选择：或者对该罪犯施加应得的惩罚，或者将其置于请求方的处置权之下。后者也就是交还。这是一种在历史文献中最经常述及的程序。"[9]

在对一些事例进行分析之后，格老秀斯指出：国家或者君主并不负有必须交出罪犯的绝对义务，而是像我们看到的那样，或者交出罪犯，或者对其进行惩罚。[10]最后，格老秀斯说道："我们已经讲过，对罪犯或移交或惩罚不仅适用于其被发现时是作为本国臣民的人，而且也适用于那些在实施犯罪后逃往他国避难的人。"[11]

---

[7] 参见马呈元著：《国际刑法论》，中国政法大学出版社 2008 年版，第 221 页。现代著名国际刑法学家巴塞奥尼认为"或引渡或惩罚"不符合刑法合法性原则，因此，他在 1973 年提出应将"或引渡或惩罚"改为"或引渡或起诉"（*aut dedere aut judicare*）。参见 M.C. Bassiouni, "Human Rights in the Context of Criminal Justice", in *Duke Journal of Comparative and International Law*, 1993, vol. 3, p. 235.

[8] 15 世纪西班牙学者卡瓦卢维亚斯（*Covarruvias*）在其所著的 *Practicorum Quaestionalen* 一书第二章中分析了中世纪意大利各城邦由犯罪人拘捕地的法官对无论犯罪地在何处的某些罪行行使刑事管辖权的实践，然后指出，根据对所有国家共同适用的自然法，犯罪人拘捕地的法官应该对所有危险的犯罪人或者进行引渡，或者予以惩罚。这就是著名的"或引渡或审判"（*extradite or try*）的法律格言的来源。因此，国际法院法官纪尧姆指出，"或引渡或审判"的格言并非像一般认为的那样来自格老秀斯，而是来自卡瓦卢维亚斯。参见 Luc Reydams, *Universal Jurisdiction: International and Municipal Legal Perspectives*, Oxford University Press, 2003, p. 29.

[9] Hugo Grotius, *The Law of War and Peace*, translated by Francis W. Kelsey, the Bobbs-Merrill Company, Inc., 1926, p. 527.

[10] *Ibid*, p. 528.

[11] *Ibid*, p. 529.

在格老秀斯之后，瑞士著名法学家瓦特尔（Vattel）也认为，交出罪犯是避免国家为私人行为承担责任的方式之一。他在 1758 年出版的《万国法》一书中指出："由于主权者不应该允许其臣民侵害或伤害另一个国家的臣民，或者侵害外国国家的利益，因此，如果可能，他应该强制罪犯对其罪恶做出补偿；或者对他进行惩罚，以儆效尤；或者根据案件的性质和情况，将他移交给受害国，以便由该国实施惩罚……如果主权者拒绝对其臣民所犯的罪行做出补偿，或者拒不惩罚罪犯，最后，也不将他移交给受害国，那么，该主权者在某种程度上就成为有关犯罪的同犯，而且应当为此承担责任。"[12]

海盗行为是最早被置于普遍管辖权之下的一项国际犯罪[13]。"对海盗行使普遍管辖权在好几个世纪以前就在国际法中得到了承认，而且已经成为国际社会确立已久的一项原则。"[14]由于海盗行为严重威胁在海上航行的船舶以及船上人员和财产的安全，因此，各国很早就开始制定有关惩治海盗行为的国内立法。英国 1536 年制定的《海上犯罪法》（Offences at Sea Act）是最早的关于海盗行为的国内立法之一。[15]美国《宪法》第 1 条第 8 款中规定："国会有权……设置最高法院以下的各级法院；规定和惩治海盗罪，在海上所犯的重罪和违反国际法的罪行。"在各国的立法和司法实践的基础上，近代国际法中逐渐形成了关于对海盗行为行使普遍管辖权的规则。《奥本海国际法》指出："一个海盗和他的船舶做海盗行为就当然丧失了船旗国的保护和他们的国家属性。依照国际法的一个习惯规则，每一个海洋国家都有权惩治海盗。一切国家的船舶，不论是军舰，还是公有船舶或商船，都可以在公海上追逐、攻击和拿捕海盗，并且把他带回本国，由本国的法院审理和惩

---

[12] M.C. Bassiouni, *Introduction to International Criminal Law*, Transnational Publishers Inc., 2003, p. 341.

[13] 参见马呈元，2008 年版，第 221 页，前引注 7。

[14] Malcolm N. Shaw, *International Law*, fourth edition, Cambridge University Press, 1997, p. 470.

[15] Offences at Sea Act 1536.

罚。"[16]美国国际法学家惠顿（Henry Wheaton）也指出："至于海盗，则为万国之仇敌，有能捕之、诛之者，自万国所同愿。故各国兵船在海上皆可捕拿，携至疆内，发交己之法院审断。"[17]

除海盗罪之外，在近代国际法时期被置于普遍管辖权之下罪行的还包括贩卖奴隶罪。20 世纪以来，特别是第二次世界大战之后，世界各国在政治、经济、文化、法律等方面的相互交流和影响不断增加，因而发生了日益趋同的变化。国际社会逐渐形成了共同的利害关系和利益追求，产生了相对一致的道德判断标准和价值取向。由于一些严重的国际犯罪震撼了国际社会公众的良知，并损害了国际社会的共同利益，因此，各国均认为它们属于对全人类的犯罪。为了不使犯罪人逃脱应得的惩罚，它们相继被置于普遍管辖权之下，而且处罚这些犯罪行为已经成为国际强行法（*jus cogens*）的重要内容。[18]

与属地管辖、属人管辖和保护性管辖不同，普遍管辖权不是为了保护一国的国家或公民的利益，而是为了保护国际社会的共同利益。现代国际社会已经在维持国际和平与安全、保障人权与基本自由和维护国际公共秩序与公共利益构成国际社会的共同利益方面逐渐达成共识。同时，由于国际犯罪日益猖獗以及以属地管辖和属人管辖为基本特征的各国刑法在制裁国际犯罪方面存在明显的局限性，因此，普遍管辖权原则就应运而生了。[19]

虽然到目前为止，依然有少数国家和学者对普遍管辖原则持批评，甚至否定的立场，[20]但是，无论如何，这一原则在国际法理论和国家立法及司法实践中得到充分确立已经成为不争的事实。

---

16 【英】劳特派特修订，王铁崖、陈体强译：《奥本海国际法》（上卷第二分册），北京：商务印书馆，1981年版，第 122 页。

17 【美】惠顿著，丁韪良译：《万国公法》，北京：中国政法大学出版社，2003年版，第 112 页。

18 参见刘大群，2006年版，第 14 页，前引注 3。

19 参见马呈元，2008年版，第 219 页，前引注 7。

20 参见刘大群，2006年版，第 18–20 页，前引注 3。

不过，尽管如此，因为国际法和刑法学者对普遍管辖权的意义认识不同，所以，对其的定义也不尽相同。"现在对普遍管辖的定义众说纷纭，已经到了必须整合和统一的地步，否则将使争论进一步复杂化。"[21]从目前情况看，对普遍管辖权的定义有狭义、广义和最广义三种形式。[22]通过对一些学者所作定义的分析可见，他们通常会对普遍管辖权下一个一般的定义，然后再根据其适用范围或条件分为不同的类型。例如，意大利著名国际刑法学家、前南斯拉夫国际刑事法庭首任庭长卡塞斯（Antonio Cassese）法官将普遍管辖权分为"绝对的普遍管辖权"和"有限的普遍管辖权"；[23]雷德姆斯（Luc Reydams）博士将其分为"合作的一般普遍管辖"、"合作的有限普遍管辖"和"单边的有限普遍管辖"；[24]昂泽兰教授则把它分为"单边的普遍管辖"、"代理的普遍管辖"和"绝对的普遍管辖"等三种类型。[25]中国学者朱利江教授在对普遍管辖原则做出概括性的定义之后，根据对各国刑事法律分析研究的结果，认为目前世界各国国内法中有三种类型的普遍管辖条款，即"以条约为依据的普遍管辖条款"、"以习惯国际法为依据的普遍管辖条款"和"代理管辖条款"。[26]

笔者认为，各国学者对普遍管辖权的定义及其分类的不同看法主要在于对普遍管辖权的适用范围认识不同；而对普遍管辖权适用范围的不同认识又源于对其法律渊源的不同理解。因此，本文在分析和研究学者的不同观点以及国际条约和各国国内法规定的基础上，按照普遍管辖权的不同法律渊源，将普遍管辖权分为基于习惯国际法的普遍管辖权、基于国际条约的普遍管辖权和基于国内法的普遍管辖权三种情形，并分别

21　朱利江，2007年版，第38页，前引注3。

22　参见朱利江，2007年版，第418–419页，前引注3；张智辉：《国际刑法通论》，北京：中国政法大学出版社，2009年第三版，第76页。

23　Antonio Cassese, *International Criminal Law*, Oxford University Press, 2003, p. 285.

24　Reydams, 2003, pp. 28–42, see *supra* note 8.

25　参见朱利江，2007年版，第11页，前引注3。

26　同上注，第30–37页。

对其定义和特征进行阐述，最后说明普遍管辖权的一般性定义。期望本文的论述对澄清有关认识和更好地理解普遍管辖权的意义有所裨益。

二、 基于习惯国际法的普遍管辖权

（一）定义

基于习惯国际法的普遍管辖权是指根据国际习惯，各国对于外国人[27]在本国领土以外并非针对本国国家或国民实施的习惯国际法上的罪行进行管辖的权利。

习惯国际法（*customary international law*），即国际习惯（*international custom*），是国际法的重要渊源之一。王铁崖教授指出："国际习惯是国际法的最古老、最原始的渊源，在国际条约出现之前，历史上就有了国际习惯。在一定意义上，国际习惯也可以说是最重要的国际法渊源。"[28]根据《国际法院规约》第38条第1款第2项的规定，国际习惯是"作为通例之证明而经接受为法律者"。按照这一规定，国际习惯需要有两个要素：一是"物质要素"，即各国对同样的问题长期反复采取相同或类似的行为或不行为，也就是要存在"通例"；二是"心理要素"，即这种"通例"被各国认为具有法律约束力，也就是要"经接受为法律"，或者说存在"法律确信"（*opinio juris*）。"国际习惯有一个逐渐形成的过程，因为它既需要各国重复的类似行为，又需要各国在这种行为中逐步认为有法律的义务。"[29]

国际习惯作为国际法的渊源得到了国家的广泛接受。为了履行根据国际习惯承担的国际义务，许多国家的宪法和宪法性文件中规定，国际习惯是本国法律的一部分，[30]同时，承认国际习惯可以在本国法院直接

---

[27] 在国际法的表述中，"外国人"通常包括无国籍人。因此，本文中的"外国人"一词都包括无国籍人在内。

[28] 王铁崖主编：《国际法》，北京：法律出版社，1995年版，第13页。

[29] 同上注，第14页。

[30] 参见【英】詹宁斯、瓦茨修订，王铁崖等译：《奥本海国际法》（第一卷第一分册），北京：中国大百科全书出版社，1995年版，第32–45页；周忠海等：《国际法学述评》，北京：法律出版社，2001年版，第111–121页。不过，在

适用。例如，南非在加入《国际刑事法院规约》之后，于 2002 年 7 月 18 日通过了《＜国际刑事法院规约＞执行法》。该法第 2 条规定："除宪法和法律之外，南非任何有权审理因适用本法而引起的任何事项的法院也必须考虑，并在适当的情况下，可以适用：（1）协定国际法，特别是《国际刑事法院规约》；（2）习惯国际法；以及（3）类似的外国法。"由于《国际刑事法院规约》第 21 条第 1 款第 2 项规定，法院可以适用的法律包括国际条约和习惯国际法，因此，南非的规定与规约是一致的。不过，到目前为止，《中华人民共和国宪法》和《中华人民共和国刑法》尚未对习惯国际法在中国法律中的地位及其在中国刑法中的适用作出规定，中国学者对此也存在不同看法。[31]

（二）特征

基于习惯国际法的普遍管辖权具有以下特征：

1. 此类普遍管辖权的主体是所有国家

由于习惯国际法在适用方面的普遍性，因此，基于习惯国际法的普遍管辖权的主体是所有国家，或者说是每个国家。前南斯拉夫国际刑事法庭刘大群法官指出：普遍管辖权系指任何一个国家对被指控犯有国际

非殖民化运动中独立的新国家对于从近代欧洲的帝国主义和殖民主义实践中形成的习惯国际法规则持怀疑态度，而且它们过去作为殖民地没有参加习惯国际法的形成过程，所以，它们的宪法中很少对习惯国际法的地位做出规定。包括俄罗斯（前苏联）在内的原东欧社会主义国家在民主变革之前也存在类似情况。参见白桂梅著：《国际法》，北京：北京大学出版社，2006 年版，第 73–74 页。

[31] 有人认为，只有国际条约才是国际刑法的渊源。因为国际习惯不能满足"罪刑法定原则"的要求，所以，它不是国际刑法的渊源。参见张智辉，2009 年版，第 23–25 页，前引注 22。这种观点一方面混淆了国际条约和国际习惯的关系，认为习惯国际法上的罪行规定在国际条约中就只能是条约法上的罪行；另一方面，混淆了国际法和国内法的关系。事实上，无论是国际习惯，还是国际条约，如果国家不通过转化或者纳入的方式将其作为国内法的一部分，它们都很难在国内法中得到实施。虽然中国《刑法》第 9 条规定了国际条约的适用，但是，由于中国并没有把中国缔结或者参加的一些国际条约中的罪行规定在《刑法》之中，因此，中国法院实际上依然无法对有关罪行行使刑事管辖权。

罪行的人都具有管辖权，无论罪行发生地在何处，行为人和受害人的国籍是什么，甚至也不管被指控的犯罪行为人是否出现在行使管辖权的国家的领土内。[32]刘法官关于普遍管辖权的定义显然指的是基于习惯国际法的普遍管辖权，因为其主体是"任何一个国家"。

1982 年《联合国海洋法公约》有关对海盗行行使管辖权的规定也清楚地体现了这一点。公约第 105 条明确规定："在公海上，或在任何国家管辖范围以外的任何其他地方，每个国家均可扣押海盗船舶和飞机或为海盗所夺取并在海盗控制下的船舶或飞机，和逮捕船上或机上人员并扣押船上或机上财物。扣押国的法院可裁定应处的刑罚，并可决定对船舶、飞机或财产所应采取的行动，但受善意第三者的权利的限制。"根据本条规定，《联合国海洋法公约》要求每个国家都应当在公海上打击海盗行为，而不是像一般的国际公约那样，只要求缔约国这样做。这充分说明，海盗行为是一种习惯国际法上的罪行，所有国家都可以对其行使刑事管辖权。

不过，虽然此类普遍管辖权的主体是所有国家，但在过去，只有少数国家制定了这样的国内立法，[33]其中，1950 年以色列的《纳粹与纳粹合作者惩罚法》[34]和 1993 年比利时的《严重违反国际人道主义法行为处罚法》比较典型。例如，比利时《严重违反国际人道主义法行为处罚法》第 7 条规定："比利时法院有权审理本法规定的各项犯罪行为，无论他们发生在何地，或者行为人是何国国籍；对于比利时公民在外国对外国人所犯违反本法的行为，比利时法院的管辖权不以该外国人或其家属控诉或行为发生地国政府的官方许可为条件。"本条规定实际上是以习惯国际法为依据的普遍管辖权。[35]值得注意的是，1998 年《国际刑事法院规约》通过之后，规约缔约国中制定了包含此类普遍管辖权条款的国内法的国家大为增加。

---

32 参见刘大群，2006 年版，第 12 页，前引注 3。

33 参见朱利江，2007 年版，第 31 页，前引注 3。

34 参见马呈元，2008 年版，第 225 页，前引注 7。

35 参见朱利江，2007 年版，第 125 页，前引注 3。

在司法实践中，以色列 1961 年的"艾希曼案"[36]和 1993 年的"德米扬尤克案"以及 2001 年比利时法院对四名卢旺达公民（包括两名修女）涉嫌战争罪的判决案[37]都是适用此类普遍管辖权的典型案例。[38]

2. 此类管辖权适用于习惯国际法上的犯罪

基于习惯国际法的普遍管辖权适用的对象是习惯国际法上的犯罪。不过，因为国际习惯是不成文法，所以，有时难以确定哪些犯罪属于习惯国际法上的犯罪。王铁崖教授指出，国际习惯是在国家之间的外交关系、国际组织和机构的实践和国家的内部行为中形成的，它们表明国家的实践和意志，并构成习惯国际法的依据。[39]由此可见，要确定哪些犯罪属于习惯国际法上的犯罪，需要进行考察。按照国际习惯的两个要素，如果在认定某一行为构成国际罪行方面国家和国际组织存在长期反复的实践和明显的法律确信，而且没有或者极少相反的做法和意思表示，则可以认定该行为构成了国际习惯法上的犯罪。

普林斯顿普遍管辖项目所形成的"普林斯顿普遍管辖原则"[40]所定义的普遍管辖是基于习惯国际法的普遍管辖权[41]。"普林斯顿普遍管辖

---

[36] 参见马呈元，2008 年版，第 226–229 页，前引注 7。

[37] 参见朱利江，2007 年版，第 126–128 页，前引注 3。

[38] 更多案例参见上注，第 114–215 页。

[39] 王铁崖，1981 年出版，第 15 页，前引注 1。

[40] 普林斯顿普遍管辖权研究项目是由 Princeton University"s Program in Law and Public Affairs and the Woodrow Wilson School of Public and International Affairs, the International Commission of Jurists, the American Association for the International Commission of Jurist, the Urban Morgan Institute for Human Rights, and the Netherland Institute of Human Rights 共同发起组织的。2001 年 1 月，参加本项目研究的著名学者在普林斯顿大学举行了一次重要的学术研讨会。与会者经过认真和理性的讨论，最终通过了一个包括 14 项原则的"普林斯顿普遍管辖原则"。普林斯顿管辖原则是对普遍管辖原则进行的一次重要的民间编纂，具有十分重要的学术参考价值。See Stephen Macedo (ed.), *Universal Jurisdiction: National Courts and the Prosecution of Serious Crimes under International Law*, University of Pennsylvania Press, 2004, pp. 18–25；高铭暄、王秀梅译："普林斯顿普遍管辖原则及其评论"，载于《中国刑事法杂志》2002 年第 3 期，第 102–112 页。

[41] *Ibid.*, Macedo, 2004, p. 26.

原则"的原则一规定："为本原则的目的，普遍管辖权是仅依据犯罪性质行使的刑事管辖权，而不考虑犯罪的实施地，被指控人或者罪犯的国籍、被害人的国籍，或者行使管辖权的国家是否与犯罪存在任何其他联系等因素。"根据原则二的规定，严重违反国际法的罪行包括海盗罪、奴役罪、战争罪、危害和平罪、危害人类罪、灭绝种族罪和酷刑罪等七种罪行。

意大利著名国际刑法学家卡塞斯法官指出："国际犯罪是违反习惯国际法规则的行为，而这样的习惯法规则旨在保护整个国际社会的利益，并因此而约束所有国家和个人。"[42]按照这一定义，卡塞斯法官认为，国际犯罪包括海盗罪、战争罪、危害人类罪（特别是灭绝种族罪）、酷刑罪、侵略罪和恐怖主义犯罪。[43]

与"普林斯顿普遍管辖原则"相比较，卡塞斯法官列举的习惯国际法上的犯罪没有包括奴役罪，而增加了恐怖主义犯罪。需要指出的是，无论是从物质要素，还是从心理要素来看，以贩卖奴隶为起源和主要表现形式的奴役罪无疑已经成为习惯国际法上的犯罪。至于恐怖主义犯罪，由于各国政府和学者对它的定义和内容存在严重的分歧，因此，尚难以确认它已经成为习惯国际法上的罪行之一。"普林斯顿普遍管辖原则"是把它和种族隔离罪及毒品犯罪一起作为候选的普遍管辖权下的罪行的。

总的来看，海盗罪、奴役罪、侵略罪、战争罪、危害人类罪、灭绝种族罪、酷刑罪等七种罪行符合习惯国际法形成的物质要素和心理要素。各国政府包括联合国在内的国际组织和机构不仅一致谴责和保证不实施这些犯罪行为，而且已经建立了旨在防止和惩治这些犯罪行为的国际法律制度。因此，它们无疑已经构成了习惯国际法上的罪行。[44]当

---

42 Antonio Cassese, *International Law*, Oxford University Press, 2001, p. 246.

43 *Ibid.*, p. 246.

44 在国际社会发生上述犯罪行为的情况下，有关国家或个人也总是竭力掩饰或否认犯罪事实，或者寻找国际法上的借口，如自卫权等，为自己辩护，而不是公然宣称有关行为具有合法性。

然，随着现代国际社会的进步和国际刑法的发展，还会有其他犯罪行为成为习惯国际法的犯罪。

3. 此类普遍管辖权适用于外国人在一国领土以外并非针对该国国家或国民实施的国际犯罪

基于习惯国际法的普遍管辖权是对国家属地管辖、属人管辖和保护性管辖的补充，它所针对的是外国人在行使管辖权的国家领域以外并非针对该国国家或国民实施的国际犯罪。王铁崖教授指出，普遍管辖权是"根据国际法规定，对于某些特别的国际罪行，由于普遍地危害国际和平和安全以及人类的利益，所以不论犯罪行为发生于何地和罪犯的国籍如何，各国均有权对其罪行实施管辖。"[45]除个别人之外，[46]中国许多学者同样将"不论犯罪行为发生于何地和犯罪的国籍如何"或者类似的表述作为普遍管辖权定义的一部分。[47]

不过，需要指出的是，这种表述的科学性和准确性值得商榷。"不论犯罪行为发生于何地和罪犯的国籍如何"必然包括犯罪行为发生在本国境内和罪犯具有本国国籍的情形。但是，即使是国际犯罪，如果它发生在一国境内，或者罪犯具有该国国籍，则该国对该犯罪行使的管辖权

---

[45] 王铁崖，1981 年版，第 94 页，前引注 1。

[46] 参见韩德培主编：《现代国际法》，武汉：武汉大学出版社，1992 年版，第 123 页；朱利江，2007 年版，第 14 页，前引注 3。

[47] 参见朱奇武著：《中国国际法的理论与实践》，北京：法律出版社，1998 年版，第 85 页；邵津主编：《国际法》，北京：北京大学出版社，2000 年版，第 44 页；端木正主编：《国际法》，北京：北京大学出版社，2000 年第三版，第 73 页；梁淑英主编：《国际法》，北京：中国政法大学出版社，2011 年版，第 62 页；高铭瑄主编，赵秉志副主编：《新编中国刑法学》（上册），北京：中国人民大学出版社，1998 年版，第 48 页；高铭暄、王秀梅："普遍管辖权的特征及本土化思考"，载于《法制与社会发展》，2001 年第 6 期，第 17 页；赵秉志主编，黄茅、王秀梅副主编：《新编国际刑法学》，北京：中国人民大学出版社，2004 年版，第 57 页；张智辉，2009 年版，第 76–77 页，前引注 22；贾宇著：《国际刑法学》，北京：中国政法大学出版社，2004 年版，第 59 页；李海东："论刑事普遍管辖原则"，载于《中国人民大学学报》1988 年第 2 期；等等。当然，这样的表述在国外学者的著述中也比较普遍。

就不是普遍管辖权，而是属地管辖权或者属人管辖权。因此，基于习惯国际法的普遍管辖权所针对的只是外国人在行使管辖权的国家领域外所犯的并未损害该国国家或国民利益的国际罪行，而不是"不论犯罪行为发生于何地和罪犯的国籍如何"的国际犯罪。

4. 此类普遍管辖权可以缺席行使

一般情况下，国家行使刑事管辖权的前提是犯罪嫌疑人或者被指控的被告人位于本国境内，但是，国家在行使基于习惯国际法的普遍管辖权时，有时可以对并未实际出现在本国境内的外国犯罪嫌疑人主张管辖，这就是所谓的"缺席的普遍管辖权"（*Universal Jurisdiction in absentia*）。一些国家的国内法中规定了这种缺席的管辖权。

新西兰在批准《国际刑事法院规约》之后，于 2000 年 10 月 1 日通过了《国际犯罪与国际刑事法院法》。根据该法第 8 条第 1 款第 3 项的规定，新西兰法院对该法所列罪行有权行使管辖，不论：（1）被指控的人是何国公民或国民；（2）构成犯罪任何部分的行为是否发生在新西兰；（3）犯罪嫌疑人实施构成犯罪的行为时或者就一项犯罪对其提出指控时是否在新西兰境内。此外，德国等国家的国内法也规定有缺席的普遍管辖权。不过，整体上看，除少数国家主张行使缺席的普遍管辖权之外，大多数国家仍然把犯罪嫌疑人出现在本国境内作为行使管辖权的前提条件。[48]

在司法实践中，比利时 2001 年针对以色列前总理沙龙的案件和 2000 年针对刚果（金）外交部长耶罗迪亚的案件是一国法院针对外国犯罪嫌疑人在外国所犯的国际罪行主张缺席的普遍管辖权的著名案例。对于后一案件，刚果（金）在国际法院向比利时提起诉讼。2002 年 2 月

---

[48] 参见朱利江，2007 年版，第 231 页，前引注 3。虽然朱利江教授考察的是各国对国内战争罪行使缺席的普遍管辖权的情形，不过，其他国际犯罪的情况也基本相同。

14 日，国际法院做出了对比利时不利的判决。[49]此外，法国等其他国家的法院也有行使缺席的普遍管辖权的案例。[50]

5. 根据此类普遍管辖权追诉国际犯罪不适用法定时效

与一般情况不同，现代国际刑法承认，根据基于习惯国际法的普遍管辖权追诉国际犯罪不受国内法中法定时效的限制，1968 年《战争罪及危害人类罪不适用法定时效公约》对此作出了明确的规定。根据公约第 1 条，战争罪（尤其是 1949 年 8 月 12 日保护战争受害人的《日内瓦公约》列举的"重大违约情事"）和危害人类罪以及 1948 年《防止及惩治灭绝种族罪公约》明定的灭绝种族罪，不论其犯罪日期，均不适用法定时效。公约第 4 条要求缔约国承允依照宪法程序，采取必要的立法或其他措施，以确保法定或者其他种时效不适用于公约所列举各罪的追诉权及行刑权；缔约国倘有此类时效规定，应行废止。

2000 年 6 月 5 日，联合国东帝汶过渡管理局发布了"关于建立东帝汶严重犯罪法庭"的第 15 号法令。法令第 4 条至第 7 条首先规定了法庭管辖下的灭绝种族罪、危害人类罪、战争罪和酷刑罪的犯罪定义；然后，法令第 17 条第 1 款明确指出：对于上述犯罪，不适用任何法定时效。[51]

6. 根据此类普遍管辖权追诉国际犯罪可以溯及既往

虽然"法律不溯及既往"是一项公认的法律原则，但是，鉴于习惯国际法上的犯罪所具有的严重性质，国家在制定国内法对此类犯罪行使普遍管辖权时，可以不受这一原则的限制，对此前发生的犯罪行为进行追诉。在国际实践中，为了惩罚纳粹战犯及其帮凶，以色列于 1950 年制定了《纳粹与纳粹合作者惩罚法》。该法溯及适用于在纳粹统治下的

---

[49] See Tallman, 2003, pp. 389–394, see *supra* note 3；朱利江，2007 年版，第 129 页，前引注 3；马呈元，2008 年版，第 191–192 页，前引注 7。

[50] See ICJ, *Arrest Warrant* case, Judgment of 14 February 2002, available at http://www. legal-tools.org/doc/c6bb20/.

[51] Regulation on the Establishment of Panals with Exclusive Jurisdiction over Serious Criminal Offences, UNTAET/REG/2000/15, 6 June 2000, available at http://www. un.org, last accessed on 15 October 2012.

德国、二战时期的轴心国以及被德国占领的国家和地区由纳粹及其合作者所犯的"危害犹太民族罪"、"危害人类罪"和"战争罪"。第二次世界大战结束后，包括中国在内的许多国家都曾经制定国内法，对战争罪犯进行审判和处罚。例如，1946 年，中华民国政府先后制定了《战争罪犯处理条例》、《战争罪犯审判条例》和《战争罪犯审判条例实施细则》，并依据这些立法和刑法、刑事诉讼法以及相关的国际条约对日本战犯进行了审判和处罚。

上世纪 80 年代，由于担心某些德国纳粹战犯已在本国定居或者取得了本国国籍，澳大利亚、英国、加拿大、荷兰等一些国家通过对原有法律进行修改或者制定新的立法的方式，将本国法律溯及适用于纳粹战犯在二战期间所犯的罪行。例如，澳大利亚在 1945 年制定的《战争罪法》的基础上，1988 年通过了《战争罪修正法》。该法规定，任何人，无论以个人还是以团体成员身份，在 1939 年 9 月 1 日至 1945 年 5 月 8 日期间在欧洲发生的战争中实施的战争罪是违反本法的犯罪，应当受到刑事追诉。不过，该法适用的对象限于现在是澳大利亚公民或者居民的个人，无论其在犯罪时是否是澳大利亚公民或居民。

三、 基于国际条约的普遍管辖权

（一）定义

基于国际条约的普遍管辖权是指根据国际条约，缔约国对于外国人在本国领土以外并非针对本国国家或国民实施的条约规定的国际罪行进行管辖的权利。

国际条约（international treaties）也是国际法的重要渊源之一。李浩培教授指出："条约是至少两个国际法主体意在原则上按照国际法产生、改变或废止相互间权利和义务的意思表示的一致"。[52] 在近代国际法时期，国际法的主要渊源是国际习惯。不过，20 世纪以来，由于条约的制订相对快捷，能够比较好地满足国际关系发展的需要，加之条约

---

[52] 李浩培著：《条约法概论》，北京：法律出版社，1987 年版，第 1 页。

是成文法，规定明确且不容易产生争端，因此，国家之间缔结的国际条约的数量大为增加，条约在国际法渊源中的重要性也不断提高。

"条约必须信守原则"是一项重要的法律原则，也是条约拘束力的基础。由于条约是缔约国自由意志的反映，因此，"一个合法缔结的条约，在其有效期间内，当事国有依约善意履行的义务。这在国际法上称为条约必须信守原则（*pacta sunt servanda*）或条约神圣原则（*sanctity of treaties, inviolability of treaties*），是条约法上的一个最重要的基本原则。"[53]

旨在防止和惩治国际犯罪的国际条约一般被称为国际刑法公约。国际刑法公约通常规定何种行为构成国际犯罪，并要求缔约国将其作为国内法上的罪行；同时，规定缔约国的管辖权以及在侦查、引渡、起诉和审判方面进行合作的义务。由于这些公约允许缔约国按照一定条件对在本国领土以外的外国人实施的并未侵害本国国家或国民利益的犯罪行为行使管辖权，这就使缔约国的管辖权具有了普遍管辖的性质。例如，1997年《制止恐怖主义爆炸的国际公约》第6条第5款规定："本公约不排除行使缔约国按照其国内法规定的任何刑事管辖权。"

（二）特征

基于国际条约的普遍管辖权具有以下特征：

1. 此类普遍管辖权的主体是条约缔约国。

和基于习惯国际法的普遍管辖权不同，基于国际条约的普遍管辖权的主体只能是条约缔约国，而不是所有国家。这是由"条约相对效力原则"决定的。按照"条约相对效力原则"，因为条约是缔约国为规定相互权利和义务关系根据国际法签订的协议，所以，条约只对缔约国有拘束力，而不能对作为非缔约国的第三国产生效力。[54]它可以追溯至罗马法中的"约定对第三者既无损也无益"的原则。[55]从现代国际法来看，

---

[53] 同上注，第329页。

[54] 参见周忠海主编：《国际法》，北京：中国政法大学出版社，2008年版，第246页。

[55] 参见邵津，2000年版，第341页，前引注47。

这一原则是国家主权平等原则的引申和体现。1969 年《维也纳条约法公约》第 34 条确认了"条约相对效力原则"。该条规定:"条约非经第三国同意,不为该国创设义务或权利。"

为了更好的实现防止和惩治国际犯罪的目的,现代国际刑法公约都要对缔约国的管辖权作出明确规定。例如,2005 年《制止核恐怖主义行为国际公约》第 9 条第 1 款和第 2 款分别规定了缔约国"应当"和"可以"采取的刑事管辖权:

> (1) 每一缔约国应酌情采取必要措施,在下列情况下确立对第 2 条所述犯罪的管辖权:①犯罪在本国境内实施;或②犯罪发生在犯罪实施时悬挂本国国旗的船舶或根据本国法律登记的航空器上;或③犯罪行为人是本国国民。

> (2) 在下列情况下,缔约国也可以确立对任何这些犯罪的管辖权:①犯罪的对象是本国国民;或②犯罪的对象是本国在国外的国家或政府设施,包括本国使馆或其他外交或领事馆舍;或③犯罪行为人是惯常居住在本国境内的无国籍人;或④犯罪的意图是迫使本国实施或不实施某一行为;或⑤犯罪发生在本国政府营运的航空器上。

事实上,公约第 9 条第 1 款和第 2 两款是指定管辖,即只有和犯罪行为存在某种联系的缔约国方可对有关罪行行使刑事管辖权。不过,该条第 5 款规定:"本公约不阻止缔约国行使依照其国内法确立的任何刑事管辖权。"易言之,与有关犯罪行为没有联系的缔约国也可以依据本国刑法对公约所述犯罪进行管辖。

2. 此类普遍管辖权主要表现为"或引渡或起诉"条款/原则

一般认为,现代国际刑法中的"或引渡或起诉"原则是由格老秀斯在《战争与和平法》中提出的"或引渡或惩罚"思想演变而来的。1970 年《关于制止非法劫持航空器的公约》(《海牙公约》)首次明确规定了"或引渡或起诉"条款。公约第 7 条规定:"在其境内发现被指称的罪犯的缔约国,如不将此人引渡,则不论罪行是否在其境内发生,应无例外地将此案件提交其主管当局以便起诉。该当局应按照本国法律以对待任何严重性质的普通罪行案件的同样方式作出决定。"此后，类似的规定出现在许多国际刑法公约之中，[56]使"或引渡或起诉"条款成为了此类公约中的"格式条款"。例如，2005 年《制止核恐怖主义行为国际公约》第 11 条第 1 款规定："在第 9 条适用的情况下，被指控罪犯在其境内的缔约国，不将该人引渡的，无论犯罪是否在其境内实施，均有义务毫无例外地不作无理拖延，将案件送交其主管当局，以便通过该国法律规定的程序进行起诉。主管当局应以处理本国法律规定的任何其他严重犯罪的方式做出决定。"

虽然各国学者对于"或引渡或起诉"本身是一项习惯国际法规则，还是一项条约规则存在不同见解。[57]但毋庸置疑的是，它为缔约国设定了一种明确的条约义务：发现犯罪嫌疑人的缔约国只能在把他引渡给其他有管辖权的国家和自己对他进行追诉之间做出选择。倘若该国选择对犯罪嫌疑人提起诉讼，而且该国与该嫌疑人所犯罪行并不存在诸如犯罪实施地、行为人或受害人国籍或者对该国利益的损害等连接因素，则该国对他的追诉无疑具有普遍管辖的性质。

至于国内立法，朱利江教授指出，大多数大陆法系国家的刑法都规定有基于国际条约的普遍管辖条款。此类条款大致规定，如果对本国有拘束力的国际条约要求对有关行为适用刑法，即可适用本国刑法，无论犯罪行为与本国是否存在领土、国籍或者特定国家利益之间的联系。这

---

[56] 1971 年《关于制止危害民用航空安全的非法行为的公约》第 7 条；1973 年《关于防止和惩处侵害应受国际保护人员包括外交代表的罪行的公约》第 7 条；1979 年《反对劫持人质国际公约》第 8 条第 1 款；1980 年《核材料实物保护公约》第 9 条；1984 年《禁止酷刑和其他残忍、不人道或有辱人格的待遇或处罚公约》第 7 条第 1 款；1988 年《制止危及海上航行安全非法行为的公约》第 10 条第 1 款；1988 年《制止危及大陆架固定平台安全非法行为的议定书》第 3 条第 4 款；1988 年《联合国禁止非法贩运麻醉药品和精神药物公约》第 4 条第 2 款；1997 年《制止向恐怖主义提供资助的国际公约》第 10 条第 1 款；1998 年《制止恐怖主义爆炸的国际公约》第 8 条第 1 款；1999 年《联合国打击跨国有组织犯罪公约》第 16 条第 10 款。

[57] 朱利江，2007 年版，第 26–28 页，前引注 3。

样规定的目的是大陆法系国家为了顺应日益增多的包含有 "或引渡或起诉" 式的普遍管辖条款的国际条约的趋势。[58]例如，《法国刑事诉讼法典》第 689 条第 1 款规定："根据下列款项中所引用的国际公约的规定，涉嫌在法国领土境外实施这些条款中所列的任何行为的人，如果出现在法国领土上，则可以被法国法院追诉和审判。本条中的款项适用于企图实施这些犯罪的行为，只要这种企图是可惩罚的。"《日本刑法典》第 4 条第 2 款规定："除了上述 3 条规定的内容之外，本刑法典也适用于任何人在日本领土境外实施的第二部分规定的根据条约应当受到惩罚的罪行，即使它们是在日本领土之外实施的。"

《中华人民共和国刑法》也明确体现了基于国际条约的普遍管辖权。其第 9 条规定："对于中华人民共和国缔结或者参加的国际条约所规定的罪行，中华人民共和国在所承担条约义务的范围内行使刑事管辖权的，适用本法。"

最后，需要特别指出的是，规定了 "或引渡或起诉" 条款的国际刑法公约都包含有类似上述 2005 年《制止核恐怖主义行为国际公约》第 9 条第 5 款的内容，即 "本公约不阻止缔约国行使依照其国内法确立的任何刑事管辖权"。事实上，这一条款同样具有普遍管辖的意义。

3. 此类普遍管辖权适用于国际条约中规定的犯罪。

基于国际条约的普遍管辖权适用于国际刑法公约中规定的罪行。至于什么是国际刑法公约，巴西奥尼（Bassiouni）教授指出，国际刑法公约有 10 个刑事特征。任何国际公约，只要具备其中的一个特征，即可使其所禁止的行为成为国际犯罪，该公约本身亦成为国际刑法公约。这 10 个特征是：

（1）明示或默示承认被禁止的行为构成国际犯罪；（2）通过规定禁止、防止、起诉、惩罚或类似义务，默示承认有关行为的刑事性质；（3）使被禁止的行为刑事化；（4）规定起诉的权利或义务；（5）规定惩罚被禁止行为的权利或义务；（6）规定引渡的权利或义务；（7）规定

---

58 同上注，第 32 页。

起诉和惩罚（包括司法协助）方面的权利或义务；（8）规定行使刑事管辖权的依据；（9）规定建立国际刑事法院或者具有刑事特征的国际法庭；（10）规定排除上级命令作为抗辩理由。[59]

根据这些特征，巴西奥尼教授在对到当时为止的281个国际刑法公约进行分析的基础上，归纳出了28种国际罪行。它们是：

（1）侵略罪；（2）灭绝种族罪；（3）危害人类罪；（4）战争罪；（5）非法拥有、使用及部署武器罪；（6）盗窃核材料罪；（7）雇佣军罪；（8）种族隔离罪；（9）奴隶制及相关习俗；（10）酷刑及其他形式的残忍、不人道或有辱人格的待遇或处罚；（11）非法人体试验；（12）海盗行为；（13）劫持航空器及危害国际航空安全的非法行为；（14）危害海上航行安全及公海固定平台安全的非法行为；（15）对应受国际保护人员使用或者威胁使用武力；（16）危害联合国人员与有关人员；（17）劫持人质；（18）非法使用邮件；（19）使用爆炸物进行袭击；（20）资助恐怖主义；（21）非法贩运毒品及与毒品有关的犯罪；（22）有组织犯罪；（23）损毁及/或盗窃国家文物罪；（24）危害某些应受国际保护的环境因素的非法行为；（25）国际贩运淫秽物品罪；（26）伪造及变造货币罪；（27）非法干扰海底电缆罪；（28）贿赂外国官员罪。[60]

对于国际刑法公约中规定的罪行，笔者将其归纳为27种。[61]另外，根据2005年的《制止核恐怖主义行为国际公约》，还应该增加一种"核恐怖主义行为罪"。当然，在国际刑法公约规定的国际犯罪中，有些属于习惯国际法上的犯罪。在这种情况下，国际公约的规定可以被视

59　Bassiouni, 2003, pp. 115–116, see *supra* note 12.

60　*Ibid.*, pp. 116–117.

61　马呈元，2008年版，第271页，前引注8。

为国际习惯存在的重要证据。对于这些犯罪，不仅缔约国可以依据条约行使刑事管辖权，而且非缔约国也可以依据习惯国际法行使普遍管辖权。

4. 此类普遍管辖权不得缺席行使

和基于国际习惯的普遍管辖权不同，基于国际条约的普遍管辖权不能缺席行使。国际刑法公约一般都明确规定，犯罪嫌疑人出现在缔约国境内是缔约国行使刑事管辖权的前提条件，而且"或引渡或起诉"原则的性质也充分证明了这一点，因为倘若犯罪嫌疑人不在缔约国境内，就不可能存在引渡或者起诉的问题。例如，1999 年《制止向恐怖主义提供资助的国际公约》第 9 条第 2 款规定："罪犯或犯罪嫌疑人身在其境内的缔约国，在确信情况有此需要时，应根据国内法采取适当措施，确保该人留在境内，以进行起诉或引渡。"公约第 10 条第 1 款规定："在第 7 条适用的情况下，犯罪嫌疑人在其境内的缔约国如不将该人引渡，则无论在任何情况下且无论罪行是否在其境内实施，均有义务不作无理拖延，将案件移交其主管当局。以按照该国法律规定的程序进行起诉。主管当局应以处理该国法律定为性质严重的任何其他罪行的相同方式做出决定。"[62]

由于国际刑法公约有这样的要求，因此，在国内法中规定了以条约为依据的普遍管辖权的国家，通常都需要以犯罪嫌疑人出现在本国境内作为国家行使管辖权的前提条件。[63]中国的情况同样如此。高铭暄教授指出，根据《中华人民共和国刑法》第 9 条的规定，"凡是我国缔结或者参加的国际条约中规定的罪行，不论犯罪分子是中国人还是外国人，也不论其罪行发生在我国领域内还是我国领域外，只要犯罪分子在我国境内被发现，我国就应当在所承担条约义务的范围内，行使刑事管辖权。这也就是对这类罪行确立了普遍管辖权原则。"[64]

62　段洁龙主编，王宗来副主编：《国际反恐法律文件汇编》，北京：海洋出版社，2009 年版，第 84 页。

63　参见朱利江，2007 年版，第 231 页，前引注 3。

64　高铭暄，1998 年版，第 53 页，前引注 47。

5. 此类普遍管辖权不得溯及既往

与基于习惯国际法的普遍管辖权不同，基于国际条约的普遍管辖权不得溯及适用于条约生效以前发生的犯罪行为。这是由"条约不溯及既往"原则决定的。魏敏教授指出："条约生效后，除条约另有规定外，一般来说，都是自生效之日起，条约开始适用。因此，在原则上，条约无追溯的效力，也就是说条约不溯及既往，对于当事国在条约生效之日以前发生的任何行为或事实，条约的规定对该当事国均不发生拘束力。当然，有的条约，明文规定条约适用于条约生效以前的情况，那是另外的问题。"[65] 1969 年《维也纳条约法公约》第 28 条规定："除条约表示不同意思，或另经确定外，关于条约对一当事国生效之日以前所发生之任何行为或事实或已不存在之任何情势，条约之规定不对该当事国发生拘束力。"白桂梅教授认为，这一规定是时际法（Inter-temporal Law）在条约法中的应用。[66]

根据这一原则，首先，国际刑法公约的缔约国不得对公约生效之前发生的犯罪进行管辖；其次，公约生效之后加入公约的缔约国，不得对公约对本国生效之前发生的犯罪进行管辖。当然，条约有例外规定者，不受此限。

四、 基于国内法的普遍管辖权

（一）定义

基于国内法的普遍管辖权是指根据国内法，国家对于在本国境内且无法引渡的外国人在本国领土以外并非针对本国国家或国民实施的犯罪进行管辖的权利。

65　王铁崖，1981 年版，第 240 页，前引注 1。

66　参见白桂梅，2006 年版，第 177 页，前引注 30。

此类普遍管辖权的法律渊源是一些国家的国内法，具体地讲，是德国以及深受日耳曼法影响的北欧和中东欧一些国家刑法中的代理条款。[67]例如，1940 年《德国刑法典》第 7 条第 2 款第 2 项规定：

> 德国刑法同样适用于在境外实施的行为，如果根据发生地的法律此种行为应受惩治，或者如果在犯罪实施地并不存在刑法执行，以及如果行为人：1. 犯罪时是德国人，或者犯罪后成为德国人；2. 犯罪时是外国人，在德国境内被发现，而且尽管《引渡法》允许对此类犯罪进行引渡，但由于在合理的期限内没有国家提出引渡请求、引渡请求被拒绝或者因引渡不可行而没有被引渡。

《土耳其刑法》第 12 条第 1 款和第 2 款分别规定了外国人在外国侵害土耳其国家和土耳其公民或法人的犯罪；第 3 款则规定了外国人在外国针对外国人犯罪的情形：

> 如果受害人是外国人，则在满足以下条件的前提下，可以依照司法部的要求对犯罪人进行审判：1. 按照土耳其法律，该人所犯罪行应被判处最低 3 年以下有期徒刑；2. 不存在引渡条约，或者犯罪行为地国或该人国籍国拒绝接受将其引渡回国审判的要求。

基于国内法的普遍管辖权源于两种具体的刑法理论：一是犯罪连续性说（*the theory of continued offence*）；二是犯罪世界性说（*the universal theory of crime*）。按照犯罪连续性说的观点，一个窃贼无论带着偷窃物走到哪里，都可以认为他在所到之处犯有罪行（因而应当受到惩

---

[67] 朱利江，2007 年版，第 33 页，前引注 3。不过，对于这种管辖权的性质和内容，学者之间的认识并不一致。有人认为它本身就是普遍管辖权（参见韩德培，1992 年版，第 122 页，前引注 46）；有人则称其为世界性原则或普遍管辖原则，并认为代理原则是与其不同的另外一项原则（参见林欣、李琼英著：《国际刑法新论》，北京：中国人民公安大学出版社，2005 年版）；也有人把代理管辖称为代位管辖，并认为作为国际刑事合作形式之一的刑事诉讼的移管也属于代位管辖（参见刘大群，2006 年版，第 9–10 页，前引注 3）。

罚）；[68]而犯罪世界性说则认为，"不论犯罪者是哪国人，也不论他在何处实施犯罪，对于社会总是一种危害，因此，任何国家都有权行使管辖，加以镇压。"[69]意大利著名刑法学家贝卡里亚（Beccaria）曾经提到，有人认为，在君士坦丁堡所犯的凶残行为，可以在巴黎受到惩罚。其抽象的理由是：谁侵犯了人类，谁就应当受到整个人类的敌视和普遍的痛恨。[70]他指出，"无论如何，我相信：不让真正的犯罪找到任何安身之地，这是防范犯罪的极其有效的措施。"[71]

总的来看，基于国内法的普遍管辖权反映了一种理想主义的普世刑法思想，或者说是一种"替天行道"的刑法思想。这种普遍管辖权的适用范围十分广泛，如果能够得到推广，它可以完全取代基于习惯国际法和基于国际条约的普遍管辖权。不过，如果一个国家对在本国境内的外国人在外国所犯的所有罪行，不论国际罪行还是国内罪行，都主张管辖，将难以避免与其他国家的管辖权，甚至国家主权发生冲突。同时，国家对有关犯罪的侦查、起诉和审判活动也不可避免地会遇到国际刑事合作方面的困难，以及司法成本和效率的问题。因此，正如朱利江教授所言，这种管辖权是大陆法系国家中以德国为中心的中东欧和北欧国家的刑法的特色做法，它的适用需要符合许多前提条件，所以，并未得到条约和习惯国际法的一般承认。[72]

（二）特征

1. 此类普遍管辖权适用于在本国境内的外国逃犯

基于国内法的普遍管辖权适用的对象是外国逃犯，即位于本国境内但在本国境外犯有罪行的外国人。易言之，依据本国刑法中的代理条款行使普遍管辖权的对象既不包括并非位于本国境内的外国犯罪人，也不

---

[68] Luc Reydams, *Universal Jurisdiction: International and Municipal Legal Perspectives*, Oxford University Press, 2003, p. 29.

[69] 参见韩德培，1992 年版，第 122 页，前引注 46。

[70] 参见【意】贝卡里亚著，黄风译：《犯罪与刑罚》，北京：中国法制出版社，2005 年版，第 76 页。

[71] 同上注。

[72] 参见朱利江，2007 年版，第 419 页，前引注 3。

包括在外国犯罪后逃回本国的本国人。不过，有人认为，代理原则不仅适用于在外国犯罪后逃到本国的外国人，也适用于在外国犯罪后逃回本国的本国人。国家应有关外国的要求，将这些逃犯提交本国法院审判。[73]需要指出的是，对代理原则的这种理解不同于基于国内刑法中的代理条款的普遍管辖权。首先，此类普遍管辖权的适用对象仅限于外国逃犯，不包括在外国犯罪后逃回本国的本国国民。其次，国家对在外国犯罪后逃回本国的本国国民进行审判和惩罚的依据是属人管辖原则，而不是基于国内法的普遍管辖原则，或者代理原则。最后，国家行使此类普遍管辖权并不以犯罪地国或行为人国籍国等有关外国要求管辖为前提。

还有学者把代理管辖称为"代位管辖权"，认为刑事诉讼移管属于代位管辖权，并将 1972 年《关于刑事诉讼移管的欧洲公约》作为最具代表性的范例。[74]这种观点同样值得商榷。

刑事诉讼移管是现代国际刑事合作的形式之一。刑事诉讼移管一般被定义为："对犯罪享有管辖权的一国由于某种原因，不能进行或完成追诉该犯罪的刑事活动时，将案件移交给另一国管辖的活动。"[75]但实际上，它是指一国司法主管机关应有管辖权的他国有关主管机关的请求，对在他国犯有某种罪行的本国公民进行追诉的一种司法合作制度。[76]具体地讲，刑事诉讼移管是在一国国民在他国犯罪后逃回本国，本国由于"本国国民不引渡原则"不可能将其引渡给他国的情况下，本国应他国的请求对其犯罪行为行使刑事管辖权。由此可见，刑事诉讼移管的目的主要是为了避免因"本国国民不引渡原则"而使犯罪人逃脱应有的惩罚，而移管的对象是被请求国国民或居民实施的犯罪案件。联合国大会于 1990 年 12 月 4 日通过的《联合国刑事诉讼移管示范条例》第 7 条

73　参见林欣主编，刘楠来副主编：《国际刑法问题研究》，北京：中国人民大学出版社，2000 年版，第 235 页；林欣、李琼英，2005 年版，第 54 页，前引注67。

74　参见刘大群，2006 年版，第 9–10 页，前引注 3。

75　张智辉，2009 年版，第 422 页，前引注 22。

76　参见赵秉志等编著：《跨国跨地区犯罪的惩治》，海口：海南出版社，1999 年版，第 20 页。

明确规定，如果涉嫌犯罪者不是被请求国国民或并非该国常住居民，被请求国可以拒绝移管请求。刑事诉讼移管的本质是犯罪行为地国将其刑事管辖权转移给犯罪人国籍国，也就是说，请求国将其对有关刑事诉讼的属地管辖权让位于被请求国的属人管辖权。

总之，刑事诉讼移管和基于国内刑法中的代理条款的普遍管辖权是两个不同的概念，不能混为一谈。前者是得到广泛承认的国际刑事合作的形式之一，后者只是大陆法系国家中以德国为中心的部分欧洲国家刑法的特色做法；前者的依据是国家间缔结的双边或者多边条约，后者的依据是有关国家的国内法；前者是一种双边的国际刑事合作行为，后者是国家单方面行使刑事管辖权的行为；前者所涉及的犯罪嫌疑人是在外国犯罪的本国人，后者所涉及的犯罪嫌疑人是在外国犯罪的外国人。前者行使的是属人管辖权，后者行使的是普遍管辖权，或称代理管辖权。

2. 适用此类普遍管辖权的前提是无法将逃犯引渡给其他有关国家

国家在根据此类普遍管辖权对外国逃犯进行追诉之前，必须首先寻求对他进行引渡，即把他引渡给根据属人原则、属地原则或者保护性原则具有有管辖权的其他国家。只有在因各种原因无法引渡给其他国家时，本国才对他行使刑事管辖权。无法引渡的原因包括没有任何国家提出引渡要求；本国坚持"条约前置主义"立场，而向本国提出引渡要求的国家并未与本国订有引渡条约；向本国提出的引渡请求由于不符合引渡条件而被拒绝，等等。总之，国家只有在无法将外国逃犯引渡给其他国家的情况下，方可根据本国刑法中的所谓"代理管辖条款"对他进行追诉和审判。

3. 此类普遍管辖权适用于各种可引渡的罪行

基于习惯国际法和国际条约的普遍管辖权只适用于国际犯罪，而基于国内刑法中的代理条款的普遍管辖权适用的犯罪类型非常广泛。"它不限于少数几种国际犯罪，它实际上针对所有可引渡的罪行，包括普通犯罪。"[77]实践中，无论是采取"列举式"还是"概括式"，国家之间签订的双边或者多边引渡条约都要规定哪些罪行属于可引渡的罪行，各

---

[77]　朱利江，2007年版，第35页，前引注3。

国引渡法中也会对此作出规定。一般来说，可引渡的犯罪是严重或者比较严重的刑事犯罪。2000 年《中国引渡法》第 7 条第 2 款规定：

> 为了提起刑事诉讼而请求引渡的，根据中华人民共和国法律和请求国法律，对于引渡请求所指的犯罪均可判处 1 年以上有期徒刑或者其他更重的刑罚；为了执行刑罚而请求引渡的，在提出引渡请求时，被请求引渡人尚未服完的刑期至少为 6 个月。

4. 行使此类普遍管辖权应当符合双重犯罪原则。

双重犯罪原则是引渡制度中的一项重要原则，也是引渡的条件之一，其含义是指，作为引渡原因的行为必须按照请求国和被请求国双方的法律都构成犯罪，方可进行引渡。"应当说，它是'罪刑法定原则'在国际刑事司法合作领域的体现。"[78] 在国家按照国内刑法中的代理条款对在本国境内的外国人进行追诉和审判时，也必须满足双重犯罪原则，即该外国人在本国领土以外实施的行为按照本国法律和犯罪行为地国的法律均构成犯罪，否则，国家不得对其行使刑事管辖权。

五、 普遍管辖权在中国刑法中的适用

（一）中国刑法中的普遍管辖权

虽然普遍管辖原则是国际法中确立已久的一项原则，但是，由于 1949 年中华人民共和国成立后长期处于一种相对封闭的状态，以及意识形态方面的原因，中国政府对普遍管辖权基本上持一种怀疑，甚至否定的立场。1979 年中国制定的第一部刑法也没有包含普遍管辖条款。朱利江教授指出，在 20 世纪 80 年代末和 90 年代初之前，几乎所有的中国学者都反对普遍管辖权的概念，认为它是帝国主义和霸权主义的表现，是侵犯国家主权的行为。[79] 不过，这种看法未必完全符合事实，因

---

78 黄风著：《国际刑事司法合作的规则和实践》，北京：北京大学出版社，2008 年版，第 7 页。

79 参见朱利江，2007 年版，第 343–344 页，前引注 3。如，李忠灿主编：《中华人民共和国刑法论》（上编），长春：吉林人民出版社，1984 年版，第 68–69

为在此期间，中国许多国际法学者仍然对普遍管辖权进行了客观的介绍和评价。[80]

1980 年 9 月 10 日，中国同时加入了 1970 年《关于制止非法劫持航空器的公约》（《海牙公约》）和 1971 年《关于制止危害民用航空安全非法行为的公约》（《蒙特利尔公约》）。此后，又陆续加入了《消除一切形式种族歧视国际公约》、《禁止并惩治种族隔离罪行国际公约》等国际刑法公约，其中包括 1985 年 6 月 18 日同时加入的《经〈修正 1961 年麻醉品单一公约的议定书〉修正的 1961 年麻醉品单一公约》和《1971 年麻醉药物公约》。为了履行公约规定的义务，特别是根据"或引渡或起诉"条款产生的义务，1987 年 6 月 23 日，中国全国人大常委会通过了《关于对中华人民共和国缔结或者参加的国际条约所规定的罪行行使刑事管辖权的决定》。该决定明确规定："对于中华人民共和国缔结或者参加的国际条约所规定的罪行，中华人民共和国在所承担条约义务的范围内，行使刑事管辖权。"这一决定填补了中国 1979 年刑法在普遍管辖权规定上的空缺，为在国内法中适用普遍管辖原则提供了法律依据。[81]此后，具有讽刺意义的是，"几乎所有的中国学者开始转向肯定普遍管辖"。[82]对一些人来说，所谓的政治正确远比学术研究更为重要。

页；张尚鷟编著：《中华人民共和国刑法概论》（总则部分），北京：法律出版社，1983 年版，第 41 页。

[80] 参见王铁崖，1981 年版，第 94 页，前引注 1；周鲠生著：《国际法》（下册），北京：商务印书馆，1981 年版，第 493–496 页；朱荔荪等著：《国际法》，北京：中央广播电视大学出版社，1985 年版，第 175–177 页；魏敏主编，罗祥文副主编：《海洋法》，北京：法律出版社，1987 年版，第 210–215 页；周忠海著：《国际海洋法》，北京：中国政法大学出版社，1987 年版，第 145–146 页；白桂梅等编：《国际法》，北京：北京大学出版社，1988 年版，第 66 页；黄惠康著：《国际法教程》，武汉：武汉大学出版社，1988 年版，第 39 页。

[81] 高铭暄，王秀梅，2001 年，第 23 页，前引注 47。

[82] 朱利江，2007 年版，第 344 页，前引注 3。

1990 年，中国全国人大常委会通过了《关于禁毒的决定》。按照决定第 13 条第 2 款的规定，对于在中国领域外犯走私、贩卖、运输、制造毒品罪进入中国领域内的外国人，中国司法机关有权管辖。除依照中国缔结或者参加的国际公约或者双边条约进行引渡者之外，均适用决定中的规定。为了使中国的刑事立法与中国承担的国际义务相一致，1997 年 3 月 14 日修订的《中华人民共和国刑法》第 9 条明确增加了关于普遍管辖权的规定："对于中华人民共和国缔结或者参加的国际条约所规定的罪行，中华人民共和国在所承担条约义务的范围内行使刑事管辖权的，适用本法。""这一规定结束了普遍管辖权的适用无明确刑事立法依据的局面，从而使普遍管辖的本土化进程基本趋于完善。"[83]

高铭暄教授指出："根据这一规定，凡是我国缔结或者参加的国际条约中规定的罪行，不论犯罪分子是中国人还是外国人，也不论其罪行发生在我国领域内还是我国领域外，只要犯罪分子在我国境内被发现，我国就应当在所承担条约义务的范围内，行使刑事管辖权。这也就是对这类罪行确立了普遍管辖权的原则。"[84]

《中华人民共和国刑法》第 9 条规定的普遍管辖权具有下列特征：

1. 在性质上，它属于基于国际条约的普遍管辖权。
2. 它行使的前提是中国法院不能依据《中华人民共和国刑法》第 6 条，第 7 条和第 8 条分别规定的属人原则、属地原则和保护原则对有关犯罪行使刑事管辖权。[85]
3. 它适用于中国缔结或者参加的国际条约中规定的罪行。
4. 中国在承担条约义务的范围内对条约规定的罪行行使刑事管辖权。这意味着一方面，中国对有关条约提出的保留不属于中国承担条约义务的范围；另一方面，中国应当采取立法、司法及行政措施履行根据条约产生的义务，尤其是"或引渡或起诉"的义务。

---

83 高铭暄，王秀梅，2001 年，第 23 页，前引注 47。

84 高铭瑄，1998 年版，第 53 页，前引注 47。

85 陈忠林，2004 年，第 471–472 页，前引注 6。

5. 在程序方面，它行使的条件是犯罪嫌疑人出现在中国境内，且无法将其引渡给其他有管辖权的国家。

（二）中国适用普遍管辖权存在的问题

虽然《中华人民共和国刑法》第 9 条规定了普遍管辖权的内容，但是，中国在适用普遍管辖权方面依然存在一些不容忽视的问题。下面对其进行简单的阐述：

1. 《中华人民共和国刑法》规定的普遍管辖权不包括基于习惯国际法的普遍管辖权

如前所述，国际习惯是公认的国际法的重要渊源之一，许多国家的宪法和法律中规定了国际习惯在本国国内法中的地位和效力。不过，虽然中国学者也普遍承认国际习惯与国际条约同为国际法和国际刑法的渊源，然而，迄今为止，《中华人民共和国宪法》、《中华人民共和国刑法》及其他立法中并没有对国际习惯的概念及其在中国法律中的地位作出明确规定。以至于仍有学者认为国际习惯并非国际刑法的渊源，因为它不符合罪刑法定原则。[86]

由于中国的宪法和刑法中没有关于习惯国际法的规定，这就意味着《中华人民共和国刑法》不承认基于习惯国际法的普遍管辖权。也就是说，如果中国缔结或者参加的国际刑法公约没有规定某些习惯国际法上的罪行，则无论有关罪行多么严重，中国都不能进行管辖。例如，因为中国没有参加规定有侵略罪和危害人类罪的国际刑法公约，所以，中国就不可能对这两种严重的国际罪行行使管辖权；而那些已经规定在中国参加的国际刑法公约中的习惯国际法上的罪行，如海盗罪、灭绝种族罪、酷刑罪等，中国至少有可能主张管辖。由此看来，《中华人民共和国刑法》有必要明确承认国际习惯法上的罪行属于根据刑法应当予以惩处的罪行。不过，在目前的情况下，这恐怕暂时还难以做到。

2. 中国没有把条约中的罪行转化为刑法上的罪行违反国际义务

作为缔约国的一项基本义务，国际刑法公约均要求缔约国把公约所述罪行规定为国内法上的罪行，并给予适当的惩罚。例如，2005 年

---

[86] 张智辉，2009 年版，第 23–25 页，前引注 22。

《制止核恐怖主义行为国际公约》第 5 条规定："每一缔约国应酌情采取必要措施：（1）在其国内法中将第 2 条所述犯罪定为刑事犯罪；（2）根据这些犯罪的严重性质规定适当的刑罚。"同时，《中华人民共和国刑法》第 9 条规定，中国应当在所承担条约义务的范围内对条约所述犯罪行使刑事管辖权。而将公约所述犯罪规定为刑法上的罪行无疑属于中国承担条约范围内的事项。因为国际刑法公约中的此类条款涉及公约目的和宗旨，所以，根据《维也纳条约法公约》第 19 条第 3 款，缔约国不得提出保留。

不过，遗憾的是，虽然《中华人民共和国刑法》规定或者体现了一些国际刑法公约中的罪行，如破坏交通工具罪，劫持航空器罪，组织、领导、参加恐怖组织罪，走私、贩卖、运输、制造毒品罪，贪污罪，贿赂罪等，但是，迄今为止，中国缔结或者参加的国际条约中的大多数罪行并没有被规定在《中华人民共和国刑法》之中，成为中国国内法上的罪行。这些罪行包括战争罪、灭绝种族罪、种族歧视罪、种族隔离罪、酷刑罪、侵害应受国际保护人员罪、侵害联合国人员和有关人员罪、海盗罪、危害海上航行安全罪、危害大陆架固定平台安全罪等。例如，对于海盗罪，尽管中国在 1996 年批准了《联合国海洋法公约》，并且承担了公约规定的打击海盗行为的国际义务，但是，《中华人民共和国刑法》至今没有规定海盗罪的罪名。这直接导致了司法实践中对海盗犯罪行使刑事管辖权时的困惑。

总之，中国没有按照国际刑法公约的要求将有关国际罪行规定为刑法上的罪行，这可以说是中国在适用普遍管辖权方面最突出的问题。它既违反条约必须遵守原则，也违反中国根据国际条约所承担的义务。陈忠林教授指出："如果不将我国参加的国际条约规定的犯罪转化为我国刑法的明文规定，我国的司法机关就无法根据我国刑法的规定行使刑事管辖权，我国也就无法履行我国承担的惩处相关犯罪的国际义务。"[87]

3. 《中华人民共和国刑法》第 9 条的普遍管辖权与第 3 条的合法性原则相冲突

---

[87] 陈忠林，2004 年，第 473 页，前引注 6。

合法性原则（*the principle of legality*）又称"法定原则"，也是刑法中的一项基本原则。它包括三项具体的刑法原则，即"法无明文不为罪"（*nullum crimen sine lege*）、"法无明文不处罚"（*nulla poena sine lege*）和"法律不溯及既往"（*no ex post facto application of laws*）。[88] 合法性原则是文明各国普遍遵循的一项刑法原则，它对于防止国家司法权的滥用，保护公民的基本权利和自由具有十分重要的意义。因此，《中华人民共和国刑法》第 3 条也明确规定了合法性原则："法律明文规定为犯罪行为的，依照法律定罪处刑；法律没有明文规定为犯罪行为的，不得定罪处刑。"

如上所述，由于中国缔结或者参加的国际条约中的大部分罪行没有被规定在刑法中成为国内法上的罪行，因此，《中华人民共和国刑法》第 9 条的规定可以被理解为中国对国际刑法公约采取了纳入的立场，司法机关可以按照刑法第 9 条的规定直接适用公约对有关国际罪行进行追诉。然而，这种做法明显违反合法性原则。如果《中华人民共和国刑法》没有规定有关罪行，那么，按照中国缔结或者参加的国际刑法公约中规定的罪行追诉犯罪违反法无明文不为罪原则；即使能够根据国际刑法公约中的罪名提出起诉，但因为国际刑法公约只规定犯罪行为，而不规定应处的刑罚，所以，对有关犯罪行为判处刑罚违反法无明文不处罚原则。

4. 以刑法中的其他罪名起诉国际罪行违反禁止类推的原则

由于按照国际刑法公约中的罪名起诉《中华人民共和国刑法》未作规定的罪行违反法无明文不为罪的原则，因此，中国在司法实践中出现了以刑法中现有的罪名对国际犯罪进行追诉的情形。例如，因为《中华人民共和国刑法》中没有规定海盗罪，所以，司法机关就以抢劫罪、故意杀人罪、故意伤害罪、绑架罪、非法拘禁罪、破坏交通工具罪等对涉

---

[88] 陈卫佐著：《拉丁语法律用语和法律格言词典》，北京：法律出版社，2009 年版，第 237 页；《英汉法律词典》编写组：《英汉法律词典》，北京：法律出版社，1985 年版，第 569 页。

嫌犯有海盗罪的外国人提出起诉。虽然这样做也可以达到惩治犯罪的目的，但它严重违反了另外一项重要的刑法原则，即禁止类推的原则。

禁止类推原本是法无明文不为罪原则的应有之义，如果在刑法没有规定有关行为构成犯罪的情况下允许类推适用，法无明文不为罪原则就失去了存在的意义。况且把海盗罪指控为抢劫罪、破坏交通工具罪、故意杀人罪、故意伤害罪等来进行处罚是非常荒谬的。因为虽然根据《联合国海洋法公约》，中国作为缔约国有权对外国人在公海上并非针对中国船舶、人员或财产实施的海盗行为进行管辖，但是，中国无权对外国人在公海上并非针对中国船舶、人员或财产实施的抢劫罪、破坏交通工具罪、故意杀人罪或者故意伤害罪主张管辖。对于这些罪行，只有当它们发生在中国境内、犯罪人具有中国国籍或者侵害了中国国家或者公民利益时，中国才可以行使刑事管辖权。总而言之，中国把国际罪行类推为刑法上的其他罪行而行使管辖权是没有法律依据的。

六、 结论

管辖权是国家的基本权利之一，是国家根据其主权对特定的人、物和事件进行管理和处置的权利。国家的管辖权依其性质可以分为立法、司法和行政管辖权，其中，司法管辖权包括民事管辖权和刑事管辖权两种类型。[89]在刑事管辖权方面，传统上，国家主要依据属地原则或者属人原则对在本国领土上发生的或者由本国人实施的犯罪行使刑事管辖权，但是，随着时间的推移，情况开始发生变化。有时，国家需要突破属地原则或属人原则的限制，对在本国领土以外的外国人所犯的某些罪行行使管辖权。这起初是因为有关罪行（如海盗罪）发生在不属于任何国家管辖的地区，更准确地讲，是国家无法有效行使管辖权的地区；[90]

---

[89] 参见马呈元主编，李居迁副主编：《国际法》，北京：中国政法大学出版社，2008年版，第56页。

[90] 虽然现在人们一般讲海盗是发生在公海上的犯罪，但这种说法并不完全准确。历史上，在1492年哥伦布发现新大陆之后，1493年，教皇亚历山大第六两次发布谕旨，以大西洋上的所谓"教皇子午线"为界，把全世界的海洋分给了西班

后来是因为有关罪行具有十分严重的性质，损害了国际社会的共同利益，"普林斯顿普遍管辖原则"中的原则一关于普遍管辖权的定义清楚地说明了这一点。[91]这种变迁反映了国际社会和国际法的进步和发展。

不过，虽然普遍管辖权在理论和实践两个方面都得到充分确立已是不争的事实，但是，关于普遍管辖权的定义及其类型依然众说纷纭，难以统一。这主要是因为各国学者对普遍管辖权的适用范围认识不同；而出现这种状况又是因为大家对普遍管辖权的法律渊源理解不同。笔者认为，按照不同的法律渊源，普遍管辖权可以分为基于习惯国际法的普遍管辖权、基于国际条约的普遍管辖权和基于国内法的普遍管辖权等三种类型。

基于习惯国际法的普遍管辖权是指根据国际习惯，各国对于外国人在本国领土以外并非针对本国国家或国民实施的习惯国际法上的罪行进行管辖的权利。此类普遍管辖权的主体是所有国家；适用的对象是习惯国际法上的犯罪。不过，国家对在本国境内发生或者由本国国民实施的习惯国际法上的犯罪行使的管辖权并不是普遍管辖权。同时，虽然此类管辖权的行使一般以犯罪嫌疑人出现在本国境内为条件，但有时，国家也可以对并未实际出现在本国境内的外国犯罪嫌疑人主张缺席管辖。此外，适用此类普遍管辖权追诉国际犯罪不受法定时效和"法律不溯及既往原则"的限制。

基于国际条约的普遍管辖权是指根据国际条约，缔约国对于外国人在本国领土以外并非针对本国国家或国民实施的条约规定的国际罪行进行管辖的权利。此类普遍管辖权的主体是有关国际刑法公约的缔约国；

牙和葡萄牙两个国家。为了反对个别国家对海洋的垄断，格老秀斯于 1609 年发表了著名的《海洋自由论》。其后，又经过近 200 年的斗争，直到 19 世纪初才最终形成了领海和公海并列的传统海洋法制度。（同上注，第 132 页）因此，严格地讲，在 19 世纪传统海洋法形成之前，不存在领海和公海之分。也不能说海盗是发生在公海或者不属于任何国家管辖的地区的行为。

91   原则一："为本原则的目的，普遍管辖权是仅依据犯罪性质行使的刑事管辖权，而不考虑犯罪的实施地，被指控人或者罪犯的国籍、被害人的国籍，或者行使管辖权的国家是否与犯罪存在任何其他联系等因素。"

适用的对象是公约规定的国际犯罪；而其普遍管辖的性质体现为公约中的"或引渡或起诉"条款和授权缔约国依照国内法行使刑事管辖权的条款。不过，按照"条约不溯及既往"原则，此类普遍管辖权不得溯及适用于条约生效以前发生的犯罪行为。

基于国内法的普遍管辖权是指根据国内法，国家对于在本国境内且无法引渡的外国人在本国领土以外并非针对本国国家或国民实施的犯罪进行管辖的权利。此类普遍管辖权的法律渊源是德国以及部分深受日耳曼法影响的欧洲国家的国内法，具体地讲，是其刑法中的所谓"代理条款"。国家根据国内刑法中的代理条款追诉的对象是在本国境内且无法引渡给其他国家的外国逃犯，不包括在外国犯罪后逃回本国的本国国民；而适用的犯罪是各种可引渡的犯罪，包括国际犯罪和严重或者比较严重的国内犯罪，但应以符合"双重犯罪"原则为前提。此外，国际刑事合作中的刑事诉讼移管不同于基于国内刑法中的代理条款的普遍管辖权。

综合上述三种类型的普遍管辖权的共性，笔者认为，作为一个一般性的定义，普遍管辖权是指根据国际法或国内刑法中的代理条款，国家对外国人在本国领土以外并非针对本国国家或国民的犯罪进行管辖的权利。

1997 年 3 月 14 日修订的《中华人民共和国刑法》第 9 条首次规定了刑法中的普遍管辖权。按照该条的规定，《中华人民共和国刑法》中的普遍管辖权属于基于国际条约的普遍管辖权，它适用的对象既不包括习惯国际法上的罪行，也不包括外国人在外国所犯的并非国际刑法公约规定的罪行。中国在普遍管辖权的适用中最突出的问题是，在大多数情况下，中国没有根据国际刑法公约的要求把公约中的国际罪行规定为《中华人民共和国刑法》上的罪行。这既违反条约必须遵守原则，也违反中国根据国际公约所承担的义务。同时，在《中华人民共和国刑法》没有对有关罪行作出规定的情况下，依据中国缔结或者参加的国际刑法公约规定的罪名对犯罪进行追诉，这既违反法无明文不为罪原则，也违反法无明文不处罚原则。另外，按照犯罪构成将国际罪行类推为刑法中的其他罪行进行起诉违反禁止类推的原则。

9

联大讨论普遍管辖权：
寻求国际法中的共同理解

朱利江[*]

经过十多年激烈争论，普遍管辖权问题终于来到了联合国大会，这个全世界最大最权威的国家论坛。2009 年 9 月 18 日，第 64 届联大把"普遍管辖权原则的范围和适用"列入议程，[1]并把它交给第六委员会讨论。[2]这表明，联大将审议这个关于国家刑事管辖权的国际法中最棘手和最具争议的问题。这是在我的意料之内的，因为早在 2006 年我在北大法学院的博士学位论文中，我就建议，作为一项形式措施，国家可

---

[*] **朱利江**是中国政法大学国际法学院副教授。他获得北京大学学士学位，瑞典隆德大学法律硕士，北京大学博士学位。他是《中国国际法杂志》编辑、《国内法院中的国际法》副编辑、中国大陆地区判例报告员。在中国政法大学他为本科生开设了"国际公法"（中文）和"国际人道法导论"（双语），为外国留学生开设了"国际人权法与中国"（英文）。他的主要研究领域包括国际人权法、国际人道法、国际刑法，并在国内外出版和发表多部书籍和论文，论文发表在《中国国际法杂志》、《荷兰国际法评论》、《亚洲国际法年刊》、《东亚和国际法杂志》和《国际人道法论文集》（Martinus Nijhoff Publisher, 2010）。他主持了国家研究项目"联合国人权理事会普遍定期审议机制研究"，参加过多次国际法方面的国际会议、研讨和讲习班。本文是笔者主持的 2011 年度国家社科基金青年项目的阶段性研究成果（项目批准号：11CFX068）。

[1] "Item 84: The scope and application of the principle of universal jurisdiction", A/64/251, p. 7.

[2] A/64/252, p. 16.

以把普遍管辖权问题提交给联大讨论，这有利于澄清普遍管辖权的范围和适用。[3]

自从这个问题被列入联大议程以来，两年半时间过去了。现在是对联大对这个问题的讨论进行回顾的时候了。这就是本文的主要目的，即对迄今为止联大对普遍管辖权原则的讨论结果进行评估，或者按照联大第六委员会普遍管辖权原则范围和适用工作组主席尤利巴里（Ulibarri）先生的话说，寻求"在最小立场与最大立场之间所取得的共同理解"。[4] 为此，本文将首先介绍通往联大之路的过程，以便弄清这个问题是如何被提交联大的。随后，在第二部分，本文将从程序的角度介绍在联大正在进行的讨论。在第三部分，本文将弄清联大关于这个问题在国际法中所取得的成绩。最后一部分是本文的结语。

一、 通往纽约之路

从历史的角度来看，普遍管辖权并不是国际法所允许的国家刑事管辖权的一种新形式。在第二次世界大战之前，普遍管辖权通常被传统国际法学界认为只能针对海盗行为。这种行为只能在不属于任何主权国家管辖的公海上实施。就在第二次世界大战之后，有一些国际法学者开始主张，某些国际犯罪，例如灭绝种族罪、危害人类罪和战争罪的性质类似于海盗行为，它们应当受到任何主权国家的普遍管辖，尽管这类犯罪与海盗不同，因为它们通常发生在主权国家的领土上。[5] 不过，实际上，在整个冷战时期，只有个别与灭绝种族、危害人类罪和战争罪有关的案件是由一些国家基于普遍管辖权而审判的。在这一时期，最著名的

---

[3] 朱利江：《对国内战争罪的普遍管辖与国际法》，北京：法律出版社，2007年，第411页。

[4] A/C.6/66/SR.17, para. 25.

[5] Willard B. Cowles, "Universality of Jurisdiction over War Crimes", in *California Law Review*, 1945, vol. 33, pp. 177–194.

案件就是以色列法院审理的"艾希曼案"。[6]有意思的是，在第64届联大第六委员会的发言中，以色列代表特别指出，即使是"艾希曼案"也与以色列之间存在某种"管辖方面的联系"。[7]

从冷战结束以来到20世纪末，西欧国家掀起了行使普遍管辖权的一场浪潮，这主要是因为受到了联合国安理会1993年5月设立的第一个特设国际刑事法庭，即前南刑庭的影响。[8]在西欧国家的德国、[9]瑞士、[10]奥地利、[11]丹麦、[12]法国、[13]芬兰[14]和荷兰[15]出现了行使普遍管辖权

---

[6] District Court of Jerusalem, *Attorney General of Israel v. Eichmann*, 12 December 1961; Supreme Court of Israel, *Attorney General of Israel v. Eichmann*, 29 May 1962, International Law Review, vol. 36, p. 5.

[7] A/C.6/64/SR.13, para. 20.

[8] Gérard Dive, "The Belgian Law Relating to the Repression of Grave Violations of International Humanitarian Law and the Implementation of the Rome Statute", in Matthias Neuner (ed.), *National Legislation Incorporating International Crimes: Approaches of Civil and Common Law Countries*, BWV Verliner Wissenschafts-Verlag GmbH, 2003, p. 165.

[9] *Public Prosecutor v. Tadić*, Bundesgerichtshof, 13 February 1994; *Public Prosecutor v. Đajić*, Bayerisches Oberstes Landesgericht, 23 May 1997; *X v. SB and DB*, Bundesgerichtshof, 11 December 1998; *Public Prosecutor v. Jorgic*, Oberstes Landesgericht Düsselforf, 26 September 1997; *Public Prosecutor v. Sokolović*, Bundesgerichtshof, 21 February 2001. 关于德国这方面的司法实践，还可以参见：Luc Reydams, *Universal Jurisdiction: International and Municipal Legal Perspectives*, Oxford University Press, Oxford, 2003, pp. 149–156; 另见 Ruth Rissing-van Saan, "The German Federal Supreme Court and the Prosecution of International Crimes Committed in Former Yugoslavia", in *Journal of International Criminal Justice*, 2005, vol. 3, pp. 381–399.

[10] Tribunal Militaire, Division I, Lausanne, *Military Prosecutor v. Gabrež*, 18 April 1997; see also Andreas R. Ziegler, "In re G", in *American Journal of International Law*, 1998, vol. 92, pp. 78–82.

[11] *Republic of Austria v. Cvjetkovic*, Landesgericht, Salzburg, 31 May 1995, available at http://www.redress.org/downloads/conferences/country%20studies.pdf, last accessed on 15 October 2012.

[12] *Public Prosecutor v. Sarić*, Østre Landsret, 25 November 1994 (Trial Judgment); Højesteret, 15 August 1995 (Appeal Judgment), reprinted in *Ugeskrift for Retsvæsen*

的司法实践。这些西欧国家在行使普遍管辖权中呈现出一些特征。第一，从立法的角度来看，在这一时期，这些国家通常在它们的刑法或刑事诉讼法中规定了所谓的以条约为基础的普遍管辖权条款[16]或代理管辖权条款[17]。几乎没有国家在刑法中规定了绝对的、真正的、纯粹的或无条件的普遍管辖权条件。第二，从司法的角度来看，在这一时期，在这些国家，适用以条约为基础的普遍管辖权条款或代理管辖权条款的犯罪主要是它们刑法中的谋杀罪或其他普通犯罪，而不是灭绝种族、危害人类罪或战争罪，因为在这一时期，只有若干个西欧国家在它们的刑法中规定了这些核心国际犯罪。第三，在这一时期，这些西欧国家行使普遍

1995, 838H. See also, *Yearbook of International Humanitarian Law*, 1998, vol. 1, p. 431.

[13] *Javor et al. v. X*, Tribunal de Grande Instance de Paris (examining magistrate), 6 May 1994; Cour d''Appel de Paris, 24 October 1994; Cour de Cassation (chambre criminelle), 26 March 1995. *see also* Brigitte Stern, "In re *Javor;* In re *Munyeshyaka*", in *American Journal of International Law*, 1999, vol. 93, p. 527; Brigitte Stern, "La compétence universelle en France: Le cas des crimes commis en ex-Yugoslavie et au Rwanda", in *German Yearbook of International Law*, 1997, vol. 40, p. 280; Rafaëlle Maison, "Les premiers cas d''applications des dispositions pénales des Conventions de Genève par les jurisdictions internes", in *European Journal of International Law*, 1995, vol. 6, pp. 260–273.

[14] Ari-Matti Nuutila, "Implementation of the Rome Statute in Finnish Law", in Matthias Neuner (ed.), *National Legislation Incorporating International Crimes: Approaches of Civil and Common Law Countries*, BWV Verliner Wissenschafts-Verlag GmbH, 2003, p. 87.

[15] *Public Prosecutor v. Knesević*, Examining Magistrate, 1 December 1995; Hoge Raad der Nederlanden, 11 November 1997; *see also Yearbook of International Humanitarian Law*, 1998, vol. 1, p. 601.

[16] 所谓以条约为基础的普遍管辖权条款，是指一国法律规定因该国批准的国际条约的要求而对与该国没有任何联系的刑事案件行使的管辖权。有相当数量的国家在刑法或刑事诉讼法中早就规定了这种类型的普遍管辖权条款。

[17] 所谓代理管辖权条款，是指一国法律规定若外国不提起引渡请求或引渡请求被拒而对位于该国的外国人即使在与该国没有任何联系的情况下实施的刑事案件行使的管辖权，无须以该国批准有关国际条约为条件。许多欧洲国家，尤其是中东欧和北欧国家的刑法中早就规定了这种条款。

管辖权都不成功。在有限的几个行使以条约为基础的普遍管辖权条款或代理管辖权条款的案件中，被告都因在刑法中缺乏灭绝种族、危害人类罪或战争罪的规定而被释放。最后，在这一时期，基于普遍管辖权被控或被审的被告主要来自前南斯拉夫地区。

进入 21 世纪以来，其他国家的国民，尤其是那些前殖民地国家的国民，开始成为西欧国家行使普遍管辖权的目标。有相当数量的非洲国民成为了它们的前殖民地国家行使普遍管辖权的对象。其中，有一些是非洲国家的政治人物。这样一来，一些西欧国家对一些非洲政治领导人行使普遍管辖权就在它们之间引起了外交争端。尤其是，有三个争端已经被提交给了在海牙的国际法院。第一个争端是著名的"逮捕令案"。在该案中，比利时以自己的《惩治严重破坏国际人道法的法律》为基础对刚果民主共和国时任外交部长行使普遍管辖权，因为根据该法的规定，比利时法院有权对任何严重破坏国际人道法的行为行使刑事管辖权，无论是在哪里实施的。刚果民主共和国起初请求法院对比利时该行为的合法性进行裁决。遗憾的是，刚果民主共和国在口头陈述阶段放弃了这一请求，因此国际法院在 2002 年的判决书中并没有做出回答，尽管有不少法官在他们的个别或反对意见中对比利时该法律规定的普遍管辖权条款发表了意见。[18] 在第二个案件中，法国以其刑事诉讼法规定的以条约为基础的普遍管辖权为依据对刚果共和国总统以及其他领导人涉嫌实施的危害人类罪和酷刑罪进行了调查，就在"逮捕令案"判决书宣布不久，刚果共和国请求国际法院宣布，法国的这种行为是非法的。同样遗憾的是，应刚果共和国请求，国际法院最终把该案件撤销了，[19] 因此再次丧失了一次对法国刑事诉讼法中规定的普遍管辖权进行裁决的绝佳机会。前面两个案件的原告都是被告的前殖民地，与此不同，第三个案件是由一个非洲国家的前殖民地国家，即比利时，针对另一个法国前殖民地，即塞内加尔，提起的，不过这两个国家都讲法语。比利时看来

---

18   ICJ, *Arrest Warrant of 11 April 2000* (*Democratic Republic of the Congo v. Belgium*) available at http://www.legal-tools.org/doc/c6bb20.

19   ICJ, *Certain Criminal Proceedings in France* (*Republic of the Congo v. France*) available at http://www.legal-tools.org/doc/422994/.

想要迫使塞内加尔对乍得前总统哈布雷（Hissène Habré）行使以条约为基础的普遍管辖权，因为他居住在塞内加尔有十多年了。据称，他在乍得当总统期间曾经犯有酷刑罪和危害人类罪。比利时请求国际法院宣布，塞内加尔违反了其根据《禁止酷刑公约》和习惯国际法所承担的义务。2012 年 7 月 20 日，法院宣布，塞内加尔不能再拖延了，如果其不引渡哈布雷，则必须把"哈布雷案"移交其主管当局起诉。[20]

另有两起涉及普遍管辖权的事件惹恼了卢旺达，该国随后推动了非洲国家的集体行动。2006 年 11 月，法国巴黎的一位调查法官对九名卢旺达国民发出了逮捕令，包括时任卢旺达总统府礼宾处处长罗斯·卡布耶（Rose Kabuye），理由是这些人涉嫌参与 1994 年击落了载有卢旺达前总统哈比亚利马纳（Juvenal Habyarimana）和布隆迪前总统恩塔里亚米拉（Cyprien Ntaryamira）的专机，而这一事件导致爆发了大屠杀，杀死了 80 万至 100 万人。[21] 卢旺达政府对发出逮捕令的行为进行了谴责，认为是"毫无基础和依据的"。[22] 卢旺达随后断绝了与法国的外交关系。2008 年 2 月，一位西班牙调查法官也发出了指控令，指控 40 位现任或前任卢旺达高级军官从 1990 年至 2002 年 12 月时间里针对平民居民犯有严重犯罪，包括灭绝种族、危害人类罪、战争罪、以及恐怖主义，这些犯罪主要针对的是胡图族人。尽管原先的调查是基于这一时期九名被杀害、伤害或失踪的西班牙人的亲属的请求进行的，指控令随后以普遍管辖权为依据扩大到了包括针对卢旺达和刚果国民实施的犯罪。[23]

---

[20] ICJ, *Questions relating to the Obligation to Prosecute or Extradite* (*Belgium v. Senegal*), available at http://www.icj-cij.org/docket/index.php?p1=3&p2=3&code=bs&case=144&k=5e, last accessed on 15 October 2012.

[21] The full-text of the arrest warrant is available at http://rud-urunana.org/documentation%5CBruguiere ArrestWarrants.pdf, last accessed on 15 October 2012.

[22] It is available at http://www.minaffet.gov.rw/index.php?id=886&tx_ttnews%5Btt_news%5D=55&cHash=a1600843ce217f5052270a5209cfdd24, last accessed on 15 October 2012.

[23] The Spanish Indictment of High-ranking Rwandan Officials, in *Journal of International Criminal Justice*, 2008, vol. 6, pp. 1003–1011.

为了应对这些事件，2008 年 4 月，非洲联盟司法部长会议在非盟总部亚的斯亚贝巴举行。会议请求非盟委员会对普遍管辖权的适用和范围进行研究。该研究报告随后通过 2008 年 7 月在埃及沙姆沙伊赫举行的执行理事会被提交给了第 11 届非盟大会。第 11 届非盟大会随后对该报告通过了一项决议。该决议坦率地说，"一些非非洲国家的法官针对非洲领导人，尤其是卢旺达领导人实施普遍管辖权具有政治性质，是对该项原则的滥用，明显侵犯这些国家的主权和领土完整。"该决议还指出，"有必要建立一个有权审查并受理因个别国家滥用普遍管辖权而提起请求的国际规制机构"。它请求非盟主席把这一事项提交联合国安理会和大会考虑，还请求非盟主席紧急召集非盟欧盟会议，讨论这一事项，以便找到一个解决这一问题的长久方案，尤其是确保那些逮捕令能够被撤销并不在任何国家得到实施。[24]

根据这项决议，非盟开始与欧盟讨论普遍管辖权问题。2008 年 9 月 16 日，非盟欧盟三驾马车第 10 次会议在布鲁塞尔举行。[25]不过，尽管非盟请求不要在任何国家实施基于普遍管辖权的逮捕令，尤其是在欧洲国家，而且，尽管当时正在举行非盟和欧盟会议，2008 年 11 月 9 日，德国当局以实施法国调查法官逮捕令为由在法兰克福逮捕了正在从事公务旅行的卢旺达总统府礼宾处处长罗斯·卡布耶女士。 在逮捕发生后，卢旺达驱逐了德国大使，并下令驻柏林的大使回首都基加利商量。而且，卢旺达总理把所有非洲国家的司法部长召集到了基加利，并呼吁"团结起来与外国法官借口国际法带头实施的新殖民主义做斗争"。[26]

---

[24] Decision on the Report of the Commission on the Abuse of the Principle of Universal Jurisdiction, Assembly/AU/Dec.199 (XI), available at http://www.africa-union.org/root/au/conferences/2008/june/summit/dec/ASSEMBLY%20DECISIONS%20193%20-%20207%20(XI).pdf, last accessed on 7 September 2012.

[25] 第 11 次会议在亚的斯亚贝巴举行，非盟和欧盟关于普遍管辖权的联合专家报告于 2009 年 4 月公布，参见：Council of the European Union, the A.U.-E.U. Export on the Principle of Universal Jurisdiction, Doc. 8672/1/09 REV 1, 16 April 2009.

[26] E. Musoni, *AU Justice Ministers Protest Abuse of Universal Jurisdiction*, *New York Times*, 5 November 2008, available at http://allafrica.com/stories/200811050742.html, last accessed on 7 September 2012.

这一事件再次刺激了非盟把普遍管辖权问题提交给联合国的决心。2009 年 1 月 21 日，坦桑尼亚常驻联合国代表以非盟主席的身份致信联合国秘书长，请求在第 63 届联大议程中增加一项增列项目，题为"滥用普遍管辖权原则"。这一请求是以非洲国家集团的名义作出的。[27] 它还附有一份解释备忘录。解释备忘录对该请求作出了解释，即："[普遍管辖权] 原则的实际应用范围从未在联合国一级进行讨论"，而且"也没有广泛的国家实践"。[28] 不过，它承认，"非洲联盟完全赞同和支持打击有罪不罚现象框架内的普遍管辖权原则以及处罚灭绝种族罪、危害人类罪和战争罪犯罪人的必要性，但反对针对非洲国家领导人有选择地应用和滥用该原则。"它还强调，"这一原则的任何继续滥用，不仅可能危及对国际法的尊重和国际关系的开展，而且可能威胁到非洲国家的政治、经济和社会经济发展。"[29]

2009 年 2 月 1 日至 3 日，非盟第 12 届大会在亚的斯亚贝巴举行。大会通过了一项关于实施非盟大会关于滥用普遍管辖权原则决定的决议。该决议强调，非盟对强国针对弱国实施权力适当的集体反应是用一个声音说话，并请求非盟主席追踪这一事项的发展，以便确保它在联合国安理会和大会一级得到充分讨论。[30]

随后，在 2009 年 2 月 18 日举行的联大总务委员会会议上，坦桑尼亚请求推迟对该提议项目的讨论，因为有一些国家的代表团对所提议的项目的名称有所关心。在与有关国家代表团进行广泛协商和取得一致意见后，2009 年 6 月 29 日，坦桑尼亚请求第 63 届联大议程加入一个增列项目，题为"普遍管辖权原则的范围与适用"。[31] 与 2009 年 1 月 21 日的请求相比，2009 年 6 月 29 日的请求在其解释性备忘录中进一步解释说，把普遍管辖权问题提交联大讨论的目的是为了制定"实施该原则的

---

[27] A/63/237, 3 February 2009, p. 1.

[28] *Ibid.*, p. 2, para. 4.

[29] *Ibid.*, p. 2, para. 5.

[30] Assembly/AU/Dec. 213 (XII).

[31] A/63/237/Rev.1, 23 July 2009, p. 1.

条例规定"。[32]9 月 10 日，坦桑尼亚以联合国会员国和非洲国家集团会员国的名义，正式向第 63 届联大提交了一份题为"普遍管辖权原则范围和适用"的决议草案。该决议草案写到：

> 大会决定将题为"普遍管辖权原则的范围和适用"的项目
> 列入大会第六十四届议程，并建议由第六委员会在该届会
> 议上审议。[33]

2009 年 9 月 14 日，在第 63 届联大第 105 次全体会议上，该决议草案以协商一致的方式得以通过。这是联大第一次获得对普遍管辖权问题的讨论权。对普遍管辖权的讨论也因此上升到了联合国一级。在该决议通过后，卢旺达代表说，"当务之急是建立明确的普遍机制，以确保公正和妥善适用普遍管辖原则"。[34]在该决议通过后，瑞典代表以欧盟的名义解释说，"欧洲联盟认为，普遍管辖首先是一个法律问题，理应由第六委员会讨论"。[35]2009 年 9 月 18 日，第 64 届联大把"普遍管辖权原则的范围和适用"项目列为其议程，[36]并把它分发给第六委员会讨论。[37]

二、 在纽约的程序进展

2009 年 10 月 20 日、21 日以及 11 月 12 日，第六委员会在第 12、13、25 次会议上讨论了该项目。在 2009 年 10 月 20 日第 12 次会议上，27 个国家和国家集团的代表作了发言，包括澳大利亚（代表加澳新国家集团）、突尼斯（代表非洲国家集团）、墨西哥（代表里约集团）、伊朗（代表不结盟运动国家）、瑞士、萨尔瓦多、哥斯达黎加、斯威士兰、南非、中国、刚果民主共和国、危地马拉、肯尼亚、斯洛伐克、泰

---

[32] *Ibid.*, p. 2, para. 6.

[33] "Item 158: The scope and application of the principle of universal jurisdiction", A/63/L. 100, 10 September 2009.

[34] A/63/PV.105, 14 September 2009, p. 10.

[35] *Ibid.*

[36] "Item 84: The scope and application of the principle of universal jurisdiction", A/64/251, p. 7.

[37] A/64/252, p. 16.

国、秘鲁、挪威、坦桑尼亚、法国、奥地利、德国、芬兰、苏丹、斯洛文尼亚、比利时、利比亚和黎巴嫩。[38] 在 2009 年 10 月 21 日第 13 次会议上，17 个国家的代表加入了发言，包括印尼、英国、阿尔及利亚、西班牙、俄罗斯、以色列、布基纳法索、美国、列支敦士登、卢旺达、多哥、马来西亚、塞内加尔、尼日利亚、意大利、埃塞俄比亚和阿根廷。[39] 在 2009 年 11 月 12 日第 25 次会议上，卢旺达代表提出了一项题为"普遍管辖权原则的范围和适用"的决议草案。该决议草案规定：

1. 请秘书长邀请会员国在 2010 年 4 月 30 日前提交普遍管辖权原则的范围和适用，包括有关适用的国际条约、本国法律规则和司法实践方面的资料和意见，并根据这些资料和意见编写一份报告提交大会第六十五届会议；

2. 决定第六委员会应继续审议普遍管辖权原则的范围和适用，但不应影响联合国其他论坛对有关问题的审议；

3. 决定把题为"普遍管辖权原则的范围和适用"的项目列入其第六十五届会议临时议程。[40]

该决议草案在第六委员会不经投票得以通过。[41]它随后于 2009 年 12 月 16 日在第 64 届联大全体会议上得到通过。[42]

2010 年 7 月 29 日，联合国秘书长根据联大上述决议提交了报告。[43]该报告指出，其已收到了 44 个国家的答复，即亚美尼亚、澳大利亚、奥地利、阿塞拜疆、白俄罗斯、比利时、玻利维亚、保加利亚、喀麦隆、智利、中国、哥斯达黎加、古巴、塞浦路斯、捷克、丹麦、萨尔瓦多、爱沙尼亚、埃塞俄比亚、芬兰、法国、德国、伊拉克、以色列、意

---

38 A/C.6/64/SR.12.
39 A/C.6/64/SR.13.
40 A/C.6/64/L.18.
41 A/64/452.
42 A/64/PV.64; A/64/117.
43 A/65/181.

大利、肯尼亚、科威特、黎巴嫩、马来西亚、马耳他、毛里求斯、荷兰、新西兰、挪威、秘鲁、葡萄牙、韩国、卢旺达、斯洛文尼亚、南非、瑞典、瑞士、突尼斯、以及美国。[44] 2010 年 9 月 17 日，第 65 届联大在第二次全体会议上经总务委员会建议，决定把普遍管辖权范围和适用项目列入其议程，并把它转交给第六委员会。第六委员会在 10 月 13、14、15 日以及 11 月 5、11 日分别对该项目进行了讨论。在 2010 年 10 月 13 日第 10 次会议上，8 个国家和国家集团的代表作了发言，即伊朗（代表不结盟运动国家）、智利（代表里约集团）、马拉维（代表非洲国家集团）、加拿大（代表加澳新国家集团）、埃及、危地马拉、白俄罗斯、以及秘鲁。[45] 在 2010 年 10 月 14 日第 11 次会议上，27 个国家的代表作了发言，即：利比亚、卢旺达、挪威、泰国、韩国、捷克、塞内加尔、西班牙、斯洛文尼亚、中国、阿尔及利亚、阿根廷、刚果民主共和国、古巴、美国、比利时、坦桑尼亚、黎巴嫩、越南、芬兰、俄罗斯、荷兰、加纳、突尼斯、埃塞俄比亚、萨尔瓦多、德国、以及南非。[46] 在 2010 年 10 月 15 日第 12 次会议上，13 个国家和观察员代表作了发言，即：伊朗、智利、以色列、巴西、瑞典、委内瑞拉、苏丹、马来西亚、英国、印度、列支敦士登、莱索托、尼日利亚、以及红十字国际委员会。[47]2010 年 11 月 3 日，加纳提出了一份决议草案。[48]与卢旺达在上一届会议提出、并得到上一届会议和第六委员会通过的决议草案相比，该份决议草案包含了一些新的内容。根据 2010 年 11 月 5 日加纳代表在第六委员会第 27 次会议上的解释，在序言部分，有两点新的地方：第一，序言承认各国所发表的意见的多样性，以及有必要进一步审议该问题，以便更好理解这一话题；第二，序言注意到各国表达的意见认为，最好依照国际法负责任地、慎重地适用普遍管辖权，以此确保这种管

---

44 这些国家的答复可以在下列网址找到：http://www.un.org/en/ga/sixth/65/ScopeAppUniJuri.shtml，最后访问于 2012 年 10 月 15 日。

45 A/C.6/65/SR.10.

46 A/C.6/65/SR.11.

47 A/C.6/65/SR.12.

48 A/C.6/65/L.18.

辖权使用的合法性和公信力。从正文的内容来看，第二段包含了一项决定，决定在下一届会议上建立一个第六委员会的工作组。据此，联合国秘书处将准备一份与该工作组活动有关的条约汇编和国际法庭判决汇编。根据第三段的规定，请求向秘书长提供信息从过去的联合国会员国扩大到"如有必要，相关观察员"。这应当被理解成包括巴勒斯坦、罗马教廷、红十字国际委员会、以及国际刑警组织。[49]在 2010 年 11 月 11 日第 65 届联大第六委员会第 28 次会议上通过了该决议。[50]它随后在 2010 年 12 月 6 日第 65 届联大第 57 次全体会议上通过。[51]

2011 年 6 月 20 日，联合国秘书长根据联大上述决议提交了第二份有关普遍管辖权原则范围和适用的报告。该报告指出，他收到了 17 个国家的答复，即：阿根廷、阿塞拜疆、波黑、博茨瓦纳、哥伦比亚、塞浦路斯、萨尔瓦多、黎巴嫩、立陶宛、巴拉圭、菲律宾、斯洛文尼亚、西班牙、瑞典、瑞士、以及英国。[52]他还收到了来自下列观察员的答复：非盟、欧洲理事会、国际劳工组织、国际海事组织、禁止化学武器组织、以及红十字国际委员会。[53]第六委员会在 2011 年 10 月 12 日和 21 日以及 11 月 9 日的第 12、13、17 次会议上讨论了该项目。在 2011 年 10 月 12 日举行的第 12 次会议上，28 个国家和国家集团代表发言，即：伊朗（代表不结盟运动国家）、智利（代表里约集团）、澳大利亚（代表加澳新国家集团）、卡塔尔（代表阿拉伯集团）、肯尼亚（代表非洲国家集团）、埃及、瑞士、挪威、危地马拉、哥伦比亚、萨尔瓦多、秘鲁、古巴、苏丹、埃塞俄比亚、俄罗斯、刚果民主共和国、斯威士兰、比利时、赞比亚、委内瑞拉、马来西亚、阿尔及利亚、塞内加尔、卢旺达、阿根廷、以色列、以及捷克。[54]在 2011 年 10 月 12 日第

49　A/C.6/65/SR.27, paras. 37–38.

50　A/C.6/65/SR.28.

51　A/65/33.

52　这些国家的答复可以在下列网址找到：http://www.un.org/en/ga/sixth/66/Scope AppUniJuri.shtml，最后访问于 2012 年 10 月 15 日。

53　A/66/93.

54　A/C.6/66/SR.12.

13 次会议上，20 个国家和观察员代表发言，即：斯里兰卡、中国、南非、瑞典、印尼、希腊、智利、英国、芬兰、布基纳法索、肯尼亚、西班牙、爱尔兰、伊朗、荷兰、美国、巴西、突尼斯、莫桑比克、韩国、以及红十字国际委员会。[55] 在 2011 年 10 月 21 日第 17 次会议上，第六委员会于 2011 年 10 月 3 日在第一次会议上建立的普遍管辖权原则适用与范围工作组主席（来自哥斯达黎加）向第六委员会介绍了工作组的工作。工作组与 2011 年 10 月 13、14 和 20 日举行了三次会议，在 2011 年 10 月 12 日第六委员会第 12、13 次会议全体辩论背景下以非正式协商的框架从事了它的工作。[56]

2011 年 11 月 9 日，在第 29 次会议上，刚果民主共和国代表提出了一项决议草案。[57]决议草案正文第 4 段经修改后内容如下：

4. 决定工作组应向所有会员国开放，并且大会相关观察员将被邀参加工作组的工作。在同一次会议上，委员会不经投票通过了该决议草案。

根据该决议草案，联大将邀请会员国，酌情也请相关观察员，在 2012 年 4 月 30 日前提交关于普遍管辖权的范围和适用的资料和意见，酌情包括有关适用的国际条约、本国法律规则和司法实践的资料，并请秘书长以这些资料和意见为基础编写一份报告提交大会第 67 届会议。联大还决定，第六委员会应继续在不影响联合国其他论坛审议该主题以及相关问题的情况下审议该项目。为此，在第 67 届会议上将建立第六委员会工作组，以便继续对普遍管辖权原则的范围和适用进行彻底讨论。大会还决定，工作组应向所有会员国开放，并且联大相关观察员也应被邀请参加工作组的工作。2011 年 12 月 9 日，该决议草案在联大得到通过。[58]

---

[55] A/C.6/66/SR.13.

[56] A/C.6/66/SR.17, para. 15.

[57] A/C.6/66/L.19.

[58] A/RES/66/103.

三、 在联大的共同理解

在"核武器案"中，国际法院指出：

虽然联大决议没有拘束力，但有时具有规范的价值。在某些情况下，它们是确立规则或法律确信存在的重要证据。为了确定某项联大决议是否如此，有必要考察它的内容以及它的通过情况，也有必要考察就它的规范性质是否存在法律确信。或者，若联大通过一系列决议，则可能表明，确立一项新规则必需的法律确信正在逐渐发展。[59]

就普遍管辖权原则的范围和适用而言，在现阶段，联大从 2009 年至 2011 年三年时间只通过了三项决议。[60]从这三项决议的内容来看，并没有对普遍管辖权原则的范围和适用的内容作出明确而具体的阐述。相反，联大只是一方面说，"重申决意维护《联合国宪章》宗旨和原则、国际法和以法治为基础的国际秩序，这对于国家间和平共处与合作至关重要"，[61]另一方面又说，"重申决意打击有罪不罚现象，注意到各国表达的意见认为，最好依照国际法负责任地、慎重地适用普遍管辖权，以此确保这种管辖权使用的合法性和公信力"。[62]从这些决议通过的情况来看，它们都是未经投票在联大通过的。因此，从联大这三项决议中还很难看出关于普遍管辖权原则范围和适用的法律确信。

不过，联大决议的这种状况并不影响对这方面的习惯国际法可能的规则的查明。各国在联大第六委员会的发言是正式了解它们对这些可能规则的绝好机会，而且各国对联合国秘书长答复中提及的立法和司法实践也是了解它们国家实践的绝好机会。《国际法院规约》规定，习惯国际法是由"作为通例之证明而经接受为法律"的规则。[63]在"尼加拉瓜案"中，国际法院确认，习惯法是由两个要件构成的，即作为"通例"

---

[59] ICJ, *Legality of the Threat or Use of Nuclear Weapons*, Advisory Opinion of 8 July 1996, para. 70.

[60] A/RES/64/117; A/RES/65/33; A/RES/66/103.

[61] A/RES/64/117; A/RES/65/33; A/RES/66/103.

[62] A/RES/65/33; A/RES/66/103.

[63] Statute of the International Court of Justice, in *UNTS*, vol. 33, p. 993.

的客观要件，和作为"接受为法律"的主观要件，或者说"法律确信"。[64]因此，为了证明习惯国际法的存在，必须同时证明存在上述两项要件。

（一）法律确信

就法律确信而言，各国在第六委员会的发言是主要的证据。根据笔者的统计，已有 74 个国家通过发言表达了它们的观点，这些国家不仅有非盟国家和欧盟国家，还有来自其他大陆的国家。从发言来看，作为关于国家刑事管辖权的一项国际法原则，普遍管辖权本身并不存在争议，这是一项共同理解。非盟决议的序言也承认，"普遍管辖权是国际法中一项原则，其目的是为了确保实施了诸如战争罪和危害人类罪这样的严重犯罪的人不会出现有罪不罚的局面，而是得到审判，这与《非洲联盟组织法》第 4 条第 8 款相符。"[65]坦桑尼亚请求把普遍管辖权问题列入联大议程的解释性备忘录也指出，"普遍管辖权原则是国际法中牢固确立的原则"。[66]第六委员会关于这个问题的工作组主席也指出，"没有国家代表拒绝普遍管辖权的概念"。[67]他还注意到，"绝大多数国家的代表承认普遍管辖权作为打击对最严重违反人性的犯罪有罪不罚一种工具的重要性"。[68]不过，他也强调指出，"关于它的含义、范围和适用存在许多看法，而且各种各样"。[69]这也体现在联大 2010 年和 2011 年通过的决议的序言中。这两项决议都承认"各国所发表的意见的多样性，以及有必要进一步审议该问题，以便更好理解这一话题"。[70]尽管如此，仍有必要对国家、国家集团或观察员代表在第六委员会对普遍管辖权原则各个问题的表态进行一一考察。

---

[64] ICJ, *Military and Paramilitary Activities in and against Nicaragua* (*Nicaragua v. U.S.*), Judgment of 27 June 1986, para. 184, available at http://www.legal-tools.org/doc/046698/.

[65] *Supra* note 24.

[66] A/63/237/Rev.1, Annex, para. 1.

[67] A/C.6/66/SR.17, para. 18.

[68] *Ibid.*

[69] *Ibid.*

[70] A/RES/65/33; A/RES/66/103.

1、普遍管辖权定义

在所有 74 个已在第六委员会对普遍管辖权原则的范围和适用发言的国家中，有 49 个国家没有对普遍管辖权的定义发言；有 4 个国家说，并不存在关于普遍管辖权的公认定义；[71]还有 21 个国家发表了它们对普遍管辖权定义的理解。在这 21 个国家中，有 19 个国家大致说，普遍管辖权是国家的一种刑事管辖权，即使在法院地国与有关犯罪在领土（犯罪地）、（行为人或被害人）国籍或具体国家利益方面不存在联系，也可以行使。[72]只有两个国家，即美国和刚果民主共和国特别指出，普遍管辖权基于行为人出现在法院地国领土的事实，尽管它们也同意，法院地国不需要与有关犯罪之间存在领土（犯罪地）、（行为人或被害人）国籍或具体国家利益方面的联系。[73]在这种情况下，可以说，在这 21 个国家中，存在一个对普遍管辖权定义的共同理解或最大公约数，即法院地国不需要与有关犯罪之间存在领土（犯罪地）、（行为人或被害人）国籍或具体国家利益之间的联系。

---

[71] 那些认为不存在普遍管辖权公认定义的四个国家和国家集团包括：法国 (A/C.6/64/SR.12, para. 76)、马拉维（代表非洲国家集团）(A/C.6/65/SR.10, para. 60)、挪威 (A/C.6/65/SR.11, para. 7)、埃塞俄比亚 (A/C.6/66/SR.12, para. 39)。

[72] 澳大利亚（代表加澳新国家集团）(A/C.6/64/SR.12, para. 10; A/C.6/66/SR.12, para. 6); 瑞士 (A/C.6/64/SR.12, para. 22); 萨尔瓦多 (A/C.6/64/SR.12, para. 25); 南非 (A/C.6/64/SR.12, para. 39); 奥地利 (A/C.6/64/SR.12, para. 79); 马来西亚 (A/C.6/64/SR.13, para. 37); 加拿大（代表加澳新国家集团）(A/C.6/65/SR.10, para. 63); 白俄罗斯 (A/C.6/65/SR.10, para. 74); 韩国 (A/C.6/65/SR.11, para. 13); 比利时 (A/C.6/65/SR.11, para. 41); 俄罗斯 (A/C.6/65/SR.11, para. 56; A/C.6/66/SR.12, para. 41); 委内瑞拉 (A/C.6/65/SR.12, para. 19; A/C.6/66/SR.12, para. 57); 英国 (A/C.6/65/SR.12, para. 30; A/C.6/66/SR.13, para. 24); 莱索托 (A/C.6/65/SR.12, para. 38); 哥伦比亚 (A/C.6/66/SR.12, para. 26); 希腊 (A/C.6/66/SR.13, para. 16); 布基纳法索 (A/C.6/66/SR.13, para. 30); 爱尔兰 (A/C.6/66/SR.13, para. 40); 莫桑比克 (A/C.6/66/SR.13, para. 57).

[73] 美国 (A/C.6/64/SR.13, para. 24; A/C.6/65/SR.11, para. 37; A/C.6/66/SR.13, para. 48); 刚果民主共和国(A/C.6/65/SR.11, para. 29).

为了进一步澄清普遍管辖权的定义，在第六委员会的讨论还提到了以下几点。第一，关于普遍管辖权的性质，有若干国家说，普遍管辖权可以在刑法和民法中发挥作用，[74]但是更多的国家认为，普遍管辖权是刑法中的一种管辖权形式，或者要求第六委员会的讨论集中在刑法领域。[75]第二，关于普遍管辖权与国际的刑事法院或法庭管辖权之间的关系，有若干个国家说，普遍管辖权也是国际的刑事法院或法庭的一种管辖权形式，尤其是国际刑事法院（ICC）。[76]但是更多的国家认为，普遍管辖权不应与国际的刑事法院或法庭的管辖权，尤其是国际刑事法院（ICC）的管辖权弄混。[77]第三，关于普遍管辖权与或引渡或起诉之间的关系，各国提出了各种观点。一些国家说，不应把普遍管辖权与或引渡或起诉弄混，因为它们是不同的。[78]例如，中国代表说，"'或引渡

---

[74] 哥斯达黎加 (A/C.6/64/SR.12, para. 29).

[75] 奥地利 (A/C.6/64/SR.12, para. 80); 美国 (A/C.6/64/SR.13, para. 24; A/C.6/64/SR.13, para. 37; A/C.6/66/SR.13, para. 48); 秘鲁 (A/C.6/65/SR.10, para. 80; *cf.* A/C.6/66/SR.12, para. 33).

[76] 萨尔瓦多 (A/C.6/64/SR.12, para. 26); 加纳 (A/C.6/65/SR.11, para. 65).

[77] 澳大利亚 （代表加澳新国家集团）(A/C.6/64/SR.12, para. 9); 墨西哥 (A/C.6/64/SR.12, para. 18); 南非(A/C.6/64/SR.12, para. 39); 肯尼亚 (A/C.6/64/SR.12, para. 62);斯洛伐克(A/C.6/64/SR.12, para. 64); 泰国 (A/C.6/64/SR.12, para. 68; A/C.6/65/SR.11, para. 11)；; 秘鲁 (A/C.6/64/SR.12, para. 69; A/C.6/65/SR.10, para. 78); 法国 (A/C.6/64/SR.12, para. 78); 奥地利 (A/C.6/64/SR.12, para. 80); 芬兰 (A/C.6/64/SR.12, para. 89; A/C.6/65/SR.11, para. 51); 斯洛文尼亚 (A/C.6/64/SR.12, para. 97); 英国 (A/C.6/64/SR.13, para. 6; A/C.6/65/SR.12, para. 30); 列支敦士登 (A/C.6/64/SR.13, para. 29; A/C.6/65/SR.12, para. 37); 卢旺达 (A/C.6/64/SR.13, para. 31); 多哥 (A/C.6/64/SR.13, para. 35); 智利 （代表里约集团）(A/C.6/65/SR.10, para. 57; A/C.6/66/SR.12, para. 4); 危地马拉 (A/C.6/65/SR.10, para. 71); 哥伦比亚 (A/C.6/66/SR.12, para. 27); 古巴 (A/C.6/66/SR.12, para. 34); 俄罗斯 (A/C.6/66/SR.12, para. 42); 委内瑞拉 (A/C.6/66/SR.12, para. 59).

[78] 中国 (A/C.6/64/SR.12, para. 48; A/C.6/65/SR.11, para. 25; A/C.6/66/SR.13, para. 5); 奥地利 (A/C.6/64/SR.12, para. 82); 马来西亚 (A/C.6/64/SR.13, para. 37); 智利 (A/C.6/65/SR.10, para. 57); 秘鲁 (A/C.6/65/SR.10, para. 78); 泰国 (A/C. 6/65/SR.11, para. 10); 韩国 (A/C.6/65/SR. 11, para. 14; A/C.6/66/SR.13, para. 58); 瑞典

或起诉'并不等同于普遍管辖权。'或引渡或起诉'是一项条约义务，仅适用有关公约缔约国之间。同时，规定'或引渡或起诉'条款的有关公约均规定了这一条款的特定适用条件，不同的公约对此有不同的规定。"[79]泰国代表说，"不应将普遍管辖权与起诉或引渡的义务混为一谈。普遍管辖权仅仅是管辖权的一个依据，其本身并不意味着提交案件供起诉的义务。在这个意义上，普遍管辖权完全不同于或引渡或起诉的义务，后者主要是一项条约义务，其执行须符合载有义务的特定条约所规定的条件和限制。因此要对非缔约国行使条约规定的刑事管辖权则没有任何法律依据。"[80]以色列代表说，"国际条约对某一罪行规定了引渡或起诉义务并不意味着该罪行等同于国际法规定必须接受普遍管辖的严重罪行。"[81]澳大利亚（代表加澳新国家集团）说，"［或引渡或起诉]通常是一项强制性义务，为惯例所规定，而普遍管辖权是作为一种权利行使的。"[82]马来西亚代表说，"普遍管辖权原则也必须避免与引渡或起诉原则相混淆，不能根据后者就条约规定的犯罪确定普遍管辖权，情况同国内引渡立法或双边引渡条约列入引渡或起诉的规定完全一样。"[83]虽然有一些国家也承认，普遍管辖权与或引渡或起诉不同，但是它们却强调两者之间的相互联系，尤其是部分重叠的地方。[84]例如，

(A/C.6/65/SR.12, para. 15); 委内瑞拉 (A/C.6/65/SR.12, para. 19; A/C. 6/66/SR.12, para. 59); 阿根廷 (A/C.6/65/SR. 11, para. 27; A/C.6/66/SR.12, para. 72); 马来西亚 (A/C.6/65/SR.12, para. 29; A/C.6/66/SR.12, para. 62); 英国 (A/C.6/65/SR.12, para. 30); 印度 (A/C.6/65/SR.12, para. 34); 智利 （代表里约集团） (A/C.6/66/SR.12, para. 4); 澳大利亚（代表加澳新国家集团） (A/C.6/66/SR.12, para. 7); 哥伦比亚 (A/C. 6/ 66/SR.12, para. 27); 古巴 (A. 6/66/SR.12, para. 34); 以色列 (A/C.6/66/SR.12, para. 75).

[79] A/C.6/64/SR.12, para. 48; A/C. 6/65/SR.11, para. 25; A/C.6/66/SR.13, para. 5.

[80] A/C.6/65/SR.11, para. 10.

[81] A/C.6/65/SR.12, para. 9; A/C.6/66/SR.12, para. 75.

[82] A/C.6/66/SR.12, para. 7; 哥伦比亚 (A/C.6/ 66/SR.12, para. 27).

[83] A/C. 6/65/SR.12, para. 29; A/C.6/66/SR.12, para. 62.

[84] 泰国 (A/C.6/64/SR.12, para. 66); 芬兰 (A/C.6/64/SR.12, para. 90); 捷克 (A/C.6/65/SR.11, para. 17).

韩国代表说，"如果一个国家是载有起诉或引渡义务的条约签字国，则可能会针对一项否则与其完全无关的罪行行使其管辖权。"[85] 阿根廷代表说，"就引渡或起诉而言，两个原则并不相同，但有一些重叠之处，例如，一个与犯罪人没有关联的国家，仅仅以犯罪人在该国境内的理由，根据引渡或起诉的原则决定不准予引渡，而纯粹依据普遍管辖权进行起诉。"[86] 瑞典代表说，"各国若缺乏管辖权便不会有这项[或引渡或起诉的]义务，因此这项义务与普遍管辖权有着千丝万缕的联系。"[87] 还有一些国家只是简单说，普遍管辖权与或引渡或起诉之间的关系需要得到仔细考虑。[88]

2、普遍管辖权的合理性

许多国家在发言中还提及普遍管辖权的合理性。绝大多数在发言中提及普遍管辖权合理性的国家认为，普遍管辖权对于国际社会在与有罪不罚做斗争中具有重要意义。[89] 一些国家强调，普遍管辖权在国际法中

---

[85] A/C.6/65/SR.11, para. 14; A/C.6/66/SR.13, para. 58.

[86] A/C.6/SR.12, para. 72.

[87] A/C.6/66/SR.13, para. 11.

[88] 印度尼西亚 (A/C.6/64/SR.13, para.1); 俄罗斯 (A/C.6/64/SR.13, para. 16); 以色列 (A/C.6/64/SR.13, para. 18); 危地马拉 (A/C.6/65/SR.10, para. 73).

[89] 澳大利亚（代表加澳新国家集团）(A/C.6/64/SR.12, para. 10; A/C.6/66/SR.12, para. 6); 瑞士 (A/C.6/64/SR.12, para. 22; A/C.6/66/SR.12, para. 16); 萨尔瓦多 (A/C.6/64/SR.12, para. 25; A/C.6/65/SR.11, para. 72); 哥斯达黎加 (A/C.6/64/SR.12, para. 27); 南非 (A/C.6/64/SR.12, para. 38; A/C.6/66/SR.13, para. 8); 刚果民主共和国 (A/C.6/64/SR.12, para. 52; A/C.6/65/SR.11, para. 29; A/C.6/66/SR.12, para. 46); 危地马拉 (A/C.6/64/SR.12, para. 58; A/C.6/66/SR.12, para. 22); 肯尼亚 (A/C.6/64/SR.12, para. 61; A/C.6/66/SR.12, para. 13; A/C.6/66/SR.13, para. 34); 斯洛伐克 (A/C.6/64/SR.12, para. 64); 泰国 (A/C.6/64/SR.12, para. 66); 秘鲁 (A/C.6/64/SR.12, para. 69; A/C.6/65/SR.10, para. 78; A/C.6/66/SR.12, para. 33); 挪威 (A/C.6/64/SR.12, para. 72; A/C.6/65/SR.11, para. 6; A/C.6/66/SR.12, para. 19); 法国 (A/C.6/64/SR.12, para. 76); 奥地利 (A/C.6/64/SR.12, para. 81); 德国 (A/C.6/64/SR.12, para. 85; A/C.6/65/SR.11, para. 73); 芬兰 (A/C.6/64/SR.12, para. 89; A/C.6/65/SR.11, para. 54; A/C.6/66/SR.13, para. 29); 斯洛文尼亚 (A/C.6/64/SR.12, para. 97; A/C.6/65/SR.11, para. 24); 突尼斯 (A/C.6/64/SR.12, para. 99;

具有可接受性是因为它所针对的犯罪具有的严重性质。[90] 也有一些国家说，普遍管辖权有助于为严重犯罪的被害人提供救济。[91] 看来，有利于

A/C.6/65/SR.11, para. 69; A/C.6/66/SR.13, para. 54); 比利时 (A/C.6/64/SR.12, para. 102; A/C.6/65/SR.11, para. 41; A/C.6/66/SR.12, para. 52); 利比亚 (A/C.6/64/SR.12, para. 105; A/C.6/65/SR.11, para. 1); 印度尼西亚 (A/C.6/64/SR.13, para. 1; A/C.6/66/SR.13, para. 10); 伊朗 (A/C.6/64/SR.13, para. 5); 英国 (A/C.6/64/SR.13, para. 7; A/C.6/66/SR.13, para. 24); 阿尔及利亚 (A/C.6/64/SR.13, para. 8; A/C.6/65/SR.11, para. 26); 西班牙 (A/C.6/64/SR.13, para. 9; A/C.6/66/SR.13, para. 37); 俄罗斯 (A/C.6/64/SR.13, para. 14; A/C.6/65/SR.11, para. 57; A/C.6/66/SR.12, para. 41); 列支敦士登 (A/C.6/64/SR.13, para. 26; A/C.6/65/SR.12, para. 35); 卢旺达 (A/C.6/64/SR.13, para. 32; A/C.6/65/SR.11, para. 4; A/C.6/66/SR.12, para. 69); 多哥 (A/C.6/64/SR.13, para. 35); 马来西亚 (A/C.6/64/SR.13, para. 37); 意大利 (A/C.6/64/SR.13, para. 46); 埃塞俄比亚 (A/C.6/64/SR.13, para. 47; A/C.6/66/SR.12, para. 38); 智利（代表里约集团）(A/C.6/65/SR.10, para. 57; A/C.6/66/SR.12, para. 4); 马拉维（代表非洲国家集团）(A/C.6/65/SR.10, para. 61); 加拿大（代表加澳新国家集团）(A/C.6/65/SR.10, para. 63); 埃及 (A/C.6/65/SR.10, para. 69; A/C.6/66/SR.12, para. 15); 危地马拉 (A/C.6/65/SR.10, para. 70); 白俄罗斯 (A/C.6/65/SR.10, para. 74); 韩国 (A/C.6/65/SR.11, para. 13; A/C.6/66/SR.13, para. 58); 捷克 (A/C.6/65/SR.11, para. 16); 阿根廷 (A/C.6/65/SR.11, para. 27; A/C.6/66/SR.12, para. 76); 越南 (A/C.6/65/SR.11, para. 46); 加纳 (A/C.6/65/SR.11, para. 63); 智利 (A/C.6/65/SR.12, para. 6; A/C.6/66/SR.13, para. 21); 印度 (A/C.6/65/SR.12, para. 34); 莱索托 (A/C.6/65/SR.12, para. 38); Nigeria (A/C.6/65/SR.12, para. 40); 伊朗 (on behalf of MNACs) (A/C.6/66/SR.12, para. 2); Qatar (A/C.6/66/SR.12, para. 10); 苏丹 (A/C.6/66/SR.12, para. 35); 赞比亚 (A/C.6/66/SR.12, para. 54); 塞内加尔 (A/C.6/66/SR.12, para. 67); 瑞典 (A/C.6/66/SR.13, para. 10); 希腊 (A/C.6/66/SR.13, para. 16); 布基纳法索 (A/C.6/66/SR.13, para. 31); 爱尔兰 (A/C.6/66/SR.13, para. 41); 荷兰 (A/C.6/66/SR.13, para. 46); 巴西 (A/C.6/66/SR.13, para. 49); 莫桑比克 (A/C.6/66/SR.13, para. 57); 红十字国际委员会 (A/C.6/66/SR.13, para. 64).

90　澳大利亚（代表加澳新国家集团）(A/C.6/64/SR.12, para. 10); 墨西哥 （代表里约集团）(A/C.6/64/SR.12, para. 18); 瑞士 (A/C.6/64/SR.12, para. 22); 萨尔瓦多 (A/C.6/64/SR.12, para. 25); 肯尼亚 (A/C.6/64/SR.12, para. 61); 泰国 (A/C.6/64/SR.12, para. 66); 挪威 (A/C.6/64/SR.12, para. 72; A/C.6/65/SR.11, para. 6);

与有罪不罚做斗争是那些在第六委员会发言的国家对普遍管辖权合理性所取得的共同理解。

3、普遍管辖权针对的犯罪

针对哪些犯罪可以实施普遍管辖权一直是围绕着普遍管辖权最具争议的问题之一。许多对普遍管辖权原则的范围和适用发言的国家都对哪些犯罪可以实施普遍管辖权发表了看法。截至第 66 届联大，有 41 个国家、国家集团和观察员对这一问题进行了表态。下面这张表格是我所整理的那些国家、国家集团和观察员对哪些犯罪可以实施普遍管辖权的表态。（本表格中"是"代表对该犯罪可以实施普遍管辖权）

	国家	海盗	奴役	灭绝种族	危害人类罪	战争罪	酷刑	恐怖主义	劫机	侵略	来源
1	澳大利亚（代表加澳新国家集团）	是	是	是	是	是	是				A/C.6/64/SR.12, para. 10
2	哥斯达黎加			是	是	是	是				A/C.6/64/SR.12, para. 29
3	南非	是	是		是	是					A/C.6/64/SR

法国 (A/C.6/64/SR.12, para. 76)；德国 (A/C.6/64/SR.12, para. 85)；斯洛文尼亚 (A/C.6/64/SR.12, para. 97; A/C.6/65/SR.11, para. 24)；墨西哥 (A/C.6/64/SR.13, para. 12)；列支敦士登 (A/C.6/64/SR.13, para. 26)；埃及 (A/C.6/65/SR.10, para. 69; A/C.6/66/SR.12, para. 15)；白俄罗斯 (A/C.6/65/SR.10, para. 74)；委内瑞拉 (A/C.6/65/SR.12, para. 19)；马来西亚 (A/C.6/66/SR.12, para. 61)；印度尼西亚 (A/C.6/66/SR.13, para. 10)；巴西 (A/C.6/66/SR.13, para. 49)。

[91] 斯洛文尼亚 (A/C.6/64/SR.12, para. 97; A/C.6/65/SR.11, para. 24)；德国 (A/C.6/64/SR.12, para. 85)；比利时 (A/C.6/64/SR.12, para. 102)；瑞典 (A/C.6/66/SR.13, para. 10)。

										.12, para. 43
4	中国	是								A/C.6/64/SR.12, para. 48
5	刚果民主共和国			是	是	是	是			A/C.6/64/SR.12, para. 54
6	肯尼亚	是		是	是	是				A/C.6/64/SR.12, para. 61
7	斯洛伐克	是	是	是	是	是	是			A/C.6/64/SR.12, para. 64
8	泰国	是	是					是		A/C.6/64/SR.12, para. 67
9	奥地利	是		是	是	是	是			A/C.6/64/SR.12, para. 81
10	德国			是	是	是				A/C.6/64/SR.12, para. 85
11	苏丹	是	是							A/C.6/64/SR.12, para. 95;
12	斯洛文尼亚	是	是	是	是	是	是			A/C.6/64/SR.12, para. 96
13	比利时			是	是	是	是			A/C.6/64/SR.12, para. 102
14	布基纳法索	是	是							A/C.6/64/SR.13, para. 23
15	美国	是		是			是	是		A/C.6/64/SR.13, para. 25
16	列支敦士登			是	是	是	是			A/C.6/64/SR.13, para. 26
17	塞内加尔	是			是	是	是			A/C.6/64/SR.13, para. 38
18	马拉维（代表非洲国家集团）	是	是							A/C.6/65/SR.10, para. 60
19	埃及			是	是	是	是			A/C.6/65/SR.10, para. 68
20	白俄罗斯	是	是	是	是	是			是	A/C.6/65/SR

										.10, para. 75
21	古巴					是					A/C.6/65/SR.11, para. 35
22	俄罗斯	是		是		是					A/C.6/65/SR.11, para. 56
23	加纳	是	是								A/C.6/65/SR.11, para. 62
24	萨尔瓦多	是		是	是	是					A/C.6/65/SR.11, para. 71
25	智利	是		是	是	是					A/C.6/65/SR.12, para. 6
26	瑞典			是	是	是	是				A/C.6/65/SR.12, para. 15
27	马来西亚	是				是					A/C.6/65/SR.12, para. 27
28	英国	是				是					A/C.6/65/SR.12, para. 31
29	莱索托			是	是	是					A/C.6/65/SR.12, para. 38
30	红十字国际委员会					是					A/C.6/65/SR.12, para. 42
31	肯尼亚（代表非洲国家集团）			是	是	是					A/C.6/66/SR.12, para. 12
32	哥伦比亚			是	是	是					A/C.6/66/SR.12, para. 27
33	赞比亚			是		是	是				A/C.6/66/SR.12, para. 54
34	阿尔及利亚	是	是	是	是	是	是				A/C.6/66/SR.12, para. 66
35	斯里兰卡	是		是	是	是	是				A/C.6/66/SR.13, para. 1
36	印度尼西亚	是									A/C.6/66/SR.13, para. 14
37	希腊	是									A/C.6/66/SR.13, para. 16
38	爱尔兰					是	是				A/C.6/66/SR

										.13, para. 40
39	伊朗	是								A/C.6/66/SR.13, para. 42
40	莫桑比克			是	是	是				A/C.6/66/SR.13, para. 57
41	韩国	是				是				A/C.6/66/SR.13, para. 58
合计		26	11	25	23	31	16	1	1	1

从上表可以看出，上述 41 个国家、国家集团和观察员认为可以实施普遍管辖权前四名的犯罪分别是战争罪（31）、海盗（26）、灭绝种族（25）、以及危害人类罪（23）。由于海盗是国际社会一致公认的可以实施普遍管辖权的犯罪，因此我认为虽然有些国家、国家集团和观察员在发言中并没有提及海盗，但这不应该被认为是刻意的。有一些国家或国家集团在发言中只提到了海盗，并没有提及灭绝种族、危害人类罪和战争罪。它们特别指出，灭绝种族、危害人类罪和战争罪并不属于普遍管辖权的对象。例如，中国代表说，"各国除对海盗问题之外尚未达成一致意见，因此对何种罪行应适用普遍管辖权并未形成习惯国际法"。[92]加纳代表说，"在打击酷刑、贩卖人口、危害人类罪、战争罪和种族灭绝等罪行有罪不罚的方面，国际标准的内容正在不断扩大。有些人错误地将这种值得欢迎的趋势当作为根据习惯法就这些罪行行使普遍管辖权的理由"。[93]苏丹代表说，"海盗和奴役传统上被认为应受普遍管辖权的管辖。不过，有一种误解，认为如果有关国家是《世界人权宣言》和《防止及惩治灭绝种族罪公约》以及《禁止酷刑和其他残忍、不人道或有辱人格的待遇或处罚公约》的缔约国，其公民自动受普遍管辖权原则的管辖。这一论点不仅在学术和智慧上是错误的，而且也忽略了这些文书的起草者崇高的想法，他们认为，他们只是阐述了一般原

---

[92] A/C.6/65/SR.11, para. 25.

[93] A/C.6/65/SR.11, para. 63.

则，而不是颁布各国国家法院对其他国家的公民强制执行的法律。"[94]
在这种情况下，只能说，从 41 个国家、国家集团和观察员的发言来
看，海盗是属于普遍管辖权的对象，而灭绝种族、危害人类罪和战争罪
是否属于普遍管辖权对象在它们之间是存在争议的。

4、行使普遍管辖权的前提条件

自从 2009 年以来，在联大第六委员会，对行使普遍管辖权的一些
前提条件也进行了讨论。第一项前提条件是，为了行使普遍管辖权是否
需要犯罪嫌疑人已经出现在管辖国的领土之上。关于这个问题，有 15
个国家和国家集团说，这是必须的。[95]哥斯达黎加代表甚至说，"所谓
绝对的普遍管辖权，即在被告缺席的情况下进行审判和判处死刑的情况
应予以禁止。"[96] 没有国家或国家集团明确说不需要犯罪嫌疑人出现在
管辖国领土上。虽然荷兰代表说，荷兰要求犯罪嫌疑人已经出现在荷兰
领土之上，但对这一点"可进一步研究"。[97] 鉴于对这一点发表立场的
国家数量非常有限，而且这一点十分重要，现在还很难说在 74 个国
家、国家集团和观察员之间已经就这一点具有某种共同理解。

第二个前提条件是，行使普遍管辖权是否是对国家其他形式的刑事
管辖权，包括犯罪地的属地管辖权、犯罪嫌疑人的国籍管辖权、犯罪被
害人的国籍管辖权、具体国家利益遭到侵犯的保护性管辖权，甚至是国
际刑事法院的管辖权的补充。关于这一点，有 35 个国家、国家集团和

---

[94] A/C.6/64/SR.12, para. 95.

[95] 澳大利亚（代表加澳新国家集团）（A/C.6/64/SR.12, para. 11); 瑞士
(A/C.6/64/SR.12, para. 23); 哥斯达黎加 (A/C.6/64/SR.12, para. 27); 秘鲁
(A/C.6/64/SR.12, para. 70); 法国 (A/C.6/64/SR.12, para. 77); 伊朗 (A/C.6/64/SR.13,
para. 4; A/C.6/65/SR.12, para. 5); 以色列 (A/C.6/64/SR.13,
para. 21; A/C.6/65/SR.12, para. 10; A/C.6/66/SR.12, para. 75); 美国 (A/C.6/64/SR.13,
para. 24); 加拿大（代表加澳新国家集团）(A/C.6/65/SR.10, para. 66); 埃及
(A/C.6/65/SR.11, para. 14); 西班牙 (A/C.6/65/SR.11, para. 21); 刚果民主共和国
(A/C.6/65/SR.11, para. 29); 荷兰 (A/C.6/65/SR.11, para. 60; A/C.6/66/SR.13, para.
46); 埃塞俄比亚 (A/C.6/66/SR.12, para. 40); 希腊 (A/C.6/66/SR.13, para. 17)。

[96] A/C.6/64/SR.12, para. 27.

[97] A/C.6/65/SR.11, para. 60; A/C.6/66/SR.13, para. 46.

观察员表示肯定。[98]没有一个国家、国家集团或观察员对补充性原则表示反对。因此，可以说，遵守补充性原则是这 74 个国家、国家集团和观察员的一种共同理解。

第三个前提条件是，行使普遍管辖权是否不应违反国际法的基本原则，包括国家主权平等、不干涉内政、以及高层官员在外国法院的刑事管辖豁免权。有 37 个国家和国家集团说，在行使普遍管辖权时，包括国家主权平等和不干涉内政在内的基本原则不应被忽视，这些国家几乎都来自非洲、亚洲和拉美。[99]没有一个国家、国家集团或观察员说，可

---

[98] 澳大利亚（代表加澳新国家集团）(A/C.6/64/SR.12, para. 11; A/C.6/66/SR.12, para. 6); 哥斯达黎加 (A/C.6/64/SR.12, para. 29); 肯尼亚 (A/C.6/64/SR.12, para. 61; A/C.6/66/SR.13, para. 34); 德国 (A/C.6/64/SR.12, para. 86); 比利时 (A/C.6/64/SR.12, para. 102); 英国 (A/C.6/64/SR.13, para. 6; A/C.6/65/SR.12, para. 32); 阿尔及利亚 (A/C.6/64/SR.13, para. 8); 西班牙 (A/C.6/64/SR.13, para. 10); 列支敦士登 (A/C.6/64/SR.13, para. 26; A/C.6/65/SR.12, para. 35); 加拿大（代表加澳新国家集团）(A/C.6/65/SR.10, para. 64); 埃及 (A/C.6/65/SR.10, para. 68); 危地马拉 (A/C.6/65/SR.10, para. 70); 秘鲁 (A/C.6/65/SR.10, para. 78; A/C.6/66/SR.12, para. 33); 挪威 (A/C.6/65/SR.11, para. 6); 斯洛文尼亚 (A/C.6/65/SR.11, para. 23); 阿尔及利亚 (A/C.6/65/SR.11, para. 26; A/C.6/66/SR.12, para. 65); 古巴 (A/C.6/65/SR.11, para. 36); 越南 (A/C.6/65/SR.11, para. 46); 突尼斯 (A/C.6/65/SR.11, para. 69); 智利 (A/C.6/65/SR.12, para. 7; A/C.6/66/SR.13, para. 20); 以色列 (A/C.6/65/SR.12, para. 10; A/C.6/66/SR.12, para. 75); 红十字国际委员会 (A/C.6/65/SR.12, para. 42; A/C.6/66/SR.13, para. 64); 卡塔尔（代表阿拉伯集团）(A/C.6/66/SR.12, para. 9); 哥伦比亚 (A/C.6/66/SR.12, para. 26); 萨尔瓦多 (A/C.6/66/SR.12, para. 31); 苏丹 (A/C.6/66/SR.12, para. 36); 埃塞俄比亚 (A/C.6/66/SR.12, para. 38); 阿根廷 (A/C.6/66/SR.12, para. 71); 斯里兰卡 (A/C.6/66/SR.13, para. 3); 印度尼西亚 (A/C.6/66/SR.13, para. 13); 希腊 (A/C.6/66/SR.13, para. 17); 芬兰 (A/C.6/66/SR.13, para. 27); 伊朗 (A/C.6/66/SR.13, para. 43); 巴西 (A/C.6/66/SR.13, para. 49).

[99] 突尼斯 （代表非洲国家集团）(A/C.6/64/SR.12, para. 14); 伊朗 （代表不结盟运动国家）(A/C.6/64/SR.12, para. 20; A/C.6/65/SR.10, para. 55; A/C.6/66/SR.12, para. 1); 苏丹 (A/C.6/64/SR.12, para. 93; A/C.6/66/SR.12, para. 35); 突尼斯 (A/C.6/64/SR.12, para. 101; A/C.6/65/SR.11, para. 69; A/C.6/66/SR.13, para. 54); 黎巴嫩 (A/C.6/64/SR.12, para. 104); 印度尼西亚 (A/C.6/64/SR.13, para. 1); 伊朗

以违反这些基本原则。关于高层官员的豁免权这一具体规则，有 32 个国家和国家集团说，在行使普遍管辖权时，一国高层官员在外国法院的刑事管辖豁免权应当得到尊重，这些国家几乎都来自非洲、亚洲和拉美。[100]虽然有 7 个国家和国家集团说，豁免权问题是一个不同于普遍管

(A/C.6/64/SR.13, para. 2)；阿尔及利亚 (A/C.6/64/SR.13, para. 8; A/C.6/66/SR.12, para. 65)；俄罗斯 (A/C.6/64/SR.13, para. 14; A/C.6/65/SR.11, para. 57)；多哥 (A/C.6/64/SR.13, para. 35)；塞内加尔 (A/C.6/64/SR.13, para. 40; A/C.6/65/SR.11, para. 19)；埃塞俄比亚 (A/C.6/64/SR.13, para. 47; A/C.6/66/SR.12, para. 38)；马拉维（代表非洲国家集团）(A/C.6/65/SR.10, para. 59)；埃及 (A/C.6/65/SR.10, para. 69)；白俄罗斯 (A/C.6/65/SR.10, para. 76)；利比亚 (A/C.6/65/SR.11, para. 1)；中国 (A/C.6/65/SR.11, para. 25)；古巴 (A/C.6/65/SR.11, para. 34)；越南 (A/C.6/65/SR.11, para. 46)；伊朗 (A/C.6/65/SR.12, para. 4; A/C.6/66/SR.13, para. 44)；委内瑞拉 (A/C.6/65/SR.12, para. 18; A/C.6/66/SR.12, para. 57)；卡塔尔（代表阿拉伯集团）(A/C.6/66/SR.12, para. 11)；肯尼亚（代表非洲国家集团）(A/C.6/66/SR.12, para. 12)；埃及 (A/C.6/66/SR.12, para. 15)；哥伦比亚 (A/C.6/66/SR.12, para. 28)；斯威士兰 (A/C.6/66/SR.12, para. 49)；赞比亚 (A/C.6/66/SR.12, para. 55)；马来西亚 (A/C.6/66/SR.12, para. 63)；塞内加尔 (A/C.6/66/SR.12, para. 68)；阿根廷 (A/C.6/66/SR.12, para. 71)；斯里兰卡 (A/C.6/66/SR.13, para. 1)；南非 (A/C.6/66/SR.13, para. 8)；希腊 (A/C.6/66/SR.13, para. 17)；布基纳法索 (A/C.6/66/SR.13, para. 30)；肯尼亚 (A/C.6/66/SR.13, para. 35)；巴西 (A/C.6/66/SR.13, para. 49)；莫桑比克 (A/C.6/66/SR.13, para. 56).

[100] 突尼斯（代表非洲国家集团）(A/C.6/64/SR.12, para. 14)；伊朗（代表不结盟运动国家）(A/C.6/64/SR.12, para. 20; A/C.6/65/SR.10, para. 55; A/C.6/66/SR.12, para. 1)；中国 (A/C.6/64/SR.12, para. 48; A/C.6/65/SR.11, para. 25; A/C.6/66/SR.13, para. 5)；南非 (A/C.6/64/SR.12, para. 55; A/C.6/66/SR.13, para. 8)；苏丹 (A/C.6/64/SR.12, para. 94; A/C.6/65/SR.12, para. 22; A/C.6/66/SR.12, para. 37)；突尼斯 (A/C.6/64/SR.12, para. 101)；黎巴嫩 (A/C.6/64/SR.12, para. 104)；印度尼西亚 (A/C.6/64/SR.13, para. 1)；伊朗 (A/C.6/64/SR.13, para. 5; A/C.6/65/SR.12, para. 4; A/C.6/66/SR.13, para. 45)；西班牙 (A/C.6/64/SR.13, para. 9)；俄罗斯 (A/C.6/64/SR.13, para. 14; A/C.6/66/SR.12, para. 43)；多哥 (A/C.6/64/SR.13, para. 35)；塞内加尔 (A/C.6/64/SR.13, para. 39; A/C.6/65/SR.11, para. 19; A/C.6/66/SR.12, para. 68)；埃塞俄比亚 (A/C.6/64/SR.13, para. 47; A/C.6/66/SR.12, para. 40)；马拉维（代表非洲国家集团）(A/C.6/65/SR.10, para. 59)；埃及 (A/C.6/65/SR.10, para. 69)；

辖权的问题，因此应当由国际法委员会审查，但它们也同意，豁免权应当得到尊重。[101] 在这种情况下，可以说，在行使普遍管辖权时，国内法院应尊重国际法中高层官员的豁免权，无论其是否是一个不同于普遍管辖权的问题，这是某种共同理解。

5、 建立国际规制机构

要求建立国际规制机构的建议是由非盟于 2008 年在第 11 届大会上提出的，并且由坦桑尼亚以非洲国家集团的名义于 2009 年 6 月 29 日向联大提出的。[102] 截至 2011 年，有 5 个国家表示支持这一提议，大多数都是非洲国家。[103] 不过，这一提议遭到 9 个欧洲国家的反对，理由是，这会危害司法独立，它们更加愿意通过现有的机制，例如国际法院解决因行使普遍管辖权而引起的争端。[104] 因此，看来，这一建议是一个最具

白俄罗斯 (A/C.6/65/SR.10, para. 76); 利比亚 (A/C.6/65/SR.11, para. 1); 阿尔及利亚 (A/C.6/65/SR.11, para. 26; A/C.6/66/SR.12, para. 65); 刚果民主共和国 (A/C.6/65/SR.11, para. 32); 古巴 (A/C.6/65/SR.11, para. 34; A/C.6/66/SR.12, para. 34); 越南 (A/C.6/65/SR.11, para. 46); 加纳 (A/C.6/65/SR.11, para. 66); 委内瑞拉 (A/C.6/65/SR.12, para. 20; A/C.6/66/SR.12, para. 59); 肯尼亚 （代表非洲国家集团）(A/C.6/66/SR.12, para. 12); 哥伦比亚 (A/C.6/66/SR.12, para. 29); 秘鲁 (A/C.6/66/SR.12, para. 33); 斯威士兰 (A/C.6/66/SR.12, para. 51); 赞比亚 (A/C.6/66/SR.12, para. 56); 斯里兰卡 (A/C.6/66/SR.13, para. 1); 巴西 (A/C.6/66/SR.13, para. 51); 莫桑比克 (A/C.6/66/SR.13, para. 56).

101 法国 (A/C.6/64/SR.12, para. 78); 奥地利 (A/C.6/64/SR.12, para. 82); 芬兰 (A/C.6/64/SR.12, para. 90); 加拿大（代表加澳新国家集团）(A/C.6/65/SR.10, para. 67); 挪威 (A/C.6/65/SR.11, para. 8; A/C.6/66/SR.12, para. 21); 比利时 (A/C.6/65/SR.11, para. 42; A/C.6/66/SR.12, para. 53); 瑞典 (A/C.6/65/SR.12, para. 17)。

102 参见本文第一部分"通往纽约之路"。

103 斯威士兰 (A/C.6/64/SR.12, para. 34); 苏丹 (A/C.6/64/SR.12, para. 95); 卢旺达 (A/C.6/65/SR.11, para. 5); 阿尔及利亚 (A/C.6/65/SR.11, para. 26; A/C.6/66/SR.66); 智利 (A/C.6/65/SR.12, para. 8; A/C.6/66/SR.13, para. 23).

104 斯洛伐克 (A/C.6/64/SR.12, para. 65); 芬兰 (A/C.6/64/SR.12, para. 92; A/C.6/66/SR.13, para. 29); 比利时 (A/C.6/64/SR.12, para. 103; A/C.6/65/SR.11, para. 43); 列支敦士登 (A/C.6/64/SR.13, para. 28; A/C.6/65/SR.12, para. 37); 意大利

争议的问题，尤其是在非洲国家和欧洲国家之间。在这种情况下，关于是否有必要建立这样一个机构可以说并不存在共同理解。

（二）国家实践

即使关于普遍管辖权的定义、范围和适用从第六委员会各国、国家集团和观察员的发言中发现存在法律确信，但如果没有得到国家实践的支持，也不能说已经存在有关习惯国际法规则。就像国际法院在"尼加拉瓜案"中说的那样，

> 对本法院来说，想要认为某些规则是习惯国际法，国家仅仅只是宣布承认是不够的。……根据本法院规约第 38 条的规定，……本法院必须判断，国家法律确信中阐明的一项规则的存在必须得到实践的确认。[105]

就普遍管辖权而言，最重要的国家实践是各国的立法和司法实践。就立法实践而言，对联合国秘书长作出答复的大约 90 个国家中，大多数国家在国内法中规定了所谓的以条约为基础的普遍管辖权条款。就像联合国秘书长在其首份报告中概括的那样，

> 提供的最广泛的资料涉及刑法监管框架。至少有一个国家政府评论指出，其法院对属于国际或跨境犯罪范畴的任何罪行都拥有普遍管辖权，其中包括灭绝种族罪、战争罪、危害人类罪、酷刑、洗钱、海盗行为和贩毒（卢旺达）。而另一例评论则表示并未将普遍管辖权载入法律，并进一步说明国内法律规则和司法实践均未采纳这一原则（黎巴嫩）。不过，大多数评论都提到，落实国际义务的刑法、刑事诉讼法和具体立法都为行使普遍管辖权提供了依据。

(A/C.6/64/SR.13, para. 45); 捷克 (A/C.6/65/SR.11, para. 16; A/C.6/66/SR.77); 荷兰 (A/C.6/65/SR.11, para. 60; A/C.6/66/SR.13, para. 46); 英国 (A/C.6/66/SR.13, para. 25); 爱尔兰 (A/C.6/66/SR.13, para. 41);

[105] ICJ, *Military and Paramilitary Activities in and against Nicaragua (Nicaragua v. U.S.)*, Judgment of 27 June 1986, para. 184.

> 作为一般提醒，应当指出，也有些评论提到与某些具体罪
> 行有关的具有域外管辖权一般属性的立法。[106]

换句话说，在本阶段，在国内法中不需要以条约为基础的普遍管辖
权立法是非常罕见的。更糟糕的是，如果对联合国秘书长作出答复的国
家的立法实践只是以条约为基础的普遍管辖权条款，那么这些国家实施
这种条款的司法实践则显得更加稀少。就像联合国秘书长在其首份报告
中概括的那样，

> 一些评论指出，没有适用普遍管辖权的案例（如亚美尼
> 亚、多民族玻利维亚国、智利、捷克共和国、萨尔瓦多、
> 爱沙尼亚、肯尼亚、马耳他、秘鲁、斯洛文尼亚），没有
> 根据规定普遍管辖权的立法进行过起诉（如新西兰），法
> 院很少行使这项管辖权（如大韩民国），载有对其主张实
> 行普遍管辖权的罪行的立法生效以来，还没有人被定罪
> （如阿塞拜疆、荷兰）。也有评论指出，还没有根据普遍
> 管辖权请求引渡的案件（如秘鲁）。[107]

可见，向联合国秘书长报告行使普遍管辖权的案件数量是非常有限
的，只有秘鲁、比利时、中国、丹麦、法国、卢旺达、荷兰、韩国和瑞
士报告了司法案件。还应当指出，在这些国家所报告的数量极其有限的
案件（通常都只有一两个）中，这些案件主要都涉及的是它们国内法中
以条约为基础的普遍管辖权条款。

四、 结语

在我看来，在打击国际犯罪的有关条约框架之外，现阶段可以说的
是，普遍管辖权原则作为整体在习惯国际法中已经存在了。但是，它的
定义、范围和适用还很难说在习惯法中也是存在的。也许，这就是现阶
段各国在联大就普遍管辖权取得的共同理解。许多观点仅仅只是学者的
说教，它们还只是停留在国际法的学术范围内。关于这个事项，我们应

---

[106] A/65/181, para. 34.
[107] A/65/181, para. 55.

当非常谨慎和小心，并且不要把实然法与应然法弄混。它们是否在习惯国际法中成为现实以及如何成为现实取决于各国的意志和实践。在这个方面，希望有更多的国家能够向联大第六委员会发表它们的观点，并提交它们的立法和司法情况。不过，应当注意，国际社会在过去十多年已经醒来了。随着在联大对普遍管辖权的共同理解越来越多，并且随着普遍管辖权的实践越来越丰富，关于它的定义、范围和适用的新的习惯国际法可能在很短的时期内形成。

10

国际刑事法院与罗马规约非缔约国在
国际法中的豁免[*]

克劳斯·克雷斯[**]

一、 导言

关于豁免的国际法是个热门话题。它是国际法院（ICJ）两个新近判决的核心内容，[1]是最近国际法学会（IDI）采纳的两个决议的主题，[2]是国际

---

[*]　薛茹译。

[**]　**克劳斯·克雷斯（Claus Kreß）** 是刑法和国际公法教授。他获得科隆大学法学博士学位，剑桥大学法学硕士学位。他是科隆大学刑法和刑事诉讼法研究所的主任，在该校主讲德国刑法、欧洲刑法、国际刑法、国际和平与安全法以及武装冲突法。其曾在德国司法部任职处理刑法和国际法问题。自 1998 年起，他代表德国参加有关国际刑事法院的谈判。他是德国有关国际法上的罪行法典的专家小组成员（2000/2001）。他曾是东帝汶检察长的战争罪专家（2001 年）， 国际刑事法院规则起草委员会的负责人（2004），并且是侵略罪谈判的小组协调人。

[1]　International Court of Justice, *Jurisdictional Immunities of the State (Germany v. Italy: Greece Intervening)*, Judgment, 3 February 2012, available at http://www.legal-tools.org/doc/674187/; ICJ, *Case Concerning the Arrest Warrant of 11 April 2000 (Democratic Republic of the Congo v. Belgium)*, Judgment, 14 February 2002, *ICJ Reports* 2002, p. 3, available at http://www.legal-tools.org/doc/c6bb20/；国际法院也涉及到了国际法上的豁免，*Case Concerning Certain Questions of Mutual Assistance in Criminal Matters (Djibouti v. France)*, Judgment, 4 June 2008, *ICJ Reports*, 2008, p. 177, available at http://www.legal-tools.org/doc/7b6a80/.

[2]　Institut de droit international, *Resolution on the Immunity from Jurisdiction of the State and of Persons Who Act on Behalf of the State in case of International Crimes*, Napoli Session 2009, Third Commission, available at http://www.idi-iil.org/idiE/resolutionsE/2009_naples_01_en.pdf, last accessed on 17 July 2012; Institut de droit international, *Les*

法委员会（ILC）目前关心的议题之一，[3]正如我们猜想到的那样，所有这些发展已经吸引了大量的学术著述对此问题进行研究。[4]

---

immunités de jurisdiction et d'exécution du chef d'Etat et de gouvernement en droit international, Vancouver Session 2001, Thirteenth Commission, available at http://www.idi-iil.org/idiF/resolutionsF/2001_van_02_fr.PDF, last accessed on 17 July 2012.

[3]   关于总结性的工作，见 International Law Commission, *Report on the Work of its Sixty-third Session*, A/66/10, paras. 102–203（Chapter VII – Immunity of State officials from foreign criminal jurisdiction）；关于特别报告员 Roman Anatolevich Kolodkin 的前三个报告，见 International Law Commission, *Third Report on immunity of State officials from foreign criminal jurisdiction*, 24 May 2011, A/CN.4/646; *Second report on immunity of State officials from foreign criminal jurisdiction*, 10 June 2010, A/CN.4/631; *Preliminary report on immunity of State officials from foreign criminal jurisdiction*, 29 May 2008, A/CN.4/601; 关于秘书处应国际法委员会的请求做出的长篇备忘录，见 International Law Commission, Immunity of State officials from foreign criminal jurisdiction, 31 March 2008, A/CN.4/596.

[4]   以下是精选的更近期的出版物：整体来看关于此主题的重要条约，见 Lady Hazel Fox, *The Law of State Immunity*, second edition, Oxford University Press, Oxford, 2009; 关于国际豁免权与国际刑法的一部最详尽的专著，见 Helmut Kreicker, *Völkerrechtliche Exemtionen. Grundlagen und Grenzen völkerrechtlicher Immunitäten und ihre Wirkungen im Strafrecht* (2 volumes), Duncker and Humblot, Berlin, 2007; 关于其他两部近期专著，见 Rosanne van Alebeek, *The Immunity of States and their Officials in International Criminal Law and International Human Rights Law*, Oxford University Press, Oxford, 2008; Ellen L. Lutz and Caitlin Reiger (eds.), *Prosecuting Heads of State*, Cambridge University Press, Cambridge, 2009; 关于其他详细的著述，见 Advisory Committee on Issues of Public International Law, *Advisory Report on the Immunity of Foreign State Officials*, Advisory Report No. 20, The Hague, 2011, available at http://www.rijksoverheid.nl/documenten-en-publicaties/rapporten/2011/10/19/advies-inzake-de-immuniteit-van-buitenlandse-ambtsdragers.html, last accessed on 17 July 2012; 关于一些重要而简短的分析，见 Chimène I. Keitner, "Foreign Official Immunity and the „Baseline" Problem", in *Fordham Law Review*, 2011–2012, vol. 80, p. 605; Joanne Foakes, "Immunity for International Crimes? Developments in the Law on Prosecuting Heads of States in Foreign Courts", in *Chatham House briefing paper*, IL BP 2011/02; Beth Stephens, "Abusing the Authority of the State: Denying Foreign Official Immunity for Egregious Human Rights Abuses", in *Vanderbilt Journal of Transnational Law*, 2011, vol. 44, p. 1163; Dapo Akande and Sangeeta Shah, "Immunities of State Officials, International Crimes, and Foreign Domestic Courts", in *European Journal of International Law*, 2010, vol. 21, p. 815; Mary Margaret

---

用这样篇幅有限的一篇文章把这个题目作为整体都囊括进来，的确有些自命不凡。因此，我尽力将自己的思考限定在这个广泛的题目中的一个方面，我还要探讨两个相互联系密切的问题，这两个问题都与国际刑事法院（ICC）诉讼程序中的国际法豁免权有关。[5]第一个问题是，《国际刑事法院规约》（以下简称《规约》）的非缔约国在国际法中的豁免权，是否

Penrose, "The Emperor"s Clothes: Evaluating Head of State Immunity Under International Law", in *Santa Clara Journal of International Law*, 2009–2010, vol. 7, p. 85; Gionato Piero Buzzini, "Lights and Shadows of Immunities and Inviolability of State Officials in International Law: Some Comments on the *Djibouti v. France* Case", in *Leiden Journal of International Law*, 2009, vol. 22, p. 455; Mark A. Summers, "Diplomatic Immunity Ratione Personae: Did the International Court of Justice Create a New Customary Law Rule in *Congo v. Belgium*?", in *Michigan State Journal of International Law*, 2007–2008, vol. 16, p. 459; Natalino Ronzitti, "L"immunità funzionale degli organi stranieri dalla giurisdizione penale: Il caso Calipari", in *Rivista di diritto internatzionale*, vol. XCI, 2008, p. 1033; Sarah M.H. Nouwen, "The Special Court for Sierra Leone and the Immunity of Taylor: The *Arrest Warrant* Case Continued", in *Leiden Journal of International Law*, 2005, vol. 18, p. 645; Philippe Sands, "International Law Transformed? From Pinochet to Congo?", in *Leiden Journal of International Law*, 2003, vol. 16, p. 37; Antonio Cassese, "When May Senior State Officials be Tried for International Crimes? Some Comments on the Congo v. Belgium Case", in *European Journal of International Law*, 2002, vol. 18, p. 853; Steffen Wirth, "Immunity for Core Crimes? The ICJ"s Judgment in the Congo v. Belgium Case", in *European Journal of International Law*, 2002, vol. 13, p. 877; Andrea Bianchi, "Immunity versus Human Rights: The Pinochet Case", in *European Journal of International Law*, 1999, vol. 10, p. 237; Christian Dominicé, "Quelques observations sur l"immunité de juridiction pénale de l"ancien Chef d"Etat", in *Révue Générale de Droit International Public*, 1999, vol. 103, p. 297.

[5] 关于这些问题的具体分析，见 Dapo Akande, "The Legal Nature of Security Council Referrals to the ICC and its Impact on Al Bashir"s Immunities", in *Journal of International Criminal Justice*, 2009, vol. 7, p. 333; Paola Gaeta, "Does President Al Bashir Enjoy Immnuity from Arrest?", in *Journal of International Criminal Justice*, 2009, vol. 7, p. 315; Robert Uerpmann-Wittzack, "Immunität vor Internationalen Strafgerichtshöfen", in *Archiv des Völkerrechts*, 2006, vol. 44, p. 33; Dapo Akande, "International Law Immunities and the International Criminal Court", in *The American Journal of International Law*, 2004, vol. 98, p. 407; Vanessa Klingberg, "(Former) Heads of State Before International(ized) Criminal Courts: the Case of *Charles Taylor* Before the Special Court for Sierra Leone", in *German Yearbook of International Law*, 2003, vol. 46, p. 537。

使得国际刑事法院不能对该国在任国家元首、政府首脑、外交部长和其他特定的高级职务的在任者行使管辖权。只有当对第一个问题给予了否定回答之后，才会出现第二个问题，即这种国际豁免法是否使得国际刑事法院不能要求一个缔约国逮捕和移交一名上面所列举范围内的嫌疑人，和法庭发布了逮捕令要逮捕的嫌疑人。

　　不夸张地说，近来这两个问题迫切而实际地联系在一起。2009 年 3 月 4 日，国际刑事法院第一预审分庭裁定，苏丹在国际法中的豁免不能妨碍法庭对这个非缔约国的在任总统巴希尔（Omar Al Bashir）行使管辖权。[6] 两年多之后，2011 年 12 月 12 日和 13 日，由不同成员组成的第一预审分庭在两份裁定中明确指出（或者说"补充"更恰当），不排除法院请求乍得和马拉维两个缔约国在巴希尔访问这两个国家期间将其逮捕并移交至法庭。[7] 此后不久，2012 年 1 月 9 日，非盟委员会对 2011 年 12 月"不明智"和"自私"的裁定表达了"深深的遗憾"和"完全不赞同"。[8]

---

[6]　International Criminal Court, *The Prosecutor v. Omar Hassan Ahmad Al Bashir (Omar Al Bashir)*, Decision on the Prosecution"s Application for a Warrant of Arrest against Omar Hassan Ahmad Al Bashir, 4 March 2009, ICC-02/05-01/09-3, paras. 41–45, http://www.legal-tools.org/doc/e79f78/.

[7]　Cour Pénal Internationale, Le Procureur International Criminal Court, *Le Procureur c. Omar Hassan Ahmad Al Bashir*, Décision rendue en application de l"article 87–7 du Statut de Rome concernant le refus de la République du Tchad d"accéder aux demandes de coopération délivrées par la Cour concernant l"arrestation et la remise d"Omar Hassan Ahmad Al Bashir, 13 December 2011, ICC-02/05-01/09-140, available at available at http://www.legal-tools.org/doc/c33d51/; International Criminal Court, *The Prosecutor v. Omar Hassan Ahmad Al Bashir*, Decision Pursuant to Article 87(7) of the Rome Statute on the Failure by the Republic of Malawi to Comply with the Cooperation Requests Issued by the Court with Respect to the Arrest and Surrender of Omar Hassan Ahmad Al Bashir, 12 December 2011, ICC-02/05-01/09-139, available at http://www.legal-tools.org/doc/4768 12/.

[8]　2012 年 1 月 9 日，第一预审分庭关于国际刑事法院根据《罗马规约》第 87 条第 7 款做出的证实乍得共和国和马拉维共和国未能履行法庭发出的逮捕和移交苏丹共和国总统奥马尔•巴希尔的合作请求而做出的裁定的媒体发布，作者存档备查。

二、 "巴希尔案"中 2009 年 3 月 4 日和 2011 年 12 月的裁定以及非盟委员会的异议

第一预审分庭在 2009 年 3 月 4 日的裁定中决定：

> 奥马尔·巴希尔目前担任《规约》非缔约国的国家元首这一职务，并不影响法庭对当前案件行使管辖权。[9]

分庭提出四点意见来支持这一决定。[10]首先，如同在《规约》序言中所述及的一样，分庭在此提及了终止有罪不罚这一目标。第二，引用了《规约》第 27 条。第三，根据法院的理解，如果仰仗《维也纳条约法公约》第 31、32 条和《规约》第 21 条第 3 款的精神，《规约》第 21 条第 1 款第 1 项所列举的可适用的法律渊源没有留下需要援引《规约》第 21 条第 1 款第 2、3 项所列举的渊源来填补的空白。[11]第四，分庭还阐明：

> 联合国安理会根据《规约》第 13 条第 2 款向法庭提交了达尔富尔的情势，安理会也已经接受了，对上述情势的调查以及因此提起的任何起诉应按照《规约》、《犯罪要件》以及《程序和证据规则》作为一个整体所形成的成文法框架来进行。

2009 年 3 月 6 日和 2010 年 7 月 21 日，书记官处分别根据分庭的指令要求所有缔约国逮捕并移交巴希尔。[12]

在 2011 年 12 月 12 日的裁定中，同一个（组成成员不同）分庭裁定，马拉维共和国没有与法庭合作将巴希尔逮捕并移交法庭。[13]分庭作出这一裁定是因为确信：（1）在国际刑事法院的诉讼程序中规约非缔约国不存在

---

[9] *Supra* note 6, para. 41.

[10] *Ibid.*, paras. 42–45.

[11] 裁决中相关的第 44 段的表述有些费解，因此其"解释"会有一定程度的推断。

[12] International Criminal Court, *The Prosecutor v. Omar Hassan Ahmad Al Bashir (Omar Al Bashir)*, Request to All States Parties to the Rome Statute for the Arrest and Surrender of Omar Al Bashir, 6 March 2009, ICC-02/05-01/09-7, available at http://www.legal-tools.org/doc/24341e/; Supplementary Request to All States Parties to the Rome Statute for the Arrest and Surrender of Omar Al Bashir, 21 July 2010, ICC-02/05-01/09-96, available at http://www.legal-tools.org/doc/66e485/.

[13] ICC, 2011, *supra* note 7, *in fine*.

国际法上的豁免，[14]（2）"国家的合作行为构成了在国际法庭上起诉这一整体不可或缺的一部分，任何这样的合作行为都不适用豁免"。[15]为证明第一个观点，分庭认为，当国际法院因其犯下国际法上的罪行而下令逮捕一国元首时，在法律上存在一项国际习惯法的例外，因此，《规约》第98条第1款不妨碍法院在当前案件中继续要求移交。[16]为证明第二个观点，分庭认为：

> 当国家没能够在其管辖范围内起诉那些对罪行负有责任的人时，法院受托行使国际社会的惩罚权，缔约国与法院合作并因而为了法院的利益行事时，缔约国就成为了实现国际社会惩罚权的工具。[17]

在 2011 年 12 月 13 日分庭关于乍得共和国的裁定中出现了同样的法律问题，分庭回顾了前一天作出的裁定，[18]因此我将在下面集中对后一个裁定进行法律分析。

2011 年 12 月 12 和 13 日的裁定引起了非盟委员会强烈的反对。2012年 1 月 9 日，非盟的这一不同意见通过媒体发布传达到全世界，其中包括下列内容：

> 国际刑事法院第一预审分庭作出裁定之后，非盟委员会对此裁定造成的下列影响表示深深的遗憾：
>
> 1. 意图改变关于属人豁免的国际习惯法；
>
> 2. 致使《罗马规约》第 98 条变得多余、不可操作以及毫无意义；

---

[14] *Ibid.*, para. 18.

[15] *Ibid.*, para. 44.

[16] *Ibid.*, para. 43.

[17] *Ibid.*, para. 46.

[18] Cour Pénal Internationale, Le Procureur International Criminal Court, *Le Procureur c. Omar Hassan Ahmad Al Bashir*, Décision rendue en application de l''article 87-7 du Statut de Rome concernant le refus de la République du Tchad d''accéder aux demandes de cooperation délivrées par la Cour concernant l''arrestation et la remise d''Omar Hassan Ahmad Al Bashir, 13 December 2011, ICC-02/05-01/09-140, para. 13, available at http://www.legal-tools.org/doc/c33d51/.

3. 没能解决向国际刑事法院提交了达尔富尔情势的联合国安理会第 1593（2005）号决议是否移除了豁免这个关键的问题。

一般来说，国际法中的豁免不仅适用于外国国内法庭的诉讼，还适用于国际法庭的诉讼：国家不能由于缔约建立了国际法庭而违背其对第三国所承担的国际法律义务。的确，与国际刑事法院第一预审分庭的断言相反，设立国际刑事法院的《罗马规约》中包含第 98 条第 1 款正是出于承认，《规约》没有能力撤销国际法赋予《罗马规约》非缔约国国家元首的豁免，因为国家官员的豁免是相关国家的权利，而条约只约束缔约国。

安理会也没有撤销巴希尔总统的豁免；任何这样的撤销都应当清晰地表达出来，只是由联合国安理会将"情势"提交给国际刑事法院，或者要求一个国家与国际刑事法院合作，并不能解释为撤销了国际法所赋予的豁免。提交的结果是使包括第 98 条在内的《罗马规约》适用于达尔富尔的情势。[19]

前面概要地展示了第一预审分庭与非盟委员会之间观点的尖锐对立。非盟委员会的异议没有清楚地区分我在本文序言中提出的两个法律问题，其确切的法律立场需要通过解释来得出。我的解读是，委员会已经对我的第一个问题给予了否定回答，但设定了一个条件。委员会似乎认为，规约非缔约国在国际法中的豁免权使得国际刑事法院不能对其在任国家元首实施管辖权，除非安理会基于《联合国宪章》第七章已经在其决议中清楚地做出了相反的规定。第一预审分庭对我的第一个问题作出了一贯肯定的回答，同时将 2009 年 3 月 4 日的裁定与 2011 年 12 月 12 和 13 日的裁定对比一下，就可以从上述概要中发现分庭在两次裁决的推理上存在显著差异。后一裁定主张，在关于国际刑事法院诉讼程序的国际法豁免问题上，存在一项特殊的国际习惯法的例外，但前一裁定则完全没有涉及任何国际习惯法的问题，而是从《规约》本身以及安理会的提交所产生的法律作用上寻找依据。2009 年 3 月 4 日的裁定和 2011 年 12 月 12、13 日的裁定之间的区

---

[19] 前引注 8。

别还在于如何对我在导言中提出的第二个问题作出回应。2011 年 12 月 12 和 13 日的裁定清晰地处理了这个问题并指向一个否定的回答，而在 2009 年 3 月 4 日的裁定中则没有明确阐述这个问题。然而，在裁定中分庭借用《规约》第 98 条第 1 款的措辞，命令书记官处对所有的缔约国"继续请求移交"。总之，从上面的概述中可以看到，裁定呈现的结果相当复杂。

三、 法律分析

在下面的法律分析中，我会努力解决这些法律问题。[20]为了达到这一目标，我将试图阐明《规约》第 98 条第 1 款在规约的范围之外应该如何与国际豁免法产生联系，以及《规约》第 98 条第 1 款应该如何适用两个问题。接下来我会分别研究"安理会途径"和"习惯法途径"，以达到即便是在关于规约非缔约国的在任国家元首的案件中，也能避免适用《规约》第 98 条第 1 款中所包含的禁止性规定这一目的。但是首先，我会对 2009 年 3 月 4 日第一预审分庭裁定中提出的前三点意见作出评述。

（一）关于 2009 年 3 月 4 日裁定的初步评论

从裁定中相关段落的措辞看不出为证明其关于豁免问题的结论所提出的四点意见之间，究竟是构成了一个复合式的法律论据，还是为达到同一个结论提出了独立而各不相同的法律依据。如果将裁定解读为后者，那么将得不到一个令人信服的法律论证，因为无论是《规约》第 27 条第 2 款还是《规约》序言，就其本身而言，都不能影响到那些规约非缔约国的（豁免）权利。[21]同理，由于规约未留有空缺，得出国际刑事法院的分庭不能

---

[20] 分析建立在下列文章的基础上并对其观点给予了完善：Claus Kress and Kimberly Prost, "Article 98", in Otto Triffterer (ed.), *Commentary on the Rome Statute of the International Criminal Court*, C.H. Beck/Hart/Nomos, second edition, 2008, pp. 1601–1614; 以及 Claus Kreß, "Commentary on the Decision on Immunity from Jurisdiction (Prosecutor v. Taylor)", in André Klip/Göran Sluiter (eds.), *Annotated Leading Cases of International Criminal Tribunals, Volume IX: The Special Court for Sierra Leone*, Intersentia, Antwerp-Oxford, 2006, p. 202.

[21] 预审分庭援引序言可能是受到 Dapo Akande 的在其重要而有影响力的文章中非常类似的援引的影响：Dapo Akande, 2004, *supra note* 5, pp. 423–424. 与预审分庭相反，

诉诸规约范围之外的国际法的结论，在本案具体的情境中这样说也是无用的。对于涉及非缔约国的问题，规约同样不能给出一个全面的法律解答。由此得出的结论是，2009 年 3 月 4 日裁定的说服力建立在安理会提交所产生的影响力上。不幸的是，预审分庭没有强化我所谓的"安理会途径"。

（二）关于《国际刑事法院规约》第 98 条第 1 款的磋商

正如我们所见，非盟委员会在对 12 月 12、13 日裁定的异议中，将大量论述建立在《规约》第 98 条第 1 款上，而这一款确实与将规约非缔约国的国家元首移交至国际刑事法院而将其逮捕的问题有关。根据非盟委员会：

> 设立国际刑事法院的《罗马规约》中包含第 98 条第 1 款正是出于承认，规约没有能力撤销国际法赋予《罗马规约》非缔约国国家元首的豁免。[22]

这一论述需要一定的条件。

的确，《规约》第 98 条第 1 款的起草者[23]确信，规约的某个条款不能撤销规约非缔约国在国际法中的权利，同时，《规约》第 98 条第 1 款的内容也没有表明起草者承认了国家元首在国际习惯法中的豁免，因为这种豁免会使国际刑事法院无法执行其管辖权，或者至少使其无法请求将这样的人移交至某个缔约国。相反，《规约》第 98 条第 1 款的措辞谨慎，从而避免涉及一般国际法在这个问题上的主张。[24]

或许回顾一下《规约》第 98 条第 1 款起草的历史会有一些帮助。在第九部分的谈判中很晚才涉及到豁免冲突的问题，而在 1998 年《规约》草案中甚至就没有明确地提及这个问题。[25]一组代表认为，一般国际法的发展如果不能说淘汰也已经在实质上削弱了对于国际法中犯罪的豁免权。但

Akande 认真界定了序言和《国际刑事法院规约》第 27 条对法院和缔约国以及缔约国之间的法律关系本质上的法律影响。

[22] 前引注 8。

[23] 我曾任罗马大会德国代表团成员，在这些起草中负责规约第 9 部分的谈判。

[24] See Akande, 2004, *supra* note 5, p. 656.

[25] 1998 年《规约》草案第 87 条，任选项 2（e）可以解读为包括了涉及这个问题的暗示表示；关于其表述，见 Kress and Prost, 2008, *supra* note 20, p. 1602, marginal note 1.

是，在另外一些代表的坚持下，规约加入了关于处理可能发生豁免权冲突的条款。然而，规约最后却没有出现这一内容，因为起草各方在关于一般国际法中存在特定豁免权的问题上没有达成一致同意。在罗马没有时间讨论这一问题，因此显然解决的方式不是就这个问题做出一个纯粹程序性的决定，而是开放性地援引了一般国际法。

值得一提的是，那些对《规约》第 98 条第 1 款的内容持怀疑态度的代表们最终看到了这一条款存在的价值。他们认为在国家实践中几无证据证明，国家、外交或财产豁免权在涉及国际法罪行诉讼中的调查或其他措施时存在不适用的例外。他们也承认，《规约》第 27 条第 2 款没有涵盖这些权利。这一理解或许会让那些没有亲临罗马的人感到惊讶，但这也解释了为什么关于财产的国家或外交豁免是《规约》第 98 条第 1 款背后的主要驱动力，为什么《规约》第 98 条第 1 款中的"第三方"指的不仅是规约的非缔约国，还包括除了被请求国之外的任何国家。[26]

从《规约》第 98 条第 1 款起草和谈判的历史可以得出一个重要的结论，即这一条款本身并没有为存在一项特定的国际法豁免权的假设提供依据，而当涉及到某类特定人群的国际法豁免权的问题时更是如此。同样可以得出的结论是，条约中的某一条款应当有一个独立的适用范围。这种解释性的推论在《规约》第 98 条第 1 款的特殊情况中并不适用，因为至少在涉及到"个人的国家和外交豁免"的问题上存在很多例外，起草者们也希望，《规约》第 98 条第 1 款中对于国际法开放性的援引，用非盟委员会的话来说，能够使禁止性的规定变得"多余、不可操作以及毫无意义"。

（三）《规约》第 98 条第 1 款的目的和运作以及对 2009 年 3 月 4 日裁定的进一步评论

《规约》第 98 条第 1 款的目的是避免缔约国陷入相互冲突的义务：一方面要与法院合作，另一方面则要尊重其他国家在国际法上的豁免权。然而，正如前面关于起草历史的概述中所展示的那样，在罗马的谈判中还不确定这种冲突会在多大程度上出现，《规约》第 98 条第 1 款只是一个防止义务可能出现冲突的程序性设计。

---

[26] *Ibid.*, p. 1602, marginal note 9.

作出这个程序性设计的方式值得注意，因为起草者们把决定权交给了法院，由法院来决定一项合作请求是否会将相关缔约国置于义务相冲突的情况之下。这一决定从《规约》第98条第1款的措辞中可以反映出来，因为这里包含的禁止性规定是针对法院的。只有在法院确定了被请求国不会因为这项请求而陷入冲突的义务中时，法院才能继续请求移交或协助。《程序和证据规则》第195条第1款确认了这就是第98条第1款意图要运作的方式，因为这一款要求相关缔约国为法院提供"一切有关资料协助本法院适用第98条"。[27]

值得注意的是，《规约》第98条第1款以及《程序和证据规则》第195条第1款的起草者们很清楚，法院只能对缔约国作出权威性的决定，而非缔约国不受法院根据第98条第1款作出的任何决定的约束。因此，这一款暗含着一个值得缔约国注意的决定，即这一款将是否存在"国际法中关于个人或财产的国家或外交豁免的（国家）法律义务"的决定权交给了法院。因此《规约》第98条第1款有力证明了各缔约国要建立一个带有鲜明的垂直结构的集体司法体系的决心。看起来大部分缔约国已经将《规约》第98条第1款中的程序机制准确地转化为了各自国内实施立法的一部分。另外一些缔约国没有这样做的事实，并不能作为一些人认为出现了与《规约》第98条第1款和《程序与证据规则》第195条第1款的文本相背离的国家实践的理由。[28]

---

[27] 关于同样的观点，见 Akande, 2004, *supra* note 5, pp. 431–432. 此外，作者在此上下文中提到了《规约》第119条第1款。

[28] 对来自《规约》的合作义务的实施情况的国家报告集，见 Claus Kreß, Bruce Broomhall, Flavia Lattanzi, and Valeria Santori (eds.), *The Rome Statute and Domestic Legal Orders. Volume II: Constitutional Issues, Cooperation and Enforcement*, Nomos/ilSirente, Baden-Baden/Ripa di Fagnano Alto, 2005; 关于已经根据《规约》第98条第1款进行立法的国家，例如见，加拿大(Kimberly Prost and Darryl Robinson, 同上，第61–62页), 德国(Claus Kreß and Jan MacLean, 同上，第140页; 新西兰(Juliet Hay, 同上，第254–255页); 在立法实施过程中为国内判决和国际刑事法院判决可能发生的冲突留出了余地的国家，见，例如，澳大利亚(Helen Brady, 同上，第18–19页); 瑞士(Jürg Lindemann and Olivier Thormann, 同上，第440页); 英国(Peter Lewis, 同上，第463页)。

在 2011 年 12 月 12 日的裁定中，预审分庭说"马拉维共和国没有尊重只有法庭才有权决定豁免是否适用于特定案件这一事实（着重号为作者所加）"，[29]这表明预审分庭完全把握了《规约》第 98 条第 1 款意图运作的方式。但是对于由不同人员组成的同一个分庭在 2009 年 3 月 4 日作出的裁定，我却难以给予类似的赞誉。在该裁定关于豁免问题的五段阐述中根本没有提到《规约》第 98 条第 1 款。对这种沉默的辩解是，不能说这些段落只处理了我导言中的第一个问题，即法院是否能对规约非缔约国行使管辖权；事实上这些段落没有处理法院、被请求国以及非缔约国这三者之间的法律关系，而这是《规约》第 98 条第 1 款中的唯一主题。相反，2009 年 3 月 4 日的裁定超出了我导言中的第一个问题，通过指示书记官长准备向缔约国提出逮捕和移交巴希尔的合作请求，直接处理了上述的三角关系。因此 2009 年 3 月 4 日的裁定本应该阐述我导言中的第二个问题，而裁定没有这么做，这就成为了裁定的一个重大疏漏。[30]因此，2011 年 12 月 12 日同一个分庭作出的裁定应当解读为一种后来的、值得称赞的去弥补这个分庭先前作出的裁定中令人遗憾的缺陷的尝试。

（四）《规约》第 98 条第 1 款中的豁免

如前所述，《规约》第 98 条第 1 款涉及个人或财产的国际豁免法[31]，对财产豁免的考虑是《规约》中出现这一内容的动因。在谈判中最引人注目的例子是《维也纳外交关系公约》第 22 条中所规定的使馆馆舍习惯上不受侵犯问题。

---

[29] International Criminal Court, *The Prosecutor v. Omar Hassan Ahmad Al Bashir*, Decision Pursuant to Article 87(7) of the Rome Statute on the Failure by the Republic of Malawi to Comply with the Cooperation Requests Issued by the Court with Respect to the Arrest and Surrender of Omar Hassan Ahmad Al Bashir, 12 December 2011, ICC-02/05-01/09-139, para. 11.

[30] 关于同样的批评，见 Akande, 2009, *supra* note 5, p. 337; 即便不考虑《规约》第 98 条第 1 款中缺少分析，2009 年 2 月 4 日裁定中处理豁免问题的五段内容相对此问题的重要性和敏感性来说都相当糟糕。

[31] 引述"国际（着重号为作者所加）法中的义务"的意思很明白，即《规约》第 98 条第 1 款没有涉及国内法律体系中的豁免。

涉及到个人的问题，就需要对《规约》第 98 条第 1 款的"国家豁免"作出解释。在近来的学术讨论中有观点认为，与国际法院"吉布提诉法国案"中的论述[32]相反，关于豁免应当分清民事程序中的国家豁免和刑事程序中的国家官员属物豁免两者之间的概念。[33]这一观点中隐含的复杂的考量当然是有价值的，国际法院在 2012 年 2 月 3 日关于"国家司法豁免案"的判决中清楚地表示，应当对国际豁免法做这样的区分。[34]但是，《规约》第 98 条第 1 款中涉及的"国家豁免"的术语是无法做这种假设性区分的，因为这一款是刑事诉讼法律框架的一部分，并且这一术语显然还涉及个人。因此，《规约》第 98 条第 1 款中"国家豁免"这一术语涵盖了国际法中国家官员的属物豁免。

应当进一步提出的问题是，"国家豁免"这一术语是否也涵盖了一国国家元首、政府首脑、外交部长和特定的高级职务的在任者在国际法中的属人豁免？这正是国际法院在"通缉令案"[35]判决中的核心问题。国际法院在这一案件中，对刑事程序中国家官员在国际法中的属物和属人豁免没有做出清楚的区分，但却在之后的"吉布提诉法国案"中强调了这一区别。[36]看起来，国家实践和国际法律学术界都普遍接受了国际法中属物和

---

[32] ICJ, 2008, *supra* note 1, p. 242, para. 188.

[33] Gionato Piero Buzzini, "Lights and Shadows of Immunities and Inviolability of State Officials in International Law: Some Comments on the *Djibouti v. France* Case", in *Leiden Journal of International Law*, 2009, vol. 22, p. 463, drawing on Natalino Ronzitti, "L''immunità funzionale degli organi stranieri dalla giurisdizione penale: Il caso Calipari", in *Rivista di diritto internatzionale*, vol. XCI, 2008, p. 1039.

[34] International Court of Justice, *Jurisdictional Immunities of the State (Germany v. Italy: Greece Intervening)*, Judgment, 3 February 2012, para. 91, available at http://www.legal-tools.org/doc/674187/; 关于刑事程序中国际法律状况而言对这一判决有限的重要性进行精彩分析的文章，见 Helmut Kreicker, "*Die Entscheidung des Internationalen Grichtshofs zur Staatenimmunität - Auswirkungen auf das (Völker-)Strafrecht?*", in *Zeitschrift für Internationale Strafrechtsdogmatik*, 2012, vol. 7, p. 116.

[35] 在本文中，我不对"这一国家其他特定高级职务在任者"的含义进行探究，国际法院在下述案件中使用了这个概念：ICJ, 2002, *supra* note 1, pp. 20–21, para. 51.

[36] ICJ, 2008, *supra* note 1, pp. 240–244, paras. 181–197.

属人豁免之间的区别这一立场。[37]重要的且得到国际社会普遍认可的是，刑事程序中个人的属物及属人的国际豁免之间的区别，不要求将《规约》第 98 条第 1 款中"个人的国家豁免"这一概念解释为限定在国际法属物豁免的范围内。这两类豁免的范围和基本原理是不同的，国际法委员会（ILC）特别报告员在以"国家官员在外国刑事管辖中的豁免"为题所做的报告中说，"国家支持其官员享有免受外国管辖的属人豁免和属物豁免"，[38]这一论断是正确的。因此，可以将《规约》第 98 条第 1 款中"个人的国家豁免"的术语解释为同时涵盖了国际法中的属物和属人豁免。否则就会出现奇怪的结果，即除了属人的外交豁免之外，国际法中大部分重大的豁免，以及《规约》第 98 条第 1 款努力要避免的那些容易引起义务冲突的豁免都会被排除在外。这个空白应当通过将"个人的国家豁免"或者"个人的外交豁免"的概念类比适用于诸如国家元首的方式来填补。[39]相比诉诸于这种复杂的、人为的解决方式而言，对《规约》第 98 条第 1 款中的"个人的国家豁免"术语进行解释，使其涵盖国际法中的属物及属人豁免的方法更值得推荐。

（五）一个简短的题外评论：第 98 条第 1 款与缔约国的豁免权

或许需要重申的是，《规约》第 98 条第 1 款的适用范围不限于法院、被请求国和规约非缔约国之间三角的法律关系。[40]这一款还包括法院请求

---

[37] 关于美国实践的例子，见 Harold Hongju Koh, "Foreign Official Immunity After *Samantar*: A United States Government Perspective", in *Vanderbilt Journal of Transnational Law*, 2011, vol. 44, pp. 1153–1154; 关于他认为"经常做出"的区分的有益的阐述，见 Roman Anatolevich Kolodkin, *Preliminary report on immunity of State officials from foreign criminal jurisdiction*, 29 May 2008, A/CN.4/601, paras. 78–83.

[38] Kolodkin, *ibid.*, para. 94.

[39] 关于外交属人豁免对一般意义上国际法属人豁免的重要性有启发的论述，见 Mark A. Summers, "Diplomatic Immunity Ratione Personae: Did the International Court of Justice Create a New Customary Rule in *Congo v. Belgium*?", in *Michigan State Journal of International Law*, 2007–2008, vol. 16, p. 459.

[40] 尽管没有什么说服力，但却是不同的观点，见 Paola Gaeta, "Official Capacity and Immunities", in Antonio Cassese, Paola Gaeta and John R.W.D. Jones (eds.), *The Rome Statute of the International Criminal Court: A Commentary*, Oxford University Press, Oxford, 2002, p. 991; Gaeta, 2009, *supra* note 5, p. 328.

另一个缔约国（法院向其发出请求的国家）逮捕和移交发现在其领土上的"第三"缔约国的有关官员的情况，或者就位于另一个缔约国（法院向其发出请求的国家）领土上的"第三"缔约国的国家或外交财产，发出除移交以外的合作请求的情况。[41]

在第一种情况中，《规约》第 98 条第 1 款中的禁止性规定仍然是"多余、不可操作以及毫无意义的"，因为相关"第三"缔约国在接受了《规约》第 27 条第 2 款的时候就已经放弃了其豁免权。认为这一款只适用于法院和缔约国之间的法律关系，对其作这样的狭窄解释是没有说服力的。[42]如果接受了这样的解释，《规约》第 27 条第 2 款使得法院可以向原本受国际法中的豁免保护的缔约国的国民发布通缉令，但是《规约》第 98 条第 1 款仍旧要求法院在向发现被通缉人的另一缔约国发出逮捕或移交的请求之前，必须得到这一缔约国放弃豁免的表示。法院没有执行权，而且那些自己的官员被国际刑事法院通缉的那些国家一般都不愿意同法院合作，尤其是当本国的高级官员被通缉的时候，这种情况更为明显。鉴于这些事实，要求从这些国家得到放弃豁免的表示常常会成为向法院移交相关人员的过程中造成不可逾越的障碍。这意味着，如果这一款只用来规范法院和嫌疑人所在的缔约国之间的关系，那么《规约》第 27 条第 2 款就会在很大程度上失去实际的作用。根据《规约》终止有罪不罚的总的目标，《规约》第 27 条第 2 款就会在很大程度上失去实际的作用。根据《规约》终止有罪不罚的总的目标，《规约》第 27 条第 2 款中的放弃豁免的主体必须扩展至包括法院、被请求国和"第三"缔约国在内的三角关系，从而避免这一条款失效。[43]

在涉及到"第三"缔约国的外交馆舍时情况就不同了，因为《规约》第 27 条第 2 款中的放弃豁免的主体不包括这一情况中的财产。因此，《规

---

[41] Akande, 2004, *supra* note 5, p. 423; Kress and Prost, 2008, *supra* note 20, p. 1606, marginal note 9.

[42] 不同的观点，见 Kreicker, 2007, *supra* note 4, p. 1391.

[43] 这论点在下述文章中已经得到了很好的论述：Akande, 2004, *supra* note 5, pp. 423–425.

约》第 98 条第 1 款可以要求法院根据它对现有的一般国际法的评价，首先求助于"第三"缔约国以获得其"放弃豁免的合作"。

（六）《规约》第 98 条第 1 款与国际法中规约非缔约国个人的豁免

澄清了法律背景之后，我现在将注意力转向国际刑事法院中"巴希尔案"所带来的棘手问题，这些问题涉及非缔约国在任国家元首在国际法中的豁免权。正如非盟委员会所说，该案带来问题的是属人豁免。[44]在"通缉令案"的判决中，国际法院承认，在涉及国内刑事程序的案件中起诉国际法中的犯罪时，对国际法中的属人豁免例外地不予保护。在此裁定的基础上，不适用《规约》第 98 条第 1 款的禁止性规定就需要苏丹的属人豁免权有例外，而且这种不适用性明确为了涵盖国际刑事法院的诉讼程序。

要达到这样的例外，存在两种概念上相互区别的途径。第一种是依据安理会向法院提交达尔富尔（苏丹）情势的决议而产生的法律效力。这种途径是 2009 年 3 月 4 日预审分庭在裁定中间接提到，但是对此没有做任何细节的解释。第二种途径是指在国际刑事法院的特定刑事诉讼中，个人享有的国际法豁免在习惯国际法上有一个例外。2011 年 12 月 12、13 日预审分庭的裁定中选择了第二种途径。非盟委员会拒绝了这两种途径。

在下面的分析中，我会探究这两种可能的途径。为了做到这一点，我会注意导言中的两个问题，每次都会区分法院和规约非缔约国之间的双向法律关系，以及法院、被请求国和规约非缔约"第三"国之间的三角法律关系。

1. 成就国际法中属人豁免例外的"安理会途径"

---

[44] 巴希尔的行为构成了法庭审判程序的主题，如果他的行为具有国际法上官员豁免的资格，这起案件又是苏丹关于国家元首行为的属物豁免的案件。虽然这个问题有非常重要的实践意义，但是我在本文中不会分析这个有关资格矛盾的问题，我也不会分析另一个同样重要的相关问题，即在起诉国际法下罪行的案件中国际法属物豁免保护的国际刑法例外在习惯国际法中是否存在。这种例外包含外国国家和国际刑事程序，在其范围之内，可以使《规约》第 98 条第 1 款的禁止性规定变为"多余、不可操作以及毫无意义"。只要说这一例外不能解决"巴希尔案"中的问题就够了，因为"巴希尔案"的问题超出了要谈论的习惯国际法例外的范围。

非盟委员会确实承认，安理会基于《联合国宪章》第七章所赋予的权力，可以决定现存的国际法豁免权不适用于国际刑事法院特定的诉讼程序。但是，委员会认为，这样的决定经过明示表达。这一观点是没有说服力的。在《联合国宪章》以及尤其在第七章中，没有任何条款规定只有明示表达才能使安理会的决定获得有效性。《国际刑事法院规约》以及尤其第 98 条第 1 款也没有规定只有在安理会的决定中明确表示不适用豁免权，国际刑事法院才能接受安理会关于不适用豁免权的决定。因此，安理会是否决定现有的国际法中的豁免不适用于国际刑事法院特定诉讼程序，只是对相关安理会决议的解释问题。

安理会通过 2005 年 3 月 31 日第 1593 号决议[45]向国际刑事法院提交了达尔富尔的情势，这一决议中没有一项明确处理苏丹国际豁免权的条款。决议中依据《联合国宪章》第七章的执行部分的第二段，内容如下：

> 决定苏丹政府和达尔富尔冲突中的所有其他各方根据此决议充分与法院合作，并提供一切必要的协助，同时承认，《罗马规约》非缔约国没有规约之下的义务。敦促所有国家和相关区域国际组织充分合作。

如我们所见，预审分庭在 2009 年 3 月 4 日的裁定中写到：

> 联合国安理会也承认，对上述情势的调查，以及引起的起诉应当在《规约》、《犯罪要件》和《规则》作为一个整体构成的法定框架中进行。

安理会不仅向法院提交了达尔富尔情势，而且还要求苏丹与法院"充分合作"，根据这样的事实作出了上述明智的推论。安理会借用了《规约》第 86 条中的术语，表达了其旨在将苏丹置于的法律状况类似于缔约国的情势被提交后的诉讼状况。要求安理会进一步详细说明，法院应当将《规约》第 27 条第 2 款适用于苏丹是不现实的。实际上，这样的效果是暗含在决议中的，[46]尤其是安理会坚信，法院希望集中力量调查那些被证实

---

[45] S/RES/1593 (2005), 31 March 2005.

[46] 这一观点在下述文章中已经得到很好的论述：Akande, 2009, *supra* note 5, pp. 340–342.

对罪行负有更大责任的人，而且法院的调查很可能集中在苏丹的那些高级别官员身上。[47]

问题在于，法院作出的暗含的决定是否会导致苏丹在情势被提交后的诉讼中不适用国际法上的豁免扩大到法院与苏丹关系之外的法院、被请求与法院合作的国家，以及苏丹之间的三角形的关系程序上。按照一些评论者的意见，情况不是这样。[48]有分析认为，法院在法律上有权对巴希尔发出逮捕令，但是根据《规约》第 98 条第 1 款，法院在请求某个缔约国逮捕并移交这个高级别的嫌疑人之前，应取得苏丹放弃豁免的表示。这一主张缺乏说服力。更有说服力的主张应当依据前面解释过的对《规约》第 27 条第 2 款的解释。[49]当安理会按照《联合国宪章》第七章行事，将规约的一个非缔约国置于类似于规约缔约国的法律状况中时，对这一条款的解释也适用。[50]

总之，由于法院对巴希尔发出的逮捕令，以及对缔约国后续发出的逮捕和移交巴希尔的请求出现了豁免问题，在 2009 年 3 月 4 日的裁定中，预审分庭暗示指出了一种解决该豁免问题的可能的途径。但非常不幸的是，分庭用了一种相当肤浅和不完善的方式来论述自己的观点。

2. 成就国际法中属人豁免例外的"习惯法途径"

47　Helmut Kreicker, "Der Präsident des Sudan vor dem Internationalen Strafgerichtshof – ein Verstoß gegen das Völkerrecht? Überlegungen zur völkerrechtlichen Immunität von Staatsoberhäuptern anlässlich des Haftbefehlsantrages gegen Omar al-Bashir", in *Humanitäres Völkerrecht – Informationsschriften*, 2008, vol. 21, pp. 161–162.

48　Gaeta, 2009, *supra* note 5, p. 329.

49　同本文第三（五）部分。

50　关于正确的观点，见 Akande, 2009, *supra* note 5, pp. 340–342; Kreicker, 2008, *supra* note 47, p. 163, 本文论述了无论《规约》第 27 条第 2 款的正确的解释怎样，1593（2005）号决议暗示裁定使苏丹的任何国际法豁免在被请求国执行逮捕的情况下都不适用。仅由于这个原因，《规约》第 98 条第 1 款中的禁止性规定就与"巴希尔案"无关。因此论述说，必须假设，安理会希望始终如一的行动不仅能启动国际刑事法院的管辖权，而且希望消除任何潜在的主要障碍，以便能够对那些负有最重要责任的人行使有效管辖权。

如我们所见，在 2011 年 12 月 12、13 日的裁定中，预审分庭没有全面地解释安理会途径，来对由同一个分庭（但是由不同成员组成）在 2009 年 3 月 2 日作出的裁定的不足之处进行弥补。而是依据"习惯法途径"解释说，巴希尔在法院不享受豁免，法院可以请求马拉维和乍得逮捕和移交嫌疑人，而无须依照《规约》第 98 条第 1 款规定，首先取得苏丹放弃豁免的表示。同一个分庭作出的两种解释之间不只存在技术上的差别。安理会途径只能在安理会提交情势的案件中适用，而"习惯法途径"则不需要安理会的行动，无论何时法院按照《规约》第 12 条第 2 款对非缔约国的在任国家元首行使管辖权都是有用的。仅仅由于这个实践上的原因，密切注意"习惯法途径"就很重要，因为这个途径排除了规约非缔约国的在任国家元首、政府首脑、外交部长和国家特定高级职务的在任者在国际法上享有的豁免。这种例外适用于国际刑事法院的诉讼程序，也使得任一缔约国的有关部门都可以根据法院的请求，逮捕和移交属于上面所列类别的嫌疑人。

（1）国际刑事法院和苏丹的关系

国际法院在"逮捕令案"中判决，在任国家元首、政府首脑、外交部长和其他特定高级职务的在任者即便在被指控犯有国际法中的罪行的时候，在一个外国的刑事诉讼中也享有豁免。重要的是，预审分庭在 2011 年 12 月 12 日的裁定中所运用的"习惯法途径"并没有与国际法院的上述裁决产生矛盾。相反，预审分庭为国际刑事法院特定和有限的诉讼中的属人豁免权创设了一种国际习惯法例外。国际法院 的"逮捕令案"判决促进了预审分庭对审理国际法上的犯罪的国家刑事程序和国际刑事程序作出区分。在此案中，国际法院主张：

> 一名在职的或前任的外交部长可以受到特定具有管辖权的国际刑事法院的刑事程序的追究。例如根据联合国宪章第七章作出的安理会决议而设立的前南斯拉夫国际刑事法庭和卢旺达国际刑事法庭，以及将来根据 1998 年《罗马规约》创设的国际刑事法院。《罗马规约》第 27 条第 2 款明确规定"根据国内法

或国际法可能赋予某人官方身份的豁免或特别程序规则，不妨碍本法院对该人行使管辖权。"[51]

众所周知，这一段是法院判决中的附带意见，但是并没有引用基于法律确信的国家实践进行佐证，也没有用任何其他方式对其内容进行解释和证明。但是这样的事实并不能作为下列主张的证据，即：

国际法院作出的在特定国际法庭诉讼程序中不适用国际豁免的论断应当解释为受到下列条件的制约：（1）创设那些法庭的法律文件要明示或暗示地撤销相关豁免；（2）相关国家官员要受撤销豁免的法律文件的约束。[52]

无论这种对现行法的描述是否正确，这些意见并不出自国际法院。相反，从字面上看，国际法院的意见支持预审分庭作出的区分；只有把国际法院的"国际刑事法院意见"以其要表达的方式来解读时，才会发现它实质上是为同一个法院的另一个"放弃豁免的意见"作了补充，即属人豁免不适用于放弃属人豁免的案件。[53]

塞拉利昂特别法院在2004年"查尔斯·泰勒案"（Charles Taylor）中对管辖权的裁定在文字上遵循并发展了国际法院的"国际刑事法院意见"。其中，特别法庭主张：

看起来已经确立了这一原则，即国家主权的平等并不妨碍一国元首在国际刑事法庭或法院受到起诉。[54]

有趣的是，即便是持有审慎意见的（以一种相当温和的方式）国际法委员会（ILC）的特别报告员在以"外国刑事管辖中国家官员的豁免"为题的报告中也主张：

---

[51] ICJ, 2002, *supra* note 1, pp. 25–26 (Nr. 61).

[52] Akande, 2004, *supra* note 5, p. 418.

[53] "如果他们（有资格获得属人豁免的国家高级官员）代表的或曾经代表的国家决定放弃豁免，那么他们将停止享受在外国司法中享有的豁免"; ICJ, 2002, *supra* note 1, p. 25.

[54] Special Court for Sierra Leone, *Prosecutor v. Charles Ghankay Taylor*, Decision on Immunity from Jurisdiction, 31 May 2004, SCSL-2003-01-I, para. 52.

国际刑事管辖的豁免看起来与国内刑事管辖的豁免有根本的区别。[55]

在 2008 年联合国大会第六次委员会上，中国做了类似的陈述。相关的表述如下：

外国刑事管辖豁免与诸如国际刑事法院这样的国际刑事管辖豁免不同，两者不应当联系在一起。[56]

①原则

这一主张带来一个问题，即为什么国际刑事诉讼会看起来与国内刑事诉讼有着"根本的区别"。实际上，如果国际诉讼只不过是国家集体实施其国内诉讼权利的话，那么两者之间没有真正的区别。[57]但是，这样一种代表模式不是使严格意义上的国际刑事司法概念化的最有说服力的方法。相反，真正意义（和狭义）上的国际刑法，根本上是基于作为一个整体的国际社会的惩罚权的理念产生的，因此，作为一项原则，惩罚权的实施最初不是委托给国家，而是委托给了国际社会的机构。[58]这些机构构成"集体意愿"的直接化身，最大程度地保证实施国际社会价值而不会导致明显的霸权滥用。在国际法中的犯罪发生时并不排除国家实施国际社会惩罚权的权力。但是这解释了一种可能性，即作为国际社会对国际法中的犯罪进行诉讼的机构，国际刑事法院比国内刑事法院拥有更广泛的权力，国内刑事法院仅仅是以共同利益受托人的身份行事。

但是并不是每一个国际刑事法院都有资格作为国际社会的机构。例如法国和德国显然不可能通过依据双边条约设立一个联合刑事法院就创设一个国际社会的机构。[59]国际法院可能通过将"国际法庭意见"限定于"特

55　Kolodkin, 2008, *supra* note 37, para. 103.

56　A/C.6/63/SR.23, 21 November 1008, para. 35.

57　关于这一观点，见 Akande, 2004, *supra* note 5, p. 417.

58　严格意义上的国际刑法必须最终根植于具有一般性质的国际习惯法；关于此观点的全面阐释，见 Claus Kreß, "International Criminal Law", in Rüdiger Wolfrum (ed.), *The Max Planck Encyclopedia of Public International Law*, vol. V, Oxford University Press, Oxford, paras. 10–14.

59　谈到这一点，我同意该文观点：Nouwen, 2005, *supra* note 4, p. 656.

定国际刑事法院"（加着重号）的方式暗指这一事实，而且预审分庭在
2011 年 12 月 12 日的裁定中没有相应地界定其"习惯法途径"。这形成了
裁定的一个缺陷。而带给我们的问题是，哪一个国际刑事法院有资格成为
国际社会机构。[60]抽象地说，只有那些可以直接代表"集体意志"作出强
制性请求的法院才有资格。当然由安理会设立的国际刑事法庭属于这种情
况，同样的情况还适用于根据安理会的批准行事的国际刑事法庭，例如塞
拉利昂特别法庭。当国际刑事法院行使管辖权不是由安理会提交来启动
时，情形就更复杂。显然，认为国际刑事法院不是国际社会的机构的主张
被认为是缺乏对《国际刑事法院规约》的普遍（或准普遍）的遵守。另一
方面，难以否认的是，《国际刑事法院规约》是建立直接实施国际社会的
惩罚权机构的一种合法的尝试；规约在一个广泛协商的基础上形成，广泛
遵守规约的邀请长期有效，而且没有证据显示存在任何有可能使其变为对
集体意志进行（霸权）操纵的因素。《国际刑事法院规约》已经吸引了相
当多的国家签署，安理会已经将两项威胁国际和平和安全的情势提交国际
刑事法院调查，联合国已经通过缔结《国际刑事法院与联合国关系协定》
认可了《规约》第 2 条包含的设想，所有这些事实，都更加支持这样一种
主张，尽管国际刑事法院是通过创设条约的正式方式设立，但是在实质
上，它已经获得了国际社会的授权。

因此原则上，有可能在国际豁免法方面将国内刑事诉讼和国际刑事法
院的诉讼之间做以区分。[61]有必要补充的是，目前概括的原则不仅仅是关
于"自然"国际法在学术上的假定。相反，不仅在《规约》序言第四段，
《维也纳条约法公约》第 53 条，国际法院"巴塞罗那电车、电灯和电力有

---

[60]　*Ibid.*, p. 657, 上文不相信根据"国际社会参与"的准则有可能在国际刑事法庭间做出
区分，乐于承认的是下文中列举的要素不能构成一个严密的概念。但是他们在实践
中会产生合理的结果，而且会在未来得到完善。

[61]　关于相反的观点，见 Akande, 2004, *supra* note 5, p. 417; Nouwen, 2005, *supra* note 4,
p. 657.

限公司案"（*Barcelona Traction*）[62]关于"对一切的"国际义务的附带意见，国际法委员会关于国家责任的条款第48条第1款第2项，[63]都提到了"国际社会"。而且，严格意义上的国际刑法保护属于作为整体的国际社会的价值，对这样的概念看起来没有不同意见。

直到这里，我只不过展示了国际刑事法院比一个国内刑事法院拥有更广泛权力的可能性。现在有必要进一步考虑国际法豁免的问题，首先我将再一次从原则的层面来分析。从定义就可以看出，严格意义上的国际刑法对传统的国际法豁免提出了根本的挑战。对典型的与国家相关的行为判处刑罚，本身就与通过设置程序障碍来保护国家行为不受外国司法审查的传统观念背道而驰。要调和传统国际法豁免和严格意义上的国际刑法之间的矛盾显然变得更加困难，因为公认的是，对于涉及那些对典型的重大犯罪负最主要责任的人物的案件，使用国际刑法手段是最重要的，因为通常那些人正是受到传统的豁免保护最多的人。因此，纽伦堡国际军事法庭处理了前面提到的矛盾，并清晰地表达了这样的观点，接受严格意义上的国际刑法意味着传统国际法豁免的退却，这并不令人惊讶：

> 国际法中关于在某种情况下保护国家代表的原则，不能适用于国际法中已斥为犯罪的行为。这些行为的实施者不能用官员的身份为掩护，而在相应的诉讼中免除惩罚。宪章第7条明确地声明：
>
> "被告不得因其官员身份，不论为国家元首或为政府各部的负责官员，而免除责任或减轻刑罚。"
>
> 另一方面，宪章的精神是，个人负有超越其本国所加的服从义务之上的那种国际责任。违反战争法规的人，在其依照国家的

---

[62] ICJ, *Barcelona Traction, Light and Power Company, Limited*, Judgment, 5 February 1970, *ICJ Reports* 1970, p. 32, paras. 32–33, available at http://www.legal-tools.org/doc/75e 8c5/.

[63] James Crawford (ed.), *The International Law Commission's Articles on State Responsibility. Introduction, Text and Commentaries*, Cambridge University Press, Cambridge, 2002, p. 276.

> 授权而行动的时候，如果国家的授权越出国际法所规定的权限
> 者，不得享受豁免。[64]

纽伦堡的先例清晰的传达了这样的信息，即严格意义上的国际刑法对传统国际法国家主权的概念暗含了一个重要的限制。国家主权概念的主要作用过去一直而且还将继续允许在多元化的国际法律秩序中有道德上的不同意见，国际法的国家主权的概念还包括即便发生违反国际法的情况，仍要保护国家领土不受侵略，[65]与此同时，严格意义上的国际刑法规则划了一道红线，红线之外国家主权不再为国家行为提供无法逾越的保护。

严格意义上的国际刑法的理念并不仅仅是关于"自然"国际法的学术构想，而已经在纽伦堡得到了许多国家的承认，自 20 世纪 90 年代以来又得以复兴，因而对传统国际法豁免形成了强大的挑战。然而，国际法院在"逮捕令案"中做了一个权威的裁定，即传统国际法属人豁免在关于国际法犯罪的国家刑事诉讼中地位仍然稳固。如果在解释"逮捕令案"中有关纽伦堡法庭严辞拒绝豁免的条件时说，在一个国外的刑事诉讼中，被告人的国家主权平等权胜过了国际社会的惩罚权，这种解释就过于简单了。一个更令人信服的解释是，当一个国家以国际社会的名义（霸权式地）滥用国际刑法的手段，而这种滥用会严重动摇国际关系时，那么其他国家的主权权利可以保护其对抗这种滥用。由此看来，"逮捕令案"的判决理由中隐含的意思是，当涉及到享受国际法中属人豁免的个人时，为防止某外国国家滥用刑罚手段，保护国家主权利益与该外国受托行使国际社会的惩罚权中的国际社会利益相比，更为重要。在这一点上，国际社会的司法机构的刑事诉讼中可以以不同的方式达到平衡。当然，这样的机构也可能无法实现正义，但是避免刑事法律手段滥用的制度性保障决定了国际社会的利益更重要。根据前面的观察来看，有两种极端的说法，一种是主权平等的原则"与非国家机构的国际刑事程序无关，国际刑事程序是从国际社会取

---

[64] International Military Tribunal (Nuremberg), Judgment and Sentences, 1 October 1946, in *The American Journal of International Law*, 1947, vol. 41, pp. 172 and 221.

[65] 关于这一关键作用的深思熟虑的阐述，见 Brad R. Roth, *Sovereign Equality and Moral Disagreement: Premises of a Pluralist International Legal Order*, Oxford University Press, Oxford, 2011, pp. 3–130.

得的授权",⁶⁶另一种是"外国国家单边实施国际司法管辖权,或者是通过有关国家并没有同意的集体性机构来行使这种司法管辖权,这两者之间没有太大区别",⁶⁷而真相看起来就处于这两种极端的说法之间。真相是,作为国际惩罚权受托人的某个国家来实施的惩治国际法中罪行的程序和有资格作为国际社会的机构的国际刑事法院来实施的刑事程序之间没有"根本的"区别。但是,这两种程序的制度性框架有一些不同,因而这两种法庭对待国际法豁免问题有所不同是合理的。

②到预审分庭裁定为止的实践和法律确信

到目前为止都在一般原则的层面进行考量。虽然这些原则不是源于学术假设,而是源自国际实践,但是就其本身还不足以证明"习惯法途径"在现行法下也行得通。这一途径还需要由基于法律确信的更具体的实践来证明。但是这不意味着,上面强调的原则与新的习惯国际法是否已经存在的问题没有关系。国际刑法自 20 世纪 90 年代以来的发展清楚地证明了存在着所谓的"现代习惯",⁶⁸对这种"现代习惯"的探究可以从上述更广泛的原则中进行推论⁶⁹。⁷⁰这些原则清楚地指向新习惯法的方向,新习惯法

---

66 *Prosecutor v. Charles Ghankay Taylor*, 2004, *supra* note 54, para. 51.

67 Akande, 2004, *supra* note 5, p. 417.

68 关于此话题有大量著述,我在此不再完整地罗列这些名单;关于极为有益的研究及许多更有用处的参考资料,见 Anthea Elizabeth Roberts, "Traditional and Modern Approaches to Customary International Law: A Reconciliation", in *The American Journal of International Law*, 2001, vol. 95, p. 757; 也见 Anja Seibert-Fohr, "Unity and Diversity in the Formation and Relevance of Customary International Law: Modern Concepts of Customary International Law as a Manifestation of a Value-Based International Order", in Andreas Zimmermann and Rainer Hofmann (eds.), *Unity and Diversity in International Law*, Duncker and Humblot, Berlin, 2006, pp. 257, 264–270.

69 关于此问题一些有洞察力的反思,见 Matthias Herdegen, "Das „konstruktive Völkerrecht" und seine Grenzen: die Dynamik des Völkerrechts als Methodenfrage", in Pierre-Marie Dupuy, Bardo Fassbender, Malcolm N. Shaw and Karl-Peter Sommermann (eds.), *Völkerrecht als Wertordnung (Common Values in International Law)*; *Festschrift für (Essays in Honour of Christian Tomuschat)*, N.P. Engel Verlag, Kehl, 2006, p. 899.

可以在没有大量的更具体的国家实践和言辞的国家实践的情况下形成，言辞的国家实践几乎与法律确信难以区分，新习惯法将大量取代传统意义上的确定的国家实践。因此，现代习惯会以一个相对较快的速度产生，不需要大量的确定的实践来确认各个规则。但同时，一旦出现相反的确定的实践，这样的习惯就容易改变。[71]

在这一点上对于国家实践的分析中，预审分庭如同之前的塞拉利昂特别法庭一样，[72]参考了《纽伦堡法庭宪章》第 7 条，《东京法庭宪章》第 6 条，1950 年纽伦堡原则第三原则，《前南国际刑庭规约》第 7 条第 2 款，《卢旺达国际刑庭规约》第 6 条第 2 款，和 1996 年国际法委员会（ILC）《惩治危害人类和平与安全罪刑法典草案》第 7 条。[73]有人或许质疑，所有这些文件都是以实体法的形式设计的，因此没有直接处理诸如国际刑事法院《规约》第 27 条第 2 款中的豁免问题，那么引证这些文件是否合理呢？"刑事管辖豁免和个人刑事责任是两个独立的概念"，[74]对此国际法院《规约》第 27 条两款中作出的区分使得起草文本更加清晰，这是事实，这两个概念在早期的国际刑事实践中没有得到严格的区分，这也是事实。[75]正如上面的引文所述，[76]从纽伦堡的判决开始，豁免问题是与确定实体法适用性的成文条款结合在一起表述的。因此，在国际法委员会（ILC）关于1996 年《惩治危害人类和平与安全罪刑法典草案》的评论是符合历史发展的：

---

[70] 关于在非国际武装冲突中战争罪行的形成，见 Claus Kress, "War Crimes Committed in Non-International Armed Conflict and the Emerging System of International Criminal Justice", in *Israel Yearbook on Human Rights*, 2001, vol. 30, pp. 104–109.

[71] 关于"对改变相关的抵抗"和习惯国际法，见 Michael Byers, *Custom, Power and the Power of Rules*, Cambridge University Press, Cambridge, 1999, pp. 157–160.

[72] *Prosecutor v. Charles Ghankay Taylor,* 2004, *supra* note 54, paras. 45–47.

[73] ICC, 2011, *supra* note 7, paras. 24–32.

[74] Kolodkin, 2008, *supra* note 37, para. 66.

[75] Nouwen, 2005, *supra* note 4, pp. 660–668 中，这一点没有得到足够的注意。

[76] 比较脚注 64 中的引用。

在适当的起诉或惩治的司法诉讼中缺少程序性豁免是缺少实体性豁免或保护的必然结果。[77]

事实是，预审分庭引用文本的语言看起来扩展至在任国家元首等，并且没有区分相关国家是否在相关管辖程序中已经放弃了豁免。据此，预审分庭引用前述的文件作为相关言辞的国家实践是合理的。

同时，必须要承认的是，直到查尔斯·泰勒的判决为止，这种言辞国家实践都没有产生关于国际属人豁免的任何确定的国家实践，除了唯一一个例外，即前南国际刑庭针对当时在任的国家元首斯洛博丹·米洛舍维奇发出了逮捕令，前南国际刑庭的预审分庭作出裁定确认了法庭的管辖权。[78]但是，由于对米洛舍维奇的裁定没有将前南斯拉夫联邦共和国的属人豁免[79]的法律问题当做一个单独的法律问题来对待，因此其先例的价值在某种程度上被削弱了。相反，前南国际刑庭审判分庭在其标题为"作为前任总统而缺乏能力"的裁定中加上了相关段落（着重号为作者所加）。结果，该裁定并没有明确承认，米洛舍维奇为在国际社会司法机构的审判中拒绝赋予前任国家元首行为的属物豁免的先例。

预审分庭在 2011 年 12 月 12 日的裁定中明确承认作为先例的唯一司法裁定是塞拉利昂特别法庭的"查尔斯·泰勒案"（Charles Taylor）中关于司法豁免的裁定。[80]重要的是，据我所知，这个先例没有遭到非盟以及其他国家的反对。

---

[77]　关于第 7 条的评论的第 6 段，见 Gabrielle Kirk McDonald and Olivia Swaak-Goldman (eds.), *Substantive and Procedural Aspects of International Criminal Law*, vol. II, part 1, Kluwer Law International, The Hague/London/Boston, 2000, p. 354; 在脚注 3 中，国际法委员会进一步注释："国际刑事法院的司法程序是适当司法程序的完美典型，在这样的司法程序中，个人不能援引任何基于自己官方职位的实体性或程序性豁免来逃避起诉和惩罚。"

[78]　ICTY, *Prosecutor v. Milosevic*, Decision on Preliminary Motion, 8 November 2001, IT-99-37-PT, paras. 26–34, available at http://www.legal-tools.org/doc/f15771/.

[79]　重要的是，在起诉米洛舍维奇的时候，南斯拉夫联邦共和国并不是联合国成员国。因此，这个案件并不能根据相关国家（直接）放弃豁免来解释。

[80]　*Prosecutor v. Charles Ghankay Taylor*, 2004, *supra* note 54.

当然，因每个人据以认为确定习惯国际法的最好方法的不同，不同人对这些材料可以有不同的观点。[81]为了我上面所述方法论的透明性，我对习惯国际法使用了当代实证主义方法，即，一个有份量的案例可以证明在一个国际社会的司法机构的诉讼中已在国际法属人豁免里形成了一个习惯国际刑法的例外。正如在前面观察过程中已经分析过的，这一案件建立的基础是前几十年国家所接受的有关"国际社会"的概念和"严格意义上的国际刑法"的一系列指导性原则，《纽伦堡法庭宪章》以来国家一致的言辞实践、前南国际刑庭审理的米洛舍维奇判例（虽然在某种程度上影响有限）、国际法院在"逮捕令案"中形成的"国际刑事法院意见"， 建立在所有这些案例之上的塞拉利昂特别法庭对"查尔斯·泰勒案"（Charles Taylor）的裁定，结果没有遭到任何国家的反对。但是必须要补充的是，按照我认为最好的确定习惯国际法的方法，这种新的习惯准则形成的同时也相对较容易改变，因为助其形成的确定的实践相当少见。

因此有必要询问，是否接下来的国家实践对第一预审分庭 2011 年 12 月 12 和 13 日裁定中的对国家豁免的新的习惯法例外构成了挑战。显然，马拉维和乍得通过他们在预审分庭上的行动和法律意见[82]提出了这一挑战，苏丹通过在法庭上对第一预审分庭提出严厉的反对意见也构成了这样的挑战。但是，这三个国家的实践就其本身而言不能逆转前面所分析的国际习惯法的发展。但是如果非盟所有成员国，尤其是那些《国际刑事法院

---

[81] 就这一主题的不同方法，见 Penrose, 2009–2010, *supra* note 4, pp. 85–144, 作者给出了一般性的评论"现代法院教条地过分强调关于国家元首豁免的空洞的书面文字，忽视了无意义的行为或实际存在的实践"。（例如）Penrose 的方法和本文选择的方法之间的方法论的不同没有什么可以辩解的。但是两种具体的评论看起来是适当的。第一，无论怎样评估恰当的国际实践，自从发布了米洛舍维奇案中的刑事起诉书，就不再可能只论及"无意义的行为"。第二，Penrose 过分强调了这一事实，即除了纽伦堡的先例外，东京的先例也不包括国家元首。后者是事实，但是后来也没有实践表明，就国家元首豁免问题要去遵从东京而不是纽伦堡的先例。毕竟，在判决后不久，联合国大会就正式认可了纽伦堡原则，而且没有附加与东京有关的任何关于元首的附加说明。

[82] 关于这些意见，见 CPI, 2011, *supra* note 7, para. 7; ICC, 2011, *supra* note 7, para. 8.

规约》的非缔约国都支持这种挑战，结果就会不同。在第十三次例行会议上（2009 年 7 月 1–3 日），非盟大会在其第 245（XIII）次决议中提出了一项请求，就所考虑的主题发布了一项决议。大会请求：

> 委员会召集一次专家和部长级非洲国家成员国准备会议，直到 2009 年底对其他成员国开放，以便对 2010 年 5 月乌干达坎帕拉举行的缔约国审议会议做好充分准备，会议上将讨论下列议题：

> v.）对实际适用《罗马规约》第 27 和 98 条可能产生的影响进行比较分析；

大会决定：

> 根据非盟的请求（即遵从针对巴希尔总统发起的诉讼）没有被遵从这一事实，非盟成员国将不会按照国际刑事法院《罗马规约》关于豁免的第 98 条进行合作，逮捕和移交苏丹总统奥马尔·巴希尔；……。[83]

有观点主张，这些由非盟所有成员国做出的陈述不能构成对"习惯法途径"的反对，因为这种陈述无法阻碍第一预审分庭在 2011 年 12 月 12 和 13 日表明开始这一途径。大会要求委员会为一项法律分析作准备，并不要求委员会在这个问题上表明某个法律观点，而是希望能在晚些时候形成一种观点。将这样的希望与非盟成员国不与法庭合作这样的决定协调起来并非易事。但是进一步审视发现，这一决定不能解读为精确表达了委员会作出的请求所意图准备表达的那种法律观点。相反，这一决定是"根据非盟的请求（即遵从针对巴希尔总统发起的诉讼）没有被遵从这一事实"。因此（虽然有些奇怪）这是一项针对安理会先前的（政治的）决议所作出的政治的回应。因此，对此不可能进行足够清晰的解读，更不要说非盟成员国在第 245（XIII）号决议中含混的立场了。2009 年 11 月 6 日举行的国际刑事法院《罗马规约》第二届部长级会议的报告确认了这样的评判，相关内容如下：

---

[83] Assembly/AU/Dec.245 (XIII), Rev. 1, paras. 8 and 10, 3 July 2009.

> 缔约国大会应当在"厘清"议程中讨论《罗马规约》第 27 和
> 98 条,以便理清这些条款的范围和适用,尤其是针对非缔约
> 国而言。在这一方面,要明确《罗马规约》是否已经撤消了非
> 缔约国官员在国际法中享有的豁免。[84]

这一段没有以极高的法律精确度来起草,同时这一段显然没有包含关于我们主题的法律意见。相反,部长们又一次强调"需要厘清"法律。这反映了非盟成员国之间就此问题采取适当的行动进行了热烈的讨论。[85]总之,尽管作为较新的观点,对国际法属物豁免的国际习惯法的例外相对容易改变,但非盟成员国在 2011 年 12 月 12 日之前的实践并不足以改变这一新的例外。

(2)国际刑事法院,被请求国和规约非缔约国之间的三角关系

在分析到这个阶段,需要再一次对我在导言中提出的两个问题进行区分。这里的问题是:"习惯法途径"在关于逮捕和移交巴希尔的问题上是否在国际刑事法院、被请求国马拉维和乍得以及苏丹这样的三角关系中间也行得通。第一预审分庭认为事实是这样,并认为:

> 当缔约国与法庭合作并为其利益行事时,缔约国就成为执行国
> 际社会惩罚权的机构,因为在国家没能在其管辖范围内起诉那
> 些对罪行负有责任的人时,国际社会就将惩罚权的行使委托给
> 法院。[86]

这一主张是在原则层面作出的,并在这一层面具有说服力。逮捕和移交的国家形式上在行使其国家权力,实质上是为法院行事,帮助法院直接执行国际社会的惩罚权。因而"逮捕令案"与"巴希尔案"之间有重要的区别,在"逮捕令案"中,是一个国家对嫌疑犯有国际法中罪行的个人开启了国家刑事诉讼程序,而在"巴希尔案"中,是国际刑事法院请求规约缔约国将嫌疑犯有国际法中罪行的个人逮捕并移交至法院起诉。因此,第

---

[84] African Union, Min/ICC/Legal/Rpt. (II), p. 4 (R. 4), as annexed to EX.CL/568 (XVI).

[85] 关于有启发性的综述,见 Elise Keppler, "Managing Setbacks for the International Criminal Court in Africa", in *Journal of African Law*, 2012, vol. 56, pp. 4–6.

[86] ICC, 2011, *supra* note 7, para. 46.

一预审分庭有合理的根据认为国际法属人豁免的习惯国际法例外涵盖了所涉及的三角关系。

但是，"习惯法途径"在这方面的延伸并没有确凿的实践可以作为先例。这提出了一个方法论的问题，即是否需要这样一个先例来成为预审分庭选择的途径辩护。国际法学家之间当然会对此各怀不同意见，这取决于他们如何在习惯国际法规则必要的司法改良和不适当的"司法立法"之间作出区分。我的观点是，"习惯法途径"是在从法院和规约非缔约国的双边关系扩展至所涉及的三角关系过程中，并不构成对一个不同的习惯国际法规则的承认，是对同一个国际法属人豁免的习惯国际法例外的适用范围的界定。因此，第一预审分庭将"习惯法途径"扩展至所涉及的三角关系，并没有逾越构成合法国际司法行为的界限。

（3）第一预审分庭 2011 年 12 月 12 和 13 日裁定之后非盟的实践

分析到此，我努力想论证的是，在 2011 年 12 月 12 日，第一预审分庭有一个好的理由来开启"习惯法途径"，尽管不是个十分令人信服的理由。同时，我已承认，此途径中的习惯国际法例外并没有牢固地建立在国际法律秩序的基础上，而是相对很容易改变的，并已经受到了至少三个国家的挑战。根据这样的事实，我现在转向 2011 年 12 月 12 日之后在非盟内部的实践，看一看这样的实践是否是在宣布开启"习惯法途径"之后很快就将其关闭。

2012 年 1 月 9 日，非盟委员会进行媒体发布会，批评第一预审分庭 2011 年 12 月 12 和 13 日做出的裁定，本文中对此多次进行了参考引用。[87] 这一媒体发布会内容包括了针对"习惯法途径"的反对，委员会表达了其"深深的遗憾，第一预审分庭在 2011 年 12 月 12 和 13 日作出的裁定……声称要改变与属人豁免相关的国际习惯法（加强调）"因此，非盟通过其一个机构拒绝开启"习惯法途径"。但是这一法律意见并不能认为是出自非盟成员国，因为非盟拥有与其成员国不同的国际法律人格，非盟宪法法案中也没有条款表明，委员会有权就国际豁免法的问题代表联盟成员国达

---

[87] *Supra* note 18.

成并表达法律意见。[88]也不能将委员会个体成员的行为归结于其各自的国家，因为委员会是非盟一个整合的机构（不是政府间机构）。

最后，没有证据表明非盟大会后来支持了委员会的法律观点。反而有一些非洲国家相反实践的证明。2012 年 1 月 23 日，肯尼亚最高法院发布了针对巴希尔的临时通缉令，并且依据国际刑事法院逮捕和移交的请求而作出了裁定。[89]2012 年 6 月，马拉维的新总统乔伊斯·班达（Joyce Banda）宣布，在非盟峰会期间不会邀请巴希尔。博茨瓦纳共和国支持马拉维改变立场，2012 年 6 月 12 日宣布：

> 博茨瓦纳政府深深关切非盟委员会施加于马拉维政府的压力，迫使其在今年 7 月即将召开的非盟峰会上邀请巴希尔总统。不幸的是，这一压力后来导致峰会移至亚迪斯亚贝巴，因此剥夺了马拉维主办会议的权利。博茨瓦纳谴责这一行为，因为这与非盟以及马拉维拥护的民主、人权和良政的基本原则不符。经过深思熟虑，我们认为马拉维作为一个主权国家，有权作出她认为必要的决定来履行其在《罗马规约》和非盟中的义务。在这个意义上，博茨瓦纳将在即将召开的非盟峰会上尝试就这一重要的原则问题进行解释。[90]

在国际刑事法院关于实施裁定的最近的决定中，大会：

> 支持法务大臣/司法部长会议的建议，通过联合国大会，向国际法院就国际法中国际刑事法院《罗马规约》非缔约国的国家元首和高级国家官员的豁免问题寻求咨询意见，要求委员会对寻求这种咨询意见的适当性和可能的影响进行进一步研究，并向执行委员会报告。[91]

---

88 实际上，在 Keppler, 2012, *supra* note 85, vol. 56, p. 4 中已经表明，非盟所有成员国与非盟委员会的立场并不一致。

89 通缉令的副本作者存档备查。

90 "The Press Release of Botswana"s Ministry of Foreign Affairs and International Cooperation of 12 June 2012" 的副本作者存档备查。

91 Assembly/AU/Dec.419 (XIX), p. 1 (para. 3), 15/16.7.2012.

这一裁定只不过重申了非盟成员国的主张，即豁免问题需被澄清，并指明一个可行的途径。显然，在非盟内部没有达成全体一致同意，非洲的辩论可能会继续。同时，民间团体在辩论中起着主动作用，他们的主张能否影响政府还尚待分晓。在马拉维，国家民间团体的代表在 2012 年 6 月 9 日发布了值得注意的声明，包括如下段落：

> 获悉巴希尔总统正面临国际刑事法院由于在达尔富尔致使成千上万的人被杀害或背井离乡而对其进行战争罪的指控并受到通缉，而非盟坚持主张我政府必须接受苏丹总统奥马尔·巴希尔出席今年 7 月召开的非盟峰会，因此马拉维政府决定不再主办此次峰会；
>
> 注意到由于乔伊斯·班达总统表示，如果巴希尔总统前来参加峰会，马拉维会将其逮捕，所以苏丹早些时候已经请求非盟将峰会移至埃塞俄比亚。对于奥马尔·巴希尔参加峰会一事，其他有原则的非洲国家如南非、博茨瓦纳、赞比亚和坦桑尼亚持同样的态度；
>
> 注意到我们有义务遵守非盟的决定，同时我们也有遵守包括《罗马规约》在内的其他国际协议的义务；
>
> 承认政府经过对马拉维的最佳利益的考量而作出了决定，这是马拉维对国际社会重新塑造国家形象的努力，也是完成马拉维政府所强调或批准的各种各样的国际文件所设置的国际义务的努力。
>
> ……
>
> 虽然为主办非盟第 19 届峰会所投入的资源已经白白浪费，但是我们仍旧认为这一决定是适时的而且超出了我国政府的控制。尤其是我们认为，这一痛苦的决定表明，我国政府在努力

维护人权纪录和马拉维的利益，而不是主办峰会所能带来的潜在的经济收入。[92]

总之，第一预审分庭在 2011 年 12 月 12、13 日做出的关于"习惯法途径"的裁定遭到了非盟的反对。根据这样的实践，不能说法庭的两个裁定已经为巩固"习惯法途径"做出了决定性的贡献。恰恰相反，"习惯法途径"自从开启以来已经受到重重压力。但是，习惯法途径并没有因为非盟委员会的抗议而关闭，因为非盟委员会没有得到非盟成员国的支持。相反，许多成员国近来已经明确表示愿意执行针对巴希尔的国际通缉令。"习惯法途径"暂且仍旧保持开放，但是并没有完全安全而坚实的基础。

（4）另一个简短的评论：关于"习惯法途径"的缔约国实践的一些评论

在前面几节中，规约缔约国的实践和其他国家的实践没有区分开。这一分析要附加一个重要的条件。正如前面解释过的，[93]《规约》第 98 条的运作具有显著的垂直性，第一预审分庭提及法院"是决定豁免是否适用于特定案件的唯一权威机构"。[94]按照规约这种垂直机制，很可能会有人问，在涉及法院诉讼程序中的国际法属人豁免的习惯法例外的形成和确认时，缔约国是否同意法院代表自己行事。如果不考虑此问题的答案，规约的垂直机制至少暗示了，当法庭尝试以一种不存在明显错误的方式厘清相关国际习惯法时，缔约国有义务忠于法庭。的确，如果缔约国按照《规约》第 98 条委托法院担负起厘清相关国际习惯法的职责，而在法院以不存在明显错误的方式履行了这一职责之后又表示失望，这就成为了一种自相矛盾的行为。2011 年 12 月 12 和 13 日的裁定构成了一种厘清法律的尝试，而这种尝试没有明显错误，根据这一事实，就适用《规约》第 98 条而言，缔约国对法庭忠诚的义务也包括在该裁定的推理中。

---

[92] *The Civil Society Statement on Malawi's Decision's to Withdraw from Hosting the nineteenth Summit of the African Union* of 9 June 2012，作者存档备查。以上引述中没有对文中几个打印错误进行修正。

[93] 同本文第三（三）部分。

[94] ICC, 2011, *supra* note 7, para. 11.

四、 结论

本文提出并且分析了两种途径，以解释为什么规约非缔约国在国际法中的属人豁免在国际刑事法院程序中不适用，以及为什么这样的豁免不能阻止法院请求缔约国逮捕和移交一名享有这样豁免权的嫌疑人。"安理会途径"具有坚实的法律基础，但是"习惯法途径"则不是如此。按照本文的观点，"习惯法途径"现在是开启的，但是由于相对缺乏确定的实践支撑以及非盟委员会的反对，还没有一个坚实的法律基础。

我并不认为自己对第一预审分庭开启"习惯法途径"所做的辩护是令人信服的，我十分怀疑在法律发展的这一阶段是否可能存在令人信服的辩护。相反我认为，国际习惯法目前的状态为理性的国际法学者的不同意见开放了空间。我的些许雄心就是想说明，非洲委员会批评第一预审分庭开启"习惯法途径"是"欠考虑的"的行为未免有些过火。

最后，我希望补充的是，非盟委员会将 2011 年 12 月 12 和 13 日的裁定描述成"自私的"，这顶多会造成不愉快。实际上，第一预审分庭最容易摆脱困境的方法就是将推理局限于"安理会途径"，这样能够将与规约非缔约国的严峻矛盾降至最低。为此，很难看出为什么第一预审分庭在进入国际习惯法的棘手境地时会被机构利益所误导。刚好相反的是，"习惯法途径"与自从纽伦堡以来被国家屡次庄严引用的、并且从那时起就引导了国际刑法发展的那些原则高度协调一致。而且，"习惯法途径"使国际刑事法院能更少地依赖安理会，以便有效地行使其对于规约非缔约国的在任元首的管辖权。与"安理会途径"相比，"习惯法途径"能够使法院更均衡地行使管辖权，平等适用国际刑法的进步不是"自私"，而是为新兴的国际刑事司法体系的合法性服务。第一预审分庭在 2011 年 12 月 12 日没有将推理局限于"安理会途径"，而是开启了"习惯法途径"，甚至将其摆在了突出位置，预审分庭这样做的最重要的动因正是为了实现"平等适用国际刑法的进步"。当然这是一种推测。

无论是否同意第一预审分庭关于"习惯法途径"的立场，分庭在 2011 年 12 月 12 和 13 日作出的裁定已经推动法律发展到具体形成的时刻。在这一重要时刻，非盟成员国提交的请求国际法院就这一问题发布咨询意见的提议值得密切注意。这一提议并不是不忠诚于国际刑事法院，而是适时地承认了《规约》第 98 条中规定法院是"唯一权威机构"并不扩展至规约非缔约国。当然，从定义上看，国际法院的咨询意见不具有法律拘束力。但是，如果国际刑事法院遵循了国际法院发布的所有意见，那么就很难去指责国际刑事法院认同国际法院具有这样的权威性的行为存在不妥之处。同时国际法院的程序给予所有国家就此问题提出法律确信的机会，国际法院也有机会澄清在"通缉令案"判决中有些含混的"国际刑事法庭意见"。[95]这不是进行技术细节辩论的地方，也不是请求咨询意见的最好时机。非盟成员国在此问题上提交了最具建设性的提议，要求经过详细审查澄清本文中复杂的法律问题，因此非盟成员国应当因此得到赞许，得出这样的结论就够了。

2008 年 11 月，在联合国大会第 6 次委员会上中国发言认为，国际法委员会关于国家官员在外国刑事管辖中的豁免这一问题"从维护国际法律秩序和国家间关系稳定的需要看，是非常重要的"。[96]我相信，关于本文所考量的问题也会得出同样的结论。作为总结，我希望补充的是，豁免和国际刑法问题特殊的复杂性来自这样的事实，即一方面维持国际法律秩序，另一方面维持国家间关系的稳定，两者有时会成为相互冲突的目标。显然，对巴希尔提起的国际刑事诉讼，对所有那些在巴希尔仍旧掌握权力的时候支持诉讼的国家与苏丹之间国际关系的稳定性产生了负面影响。但是同时，这些刑事诉讼的目的是维持以及加强国际法律秩序核心（*noyeau dur*）。因此，在哪里找到平衡就是一个复杂的政策性问题。在"通缉令案"中，国际法院就所涉及的国内刑事程序和国际法属人豁免的问题上，倾向于维持国家间关系的稳定。不论从法律上还是从法律政策基础上，我都认可判决的判断。在 2011 年 12 月 12 和 13 日的裁定中，国际刑事法院第一预审分庭遵循了塞拉利昂特别法庭的先例，就直接代表国际社会的司法机构的刑事诉讼而言，第一预审分庭达到了不一样的平衡。我已试图说明，这种"达到平衡"的方法是有法律依据的。但是法律政策观点的前提

95　关于这一意见，见 ICJ, 2002, *supra* note 1.

96　A/C.6/63/SR.23, 21 November 1008, para. 32.

是寄期望于，严格意义上的实体国际刑法的范围会受到严格和狭义界定，国际刑事法院不会在没有对诸如豁免法这样敏感的相邻领域给予适当的考量的情况下，就在这一法律体系进行"渐进的"发展。迫切需要这种谨慎，尤其在解释危害人类罪的问题方面。

认真看的话，严格意义上的国际刑法的出现会为国家间关系的稳定付出代价。我相信，只要严格意义上的实体国际刑法的适用范围不会削弱，而是被限制在不对国际法律秩序的核心构成根本性侵犯的行为之内，那么这样的代价就是值得付出的。

索引

奥普萨尔学术电子出版社

Editors
Professor Morten Bergsmo, Editor-in-Chief
Associate Professor Olympia Bekou, Editor
Mr. Alf Butenschøn Skre, Senior Executive Editor
Assistant Professor CHEAH Wui Ling, Editor
Ms. FAN Yuwen, Editor
Professor Håkan Friman, Editor
Ms. Kiki Anastasia Japutra, Executive Editor
Dr. Kishan Manocha, Editor
Ms. ZHANG Xin, Editor

Editorial Assistants
Mr. Mats Benestad
Mr. Nikolaus Scheffel

Scientific Advisers
Professor Dan Sarooshi, Principal Scientific Adviser for International Law
Professor Andreas Zimmermann, Principal Scientific Adviser for Public International Law
Professor Kai Ambos, Principal Scientific Adviser for International Criminal Law
Dr.h.c. Asbjørn Eide, Principal Scientific Adviser for International Human Rights Law

Editorial Board
Dr. Xabier Agirre, International Criminal Court
Dr. Claudia Angermaier, Austrian judiciary
Ms. Neela Badami, Narasappa, Doraswamy and Raja
Dr. Markus Benzing, Freshfields Bruckhaus Deringer, Frankfurt
Associate Professor Margaret deGuzman, Temple University
Ms. Cecilie Hellestveit, Norwegian Centre for Human Rights
Fellow Pablo Kalmanovitz, Yale University
Mr. Sangkul Kim, Korea University
Associate Professor Jann K. Kleffner, Swedish National Defence College
Associate Professor Kjetil Mujezinovic Larsen, Norwegian Centre for Human Rights
Mr. Salím A. Nakhjavání, Extraordinary Chambers in the Courts of Cambodia
Professor Hector Olasolo, University of Utrecht
Ms. Maria Paula Saffon, Columbia University
Ms. Torunn Salomonsen, Norwegian Ministry of Justice
Professor Carsten Stahn, Leiden University
Professor Jo Stigen, University of Oslo
Ms. Philippa Webb, Legal Consultant
Ms. WEI Xiaohong, Renmin University of China

Advisory Board

Mr. Hirad Abtahi, Legal Adviser of the Presidency of the International Criminal Court
Ms. Silvana Arbia, Registrar of the International Criminal Court
Professor Emeritus M. Cherif Bassiouni, DePaul University
Associate Professor Olympia Bekou, University of Nottingham
Professor Jon Bing, University of Oslo
Mr. Gilbert Bitti, Senior Legal Adviser, Pre-Trial Division, International Criminal Court
Research Professor J. Peter Burgess, PRIO
Judge Advocate General Arne Willy Dahl, Norway
Professor Emeritus Yoram Dinstein, Tel Aviv University
Professor Jon Elster, Columbia University and Collège de France
Mr. James A. Goldston, Open Society Institute Justice Initiative
Mr. Richard Goldstone, former Chief Prosecutor,
    International Criminal Tribunal for the former Yugoslavia
Judge Hanne Sophie Greve, Gulating Court of Appeal, formerly
    European Court of Human Rights
Dr. Fabricio Guariglia, Senior Appeals Counsel, Office of the Prosecutor,
    International Criminal Court
Professor Franz Günthner, Ludwig-Maximilians-Universität
Mr. Wolfgang Kaleck, European Center for Constitutional and Human Rights
Judge Hans-Peter Kaul, International Criminal Court
Mr. Christopher Keith Hall, Amnesty International
Professor Emeritus Frits Kalshoven, Leiden University
Judge Erkki Kourula, International Criminal Court
Dr. Claus Kreß, Director of the Institute for Criminal Law and Criminal Procedure,
    Cologne University
Professor David Luban, Georgetown University
Mr. Juan E. Méndez, Special Adviser to the ICC Prosecutor on Crime Prevention, former
    President, ICTJ
Dr. Alexander Muller, Director, The Hague Institute for the Internationalisation of Law
Judge Erik Møse, European Court of Human Rights, former President,
    International Criminal Tribunal for Rwanda
Dr. Gro Nystuen, University of Oslo and Norwegian Defence Command and Staff College
Mr. William Pace, Convener, Coalition for the International Criminal Court
Ms. Jelena Pejić, International Committee of the Red Cross
Mr. Robert Petit, former International Co-Prosecutor,
    Extraordinary Chambers in the Courts of Cambodia
Dr. Joseph Rikhof, Department of Justice, Canada
Maj-Gen (ret"d) Anthony P.V. Rogers, Cambridge University
Professor William A. Schabas, National University of Ireland, Galway
Professor James Silk, Yale Law School
Professor Emeritus Otto Triffterer, Salzburg University
Associate Professor YANG Lijun, International Law Research Center, Chinese Academy
    of Social Science
Professor Marcos Zilli, University of Sao Paulo

FICHL 系列出版物其他书目

Morten Bergsmo, Mads Harlem and Nobuo Hayashi (editors):
Importing Core International Crimes into National Law
Torkel Opsahl Academic EPublisher
Oslo, 2010
FICHL Publication Series No. 1 (Second Edition, 2010)
ISBN 978-82-93081-00-5

Nobuo Hayashi (editor):
National Military Manuals on the Law of Armed Conflict
Torkel Opsahl Academic EPublisher
Oslo, 2010
FICHL Publication Series No. 2 (Second Edition, 2010)
ISBN 978-82-93081-02-9

Morten Bergsmo, Kjetil Helvig, Ilia Utmelidze and Gorana Žagovec:
The Backlog of Core International Crimes Case Files in Bosnia and Herzegovina
Torkel Opsahl Academic EPublisher
Oslo, 2010
FICHL Publication Series No. 3 (Second Edition, 2010)
ISBN 978-82-93081-04-3

Morten Bergsmo (editor):
Criteria for Prioritizing and Selecting Core International Crimes Cases
Torkel Opsahl Academic EPublisher
Oslo, 2010
FICHL Publication Series No. 4 (Second Edition, 2010)
ISBN 978-82-93081-06-7

Morten Bergsmo and Pablo Kalmanovitz (editors):
Law in Peace Negotiations
Torkel Opsahl Academic EPublisher
Oslo, 2010
FICHL Publication Series No. 5 (Second Edition, 2010)
ISBN 978-82-93081-08-1

Morten Bergsmo, César Rodríguez Garavito, Pablo Kalmanovitz and Maria Paula Saffon (editors):
Distributive Justice in Transitions
Torkel Opsahl Academic EPublisher

Oslo, 2010
FICHL Publication Series No. 6 (2010)
ISBN 978-82-93081-12-8

Morten Bergsmo (editor):
Complementarity and the Exercise of Universal Jurisdiction for Core International Crimes
Torkel Opsahl Academic EPublisher
Oslo, 2010
FICHL Publication Series No. 7 (2010)
ISBN 978-82-93081-14-2

Sam Muller, Stavros Zouridis, Morly Frishman and Laura Kistemaker (editors):
The Law of the Future and the Future of Law
Torkel Opsahl Academic EPublisher
Oslo, 2010
FICHL Publication Series No. 11 (2011)
ISBN 978-82-93081-27-2

Morten Bergsmo, Alf Butenschøn Skre and Elisabeth J. Wood (editors):
Understanding and Proving International Sex Crimes
Torkel Opsahl Academic EPublisher
Beijing, 2012
FICHL Publication Series No. 12 (2012)
ISBN 978-82-93081-29-6

Morten Bergsmo (editor):
Thematic Prosecution of International Sex Crimes
Torkel Opsahl Academic EPublisher
Beijing, 2012
FICHL Publication Series No. 13 (2012)
ISBN 978-82-93081-31-9

Terje Einarsen:
The Concept of Universal Crimes in International Law
Torkel Opsahl Academic EPublisher
Oslo, 2012
FICHL Publication Series No. 14 (2012)
ISBN 978-82-93081-33-3

所有书目均可在FICHL主页www.fichl.org免费获得电子版。纸质版可以通过www.amazon.co.uk订购。

www.ingramcontent.com/pod-product-compliance
Lightning Source LLC
Chambersburg PA
CBHW071031200526
45161CB00005BA/272/J